厚德博學
經濟匡時

工商管理系列

第4版

国际贸易理论与实务

张炳达　李成军　编著

上海财经大学出版社

图书在版编目(CIP)数据

国际贸易理论与实务 / 张炳达,李成军编著. —4 版 . —上海:上海财经大学出版社,2021.8

(匡时·工商管理系列)

ISBN 978-7-5642-3820-9/F·3820

Ⅰ. ①国… Ⅱ. ①张…②李… Ⅲ. ①国际贸易理论-高等学校-教材 ②国际贸易-贸易实务-高等学校-教材 Ⅳ. ①F740

中国版本图书馆 CIP 数据核字(2021)第 140895 号

责任编辑:徐 超
封面设计:张克瑶
版式设计:朱静怡

国际贸易理论与实务(第 4 版)

著 作 者: 张炳达 李成军 编著
出版发行: 上海财经大学出版社有限公司
地 址: 上海市中山北一路 369 号(邮编 200083)
网 址: http://www.sufep.com
经 销: 全国新华书店
印刷装订: 上海华业装璜印刷厂有限公司
开 本: 787mm×1092mm 1/16
印 张: 21.75
字 数: 425 千字
版 次: 2021 年 8 月第 4 版
印 次: 2025 年 6 月第 2 次印刷
印 数: 28 001—28 500
定 价: 56.00 元

前言

国际贸易理论是国际经济学的一个分支，它研究的是一国及世界在资源约束的条件下，贸易的成因、贸易的数量与结构、贸易的利益及分配、贸易政策及措施的作用与影响，以及贸易与经济增长的关系、贸易与环境的关系等问题的一门学科。伴随着国际贸易实践日新月异的发展，对国际贸易理论与政策的研究也不断被注入新的内容，其研究体系和研究方法也在不断更新。

2008 年金融危机以来，全球政治经济格局出现显著的调整趋势，涌现出“逆全球化”思潮和贸易保护主义。我国的对外经济贸易面临一个机会与挑战并存、财富与风险同在的世界市场。我国对外贸易事业的持续健康发展，迫切需要更多的人才投身于国际贸易的第一线，也迫切要求对外经贸从业人员与时俱进，在各方面不断提高自己的能力和水平。为了给经管类专业的本科生、大专生和广大有志于从事对外经贸工作的人员提供一本融实用性、系统性、科学性于一体的国际贸易理论与实务的学习用书，本书作者做了大量调查研究，听取了不少专家学者的指导建议，也参阅了诸多同行的著作、文献，力求使本书的编写在各方面都能有所突破和创新。

承蒙全国读者的厚爱，本书第一版自 2008 年 8 月出版以来，获得了热销和欢迎。此次修订具有以下几方面特点：第一，将国内外国际贸易的最新研究成果纳入本书，保证了本书结构的完整性和内容的前沿性；第二，精选了近一两年内与国际贸易理论、政策与实务相关的材料，以资料卡和案例解析的形式编入本书，帮助读者掌握理论和开阔视野；第三，对一些复杂深奥的理论能深入浅出地予以讲解，力求做到内容简明扼要、通俗易懂。

作者在本书的编写过程中，参考了大量的著作、文献，借鉴了国内外同行专家的不少研究成果，在此一并表示感谢。

本书凝聚了作者的一些思考，希望使用本书的读者和同行们能够喜欢。但碍于作者水平有限，本书疏漏和不足之处在所难免，真诚地希望读者提出宝贵意见，以便编者充实和完善(作者的 E-mail:128zhang@126.com)。

另外,为了方便教学,出版社备有教师教学用的课件,如有需要,请致电或电子邮件联系。联系人:李成军;电话:021－65904706;E-mail:littlelcj2@163.com。

编　者

2021 年 4 月

目　录

第六编　国际贸易货款的结算

第七编　国际贸易争议的预防与处理

第八编 国际贸易交易的程序

第一编　国际贸易概述

世界范围的社会化大生产必然会引起国际分工，任何国家都不能够包揽一切生产活动，这就需要国际交流与合作。改革开放以后的中国，对外经济贸易取得了举世瞩目的成就，尤其是在我国加入世界贸易组织之后，中国经济与世界经济的接轨与融合正发生着质的飞跃，对外贸易在我国国民经济中发挥着越来越大的作用。面对当前这个机遇与挑战并存、财富与风险同在的世界市场，我国应进一步加强对国际贸易理论与实务的学习和研究，以先进的理论指导对外贸易的实践。学完本编，读者应该能够了解国际贸易理论与实务的研究对象、国际贸易的相关概念以及当前国际贸易发展的最新趋势与特点。

第一章　国际贸易理论与实务的研究对象

国际贸易理论与实务是一门兼具理论阐述和操作技能说明的综合性应用课程。为了更好地学习这门课程，首先应明确本课程的研究对象、范围和内容以及学习目标，这对于深入领会和掌握国际贸易理论与实务的具体知识具有重要的意义。

第一节　本课程的研究对象、范围和内容

国际贸易是指世界各个国家或地区之间的货物与服务的交换活动。国际贸易理论与实务这门课程，顾名思义，其内容包括国际贸易理论和国际贸易实务两个部分。

就国际贸易理论而言，其研究的主要任务是：探索国际贸易产生与发展的原因、过程、特点及其规律。其具体研究内容大体包括：国际贸易的历史及现状、国际贸易的基本理论、国际贸易政策与措施、与国际贸易有关的各种理论与现实问题。

就国际贸易实务而言，其研究的主要任务是：以国际商务为视角，总结国际贸易实践的经验，研究国际性商品流通的具体运作过程，包括国际贸易的基本程序、国际货物买卖合同条款的主要内容和拟订方法、国际货物买卖合同履行中的注意事项以及解决国际贸易争议的途径和方法。

资料卡 1—1　贸易可以使每个人状况更好

人们为什么选择在物品与劳务上依靠其他人？这种选择如何改善人们的生活？我们来看一种最简单的经济。假设世界上有两种物品——牛肉与土豆，也只有两个人——牧牛人和种土豆的农民；他们每人都既喜欢吃牛肉，又喜欢吃土豆。如果牧牛人只能生产牛肉，而农民只能生产土豆，那么，贸易的好处是最明显的。在一个方案中，牧牛人和农民可能选择“老死不相往来”。但在吃了几个月烤牛肉、煮牛肉、炸牛肉和烧牛肉之后，牧牛人肯定觉得自己并不怎么惬意；同样，一直吃土豆泥、炸土豆、烤土豆和用贝壳烘土豆的农民肯定也有同感。如果

采取另一个方案，两个人之间展开贸易，这时每个人就都可以拥有汉堡包和炸薯条了。

当比较一个人、一个企业或一个国家与另一个人、另一个企业或另一个国家的生产率时，经济学家通常是看“绝对优势”。当生产者生产一种物品所需要的投入量较少时，就可以说明该生产者在生产这种物品中有绝对优势。但是，还有另一种比较方法，我们可以不比较所需要的投入，而是比较机会成本，即为了得到某种东西而放弃的其他东西。为了分析贸易的好处，经济学家提出了“比较优势”的概念，即生产一种物品机会成本较少的生产者具有比较优势。请看下面的例子：

迈克尔·乔丹是一名优秀的运动员，他很可能在其他活动中也出类拔萃。假设乔丹修剪自己的草坪比其他任何人都快，但是仅仅因为他能迅速地修剪草坪，就意味着他应该自己修剪草坪吗？

为了回答这个问题，我们可以引入机会成本和比较优势的概念。比如说，乔丹用 2 小时能修剪完草坪；在同样的 2 小时里，他可以拍一部运动鞋的电视商业广告而赚到 1 万美元。与他相比，住在乔丹隔壁的小姑娘詹尼弗要用 4 小时才能修剪完乔丹家的草坪；在这同样的 4 小时中，她可以在麦当劳工作并赚到 20 美元。

在这个例子中，乔丹在修剪草坪上有绝对优势，因为他用时更少；但詹尼弗在修剪草坪上有比较优势，因为她的机会成本低。但是，如果乔丹和詹尼弗之间展开贸易，对双方就更有好处。乔丹不应该修剪草坪，而应该去拍商业广告片，然后雇用詹尼弗修剪草坪。显然，只要乔丹支付给詹尼弗的酬劳大于 20 美元而低于 1 万美元，双方的状况都会更好。

国际贸易的好处也是显而易见的。当一国允许贸易并成为一种物品的出口者时，该物品的国内生产者状况变好，而该物品的国内消费者状况变坏，只要赢家的收益超过了输家的损失，贸易就增加了该国的经济福利。而当一国允许贸易并成为一种物品的进口者时，该物品的国内消费者状况变好，而该物品的国内生产者状况变坏，只要赢家的收益超过了输家的损失，贸易就同样增加了该国的经济福利。因为贸易的好处是依据比较优势，而不是绝对优势。即使一国在生产每一种物品上都比另一国强，这个国家仍然能从与别国的贸易中获益。

贸易可以使每个人状况更好。了解这个基本的经济学原理，对我们做出正确的经济决策是非常有益的。谁也不见得什么都做，所以总要把有些业务外包出去，把有些产品购买进来。

资料来源：吴智勇：“贸易可以使每个人状况更好”，《经理世界》，2000 年 12 月。

第二节　国际贸易的基本概念

一、对外贸易与国际贸易

对外贸易指的是一个国家或地区与其他国家或地区进行的商品和劳务的交换活动，也称“海外贸易”“国外贸易”或“进出口贸易”。

国际贸易是由各国的对外贸易构成的，它是世界各国对外贸易的总和，也称世界贸易。国际贸易与对外贸易同属一类活动，若从全世界范围看时，称其为国际贸易，而从一个国家或地区的角度看时，则称其为对外贸易。

二、对外贸易额与对外贸易量

所谓对外贸易额，是指一定时期内一国（地区）以金额表示的对外贸易规模的指标，又称对外贸易值。它等于进口总额与出口总额两者之和，也称进出口贸易总额或进出口总额。对外贸易额是反映一国对外贸易规模的重要指标之一，一般用本币表示。

对外贸易量是以一定时期的不变价格所表示的各个时期的对外贸易值。它剔除了价格变动对对外贸易额的影响，因此，可以确切反映一国对外贸易的实际规模。

资料卡 1—2　对外贸易额的具体计算方法

对于一国而言，出口额加上进口额就是该国的对外贸易总额。例如，2020 年中国货物出口额为 17.93 万亿元，进口 14.23 万亿元，进出口总额 32.16 万亿元。当我们计算世界贸易总额时，则不能简单地采用上述方法。因为一国的出口就是另一国的进口，两者相加无疑是重复计算。为此，在统计世界贸易总额时，采用的办法是把世界上的所有国家的进口总额（或出口总额）按同一种货币单位换算后加在一起。但是，在实际操作中，人们通常采用的是把世界各国的出口额汇总起来。

这是因为各国的进口额一般都是按照 CIF 价格计算的。在商品的进口额中，通常还包括运输和保险等服务费用，而按 FOB 价格统计的出口总额则比较合理。

因为进出口商品价格是经常变动的，所以对外贸易额往往不能准确地反映对外贸易的实际规模及其变化趋势。如果以对外贸易的商品实物数量表示，则能够比较有效地解决上述问题。可是,参与对外贸易的商品种类繁多,计量标准各异,如小汽车要按辆计算,彩电要按台计算,棉花要按吨计算,无法把它们直接相加。所以,只能以某一时点上的不变价格为标准计算。具体的做法通常是选用某一固定年份为基期计算的进口价格指数(或出口价格指数)调整当年的进口额(或出口额),得到相当于按不变价格计算的进口额(或出口额)。这样修正后的对外贸易额就可以剔除价格因素的影响,比较准确地反映不同时期对外贸易规模的实际变动幅度,这一指标能便于不同时期一国或多国对外贸易额的比较。

三、总贸易体系与专门贸易体系

总贸易体系与专门贸易体系都是对外货物贸易统计所采用的统计制度。其中,按国境统计为总贸易;按关境统计则为专门贸易。

所谓总贸易,是指以国境为标准划分的进出口贸易。凡进入本国国境的货物,不论完税与结关与否,一律计入进口,称总进口。总进口额加总出口额,就是一国的总贸易额。

所谓专门贸易,是指以关境为标准划分的进出口贸易。关境又称关税领域,是执行统一海关法令的领土。自由港、自由贸易区、保税仓库都不属关境的范围,设有它们的国家,其关境小于国境;当几个国家缔结关税同盟时,关境包括了几个国家的领土,则大于国境。当外国商品进入国境后,暂不进入关境而存入保税仓库内,一律不列为进口。只有从外国进入关境和从保税仓库中提出进入关境的商品,才列为进口,称为专门进口。

资料卡 1—3 总贸易体系与专门贸易体系的分布

各国在统计国际贸易时采用的方法常常不同,所以联合国发表的各国对外贸易额资料均要求注明是按何种贸易体系编制的。目前,约有 90 个国家和地区,包括日本、英国、加拿大、美国、澳大利亚等国采用总贸易体系,而采用专门贸易体系的约有 83 个国家和地区,包括中国、德国、意大利、法国等。

四、出口贸易、进口贸易与过境贸易

按货物的移动方向划分,国际贸易可分为三类:出口贸易、进口贸易与过境贸易。

所谓出口贸易，是指将本国生产和加工的商品运往别国市场销售，又称输出贸易。所谓进口贸易，是指将外国商品运进本国市场销售，又称输入贸易。所谓过境贸易，是指途经本国、最终目的地为第三国的贸易。外国的商品纯系转运关系经过本国，不在本国海关仓库存放就直接运往另一国的称为直接过境贸易；外国的商品运到国境后，存放在海关仓库，但未经加工又运往另一国的称为间接过境贸易。

资料卡 1—4　进出口贸易的两面性

国际贸易的每笔交易都具有两面性：对卖方（通常为生产国）而言是出口贸易，对买方而言（通常为消费国）则是进口贸易。此外，从国外输入的商品，没有在本国消费，未经加工就再出口，称为复出口，或再出口；反之，本国商品出口后在国外未经加工，又原状输入本国，则称为复进口或再进口。再出口和再进口商品都不列入国际贸易进出口商品的统计数字，而是另外单独统计。

在一定时期内（如 1 年），一国往往在同一类商品上既有出口也有进口，将该种商品的进出口数量加以比较，如出口量大于进口量，称为净出口；如出口量小于进口量，称为净进口。净出口和净进口都是以数量表示的，它们决定一国在某种商品的贸易上是处于出口国还是进口国的地位。

五、直接贸易、间接贸易与转口贸易

按是否有第三国参加划分，国际贸易可分为三种：直接贸易、间接贸易与转口贸易。

所谓直接贸易，是指商品生产国与商品消费国不通过第三国开展的贸易。贸易双方直接洽谈、直接结算，交易货物由出口国直接运到进口国。直接贸易从出口方面称直接出口，从进口方面称直接进口。

所谓间接贸易，是指商品生产国与商品消费国通过第三国开展的贸易，也可以说是商品进出口两国通过第三国的商人达成贸易。贸易货物既可由出口国经由第三国转运到进口国，也可由出口国直接运到进口国。

商品生产国与商品消费国通过第三国开展的贸易，对第三国来说，是转口贸易。即使商品直接从生产国运到消费国去，只要两者之间并未直接发生贸易关系，而是由第三国的转口商分别同生产国与消费国发生交易关系，就仍属于转口贸易。

转口贸易与过境贸易的区别在于：前者有第三国的贸易商参与，而不论货物是否经由第三国运送；后者则无第三国贸易商的参与，它也不列入本国的进出口统计。

六、货物贸易与服务贸易

按商品形态划分，国际贸易可分为有形商品贸易与无形商品贸易，即货物贸易与服务贸易。

有形贸易与无形贸易的主要区别在于：有形贸易的商品进出口须经过海关报关手续，其进出口额反映在海关的贸易统计上；而无形贸易不经过海关报关手续，通常也不表现在海关的贸易统计上，但两者的外汇收支都是国际收支的重要组成部分。

七、贸易差额

贸易差额是指，在一定时期内（通常为1年），一个国家或地区出口贸易与进口贸易总额的差额。当出口大于进口时称为贸易顺差或贸易盈余，也称出超；当出口小于进口时，称为贸易逆差或贸易赤字，也称入超。当出口与进口相等时，则称为贸易平衡。贸易差额是衡量一个国家对外贸易状况、经济状况和国际收支状况的重要指标。

八、贸易结构

对外贸易货物结构是指一定时期内一国进出口贸易中各种商品的构成，即某大类或某种商品的进出口贸易与整个进出口贸易额之比，以百分比计。国际贸易货物结构，是指一定时期内各大类商品或某种商品在整个国际贸易中的比重，即各大类商品或某种商品贸易额与整个世界出口贸易额相比。

一国的对外贸易货物结构能反映该国的经济发展水平、产业结构状况、科技发展水平等；而国际贸易货物结构能反映世界经济发展水平、产业结构状况和科技发展水平等。

资料卡 1—5　德国 2019 年对华进出口结构

2019 年，德国对中国出口 1 077.7 亿美元，占德国出口总额的 7.2%；德国自中国进口 859.6 亿美元，占德国进口总额的 7.0%。德国与中国的贸易顺差为 218.1 亿美元，增长 1.6%。中国为德国第三大出口市场和第二大进口来源地。

机电产品一直是德国对中国出口的第一大类产品，2019 年出口额为 406.6 亿美元，占德国对中国出口总额的 37.7%。运输设备是德国对中国出口的第二大类产品，出口额为 331.5 亿美元，占德国对中国出口总额的 30.8%。化工产品是德国对中国出口的第三大类产品，出口额为 90.4 亿美元，占德国对中国出口总额的 8.7%。

德国自中国进口的主要商品是机电产品、纺织品及原料和家具玩具杂项制品，2019 年合计进口 572.1 亿美元，占德国自中国进口总额的 66.6%。贱金属及制品、化工产品、光学钟表医疗设备等所占比重超过或接近 5%。

九、贸易地理方向

对外贸易地理方向，也称对外贸易地区分布或国别结构，是指一定时期内各个国家或国家集团在一国对外贸易中所占有的地位，通常以它们在该国的进出口总额中的比重来表示。对外贸易地理方向能指明一国进出口商品的来龙去脉，从而反映一国同其他国家（地区）或国家集团之间经济贸易联系的紧密程度。

国际贸易地理方向亦称“国际贸易地区分布”，用于表明世界各洲、各国或各个国家集团在国际贸易中所处的地位。

资料卡 1—6　2020 年中国对主要国家和地区的货物进出口额及其增长速度

2020 年，我国前五大贸易伙伴依次为东盟、欧盟、美国、日本和韩国，对上述贸易伙伴进出口分别为 4.74 万亿、4.5 万亿、4.06 万亿、2.2 万亿和 1.97 万亿元，分别增长 7%、5.3%、8.8%、1.2%和 0.7%。此外，我国对“一带一路”沿线国家进出口 9.37 万亿元，增长 1%。

十、贸易条件

贸易条件是指一国在一定时期内的出口商品价格与进口商品价格之间的比率。由于一个国家的进出口商品种类繁多，因此很难直接用进出口商品的价格比较。所以，一般用一国在一定时期内的出口商品价格指数同进口商品价格指数对比计算。其公式为：

$$贸易条件=\frac{出口价格指数}{进口价格指数}\times 100$$

如果贸易条件大于 100，就说明该国的贸易条件得到改善；如果贸易条件等于 100，就说明贸易条件不变；如果贸易条件小于 100，就说明贸易条件恶化。

十一、贸易依存度

贸易依存度，也称贸易系数，是反映一国国民经济对进出口贸易依赖程度的重要指标。它是指一国在一定时期内的进出口贸易值占其国民生产总值或国内生产总值中的比重。其公式为：

$$Z=\frac{X+M}{\text{GNP(或 GDP)}}\times 100\%$$

式中，Z 为贸易依存度，X 为出口总值，M 为进口总值。

外贸依存度分为出口依存度和进口依存度。

出口依存度是指一国在一定时期内出口值与国民生产总值或国内生产总值的比。其公式为：

$$Z=\frac{X}{\text{GNP(或 GDP)}}\times 100\%$$

出口依存度反映一国在一定时期内，国内新创造的商品和服务总值中有多少比重是输出到国外的，也反映一国国民经济活动与世界经济活动的联系程度。出口依存度越高，说明该国国民经济活动对世界经济的依赖程度越高。

进口依存度是指进口值与国民生产总值或国内生产总值之比，也称市场开放度。其公式为：

$$Z=\frac{M}{\text{GNP(或 GDP)}}\times 100\%$$

一般来说，实行开放政策的国家相对于闭关锁国的国家，其外贸依存度会比较高；小国的外贸依存度会比大国高一些。比如，新加坡的外贸依存度肯定比印度尼西亚高。有人认为，对外贸易依存度这个指标不能确切地反映一国经济对外部世界的依赖程度。比如，进口值不是该国在一定时期内的 GDP。因此，他们主张使用出口依存度这个指标，即用该国出口值占同期 GDP 的比重表示该国经济对外部经济的依赖程度。其实，出口总值也不是都算作 GDP，只有净出口才算作 GDP 的一部分。因此，对外贸易依存度和出口依存度指标都有其不足之处，不过在没有找到更好的指标以前，我们用这两个指标大致反映一国经济对外部经济的依赖程度，特别是，通过这两个指标的变化程度反映一国经济对外部经济依赖程度的变化趋势还是可取的。

第三节　当前国际贸易的发展趋势与特点

深入分析当前国际贸易的发展趋势和特点，对于我国在更大范围、更广领域和更高层次上参与国际经济合作与竞争，把握好经济全球化带来的各种机遇，具有十分重要的意义。

一、服务贸易的重要性持续增长

长期以来，货物贸易是全球贸易增长和发展的主体。现在的情况正在发生变化，随着全球服务业的迅猛发展和服务型经济的到来，服务贸易开始加速增长，它在全球贸易中的比重不断上升。1980～2017 年，全球服务贸易出口从 3 650 亿美元上升至 13.3 万亿美元，占全球出口的份额逐步上升，预计从 1980 年的 15.7%上升至 2040 年的 50%。相对于货物贸易而言，服务贸易成为全球贸易中增长更快、更富有扩展空间的部分，它是全球贸易的新增长点。一个国家要保持和增进它在国际贸易中的扩展空间，必然要高度重视和努力提升服务贸易的竞争力。货物贸易与服务贸易平衡发展，是贸易强国的重要标志。

改革开放之后，由于缺乏足够的重视，中国服务业的改革与开放远远落后于制造业，导致服务贸易发展相对滞后。2019 年中国服务贸易进出口总额 54 152.9 亿美元，美国是中国第一服务贸易逆差来源地。中国是货物贸易顺差大国，同时也是服务贸易逆差大国，1995 年至今，中国的服务贸易不仅持续逆差，而且逆差不断增长，2019 年逆差额高达 15 024.9 亿美元，中国服务贸易的这种发展状况与美国等发达经济体服务贸易持续顺差形成鲜明对比。中国服务出口结构也不够优化，金融、保险等技术知识密集型的服务出口占比还比较低。因此，通过坚定而有序地推进服务业的体制改革和对外开放，提高服务贸易竞争力，是当前我们建设贸易强国的重要内容。

二、亚洲经贸发展最具活力

从国际贸易的地区结构来看，20 世纪 90 年代以来，新兴工业化国家地位的上升是国际贸易格局中的新特征。2007 年国际金融危机爆发后，新兴工业化国家的实力和地位进一步凸显。但是，和发达国家相比，新兴经济体前进道路中存在很多不确定性，它们对发达国家的市场和技术依然有很强的依赖性，粗放、高碳的经济增长方式在未来面临更为严峻的挑战。考察第二次世界大战后，东亚的新兴经济体呈现出高速、持续的增长特点，它们的群体性崛起正在改变世界的经济版图。

20 世纪 60 年代以来，先是日本、亚洲四小龙，然后是中国和东盟，亚洲经济体上演了不同水平的国家和地区依次崛起的精彩剧目。1948～2019 年，亚洲在全球货物贸易中的比重，从 14%一路上升至 41%，而从全球跨境投资看，1980 年亚洲地区引进外资占全球跨境投资的 1.6%，2019 年该比重上升至 33.6%。在贸易与投资活动的推动下，亚洲成为全球经济增长最为活跃的地区，经济开放和区域经济一体化帮助亚洲实现了经济的腾飞。1980 年到 2019 年，亚洲地区人均收入年均增长 3.44%，而同一时期，全球人均收入年均增长 1.58%，亚洲地区增长率是世界平均水平的 2 倍多。美国国家情报委员会发布的《2030 年全球趋势：可能的世界》报告中指出，如果目前的趋势能够保持下去，亚洲的实力很快就将超越北美和欧洲。所以，从全球经贸格局来看，亚洲是未来全球经贸发展最富有活力和最有增长前景的地区。亚洲经济发展的这一态势，给中国经济发展创造了难得的地缘优势和战略机遇，但这一态势也是今天美国、欧盟竞相将战略重心向亚洲转移的最主要因素，大国博弈让中国面临前所未有的压力。

三、贸易保护主义呈现新态势

国际金融危机爆发以来，在全球市场疲弱的状态下，贸易保护主义开始呈现出新态势。第一个新态势是以低碳名义实施新保护主义措施。碳标签是其重要代表。所谓碳标签，即把生产过程中的碳足迹(排放的二氧化碳和其他温室气体的量)在产品标签上量化标示出来，以标签的形式告知消费者产品的碳信息。使用碳标签正在成为全球性潮流。国际标准组织正积极制定产品碳足迹标准 ISO14067。碳标签的推行和实施，将凸显远洋运输导致的巨额碳排放，显著削弱中国和东南亚等远离欧美市场的国家和地区的低成本优势，导致欧美投资转向墨西哥、东欧等靠近欧美市场的地区，一些投资和加工制造甚至有可能重返欧美本土，全球贸易和投资布局将深受影响。

贸易保护主义的第二个新态势是保护主义措施向边境内延展。伴随着贸易与投资的一体化、制造业与服务业的融合发展，发达国家开始通过区域贸易协定等平台推动经贸规则从边境规则向边境内规则扩展，这些边境内规则包括竞争政策、政府采购、技术创新、劳工标准和环境标准等，它们跨越国界，深入国家治理机制内部。这些从维护发达国家利益角度制定的全球经贸新规则，将从根本上打击和束缚后起国家的产业竞争力。对于包括中国在内的广大发展中国家而言，意味着要对国内管理模式、制度和机制进行深远而广泛的改革。

四、贸易与投资日趋融合发展

20 世纪 80 年代以来，跨国公司投资的大规模增长推动了产业的全球价值链的形成和发展。不同国家的企业依据比较优势居于产业链上不同的价值环节，拥有劳动力优势的发展中国家企业通常居于低附加值的加工组装环节，而拥有资本、技术、营销和品牌优势的发达国家企业居于高附加值的研发服务环节，它们之间的分工合作基本依靠国际贸易来实现，从而形成了当今世界经济中国际贸易与投资一体化发展的崭新局面。

贸易与投资的一体化对国际贸易产生了深远影响。第一，它推动了国际贸易的大规模增长。大量中间产品在国与国之间的运输推高了国际贸易总额。第二，它改变了贸易格局。发达国家将大量低附加值的制造和服务环节转移到发展中国家，在发展中国家加工制造再运往全球市场，包括返销发达国家市场，全球价值链上的国际贸易更多地表现为发达国家进口并产生逆差，发展中国家出口并获取顺差。第三，传统的贸易统计方式面临挑战。按照传统的贸易统计方式，全球产业链上的贸易发展表现为发展中国家出口和贸易顺差的高速增长、发达国家进口和贸易逆差的不断累积，但事实上，贸易发展带来的利润和相关产业的核心技术都掌握在发达国家的跨国公司手中，进出口、贸易差额和国际收支状况已经不能真实地反映贸易伙伴相关产业的竞争力状况和各国在国际分工和贸易中的收益状况。

中国的贸易增长就是这方面的典型。在中国的出口中，大约60%的机电产品、70%的高新技术产品是跨国公司或其子公司的出口，并不反映中国真实的产业竞争力，贸易顺差和外汇储备的增长也并不反映中国在国际贸易中的真实收益。因此，中国需要清醒地认识和判断自己在全球贸易中的实力与地位，努力向价值链的中高端发展。

五、区域自贸协定竞争日趋激烈

区域一体化浪潮迭起是第二次世界大战结束以来世界经济发展的重要特征。据世贸组织统计，截至2014年1月，全球共签署区域贸易协定583个，其中，超过400个协定是1995年以来签署的。今天的区域自贸协定的内容不仅包括贸易的自由化，也涵盖投资的自由化，不仅地理相邻国家之间，而且跨区域的国家之间也纷纷签署。人们普遍认为，区域自由贸易协定在局部地区和领域大大深化和扩展了贸易和投资自由化。

面对后危机时代的全球格局动荡与变幻，欧美发达国家加速了区域自贸区的商签，建立区域自贸区网络成为它们构建高标准的国际经贸规则体系、争夺全球经贸发展空间的国家战略。2009年，美国高调加入并力推跨太平洋伙伴关系协定（TPP），2013年，美欧开始跨大西洋贸易与投资伙伴协定（TTIP）谈判。TPP和TTIP的共同特点就是广覆盖、高标准，其主要内容包括：消除货物贸易的关税和非关税壁垒；消除服务贸易和投资的限制性措施；在知识产权、竞争政策、劳工标准、环境标准、政府采购和技术创新等领域制定高于世贸组织现行标准的规则。通过TPP和TTIP的构建，欧美国家不仅能够在未来全球贸易发展中有效地控制全球主要的经贸市场空间，而且能够继续牢牢地占据着国际经济事务中的主导地位。高标准的全球经贸规则新体系将强化发达国家的竞争优势，遏制新兴国家的赶超态势，并将广大的发展中国家尤其是最不发达国家置于边缘化状态。

在这样一场新的全球竞争中，如果中国被排斥在外，贸易转移效应与新贸易壁垒将让中国蒙受巨额经济损失。更重要的是，TPP 和 TTIP 将可能阻滞中国的东亚区域合作步伐，压制中国在东亚经济合作中的影响力，并削弱中国在全球经济治理中的地位与作用。尽管美国总统特朗普 2017 年 1 月 23 日（美国东部时间）签署行政命令，正式宣布美国退出跨太平洋伙伴关系协定（TPP），我们仍需要以积极主动的姿态发展中国主导的高标准自贸区网络，并将推进与大国的自贸区建设作为构建新型大国关系和战略伙伴关系的重要组成部分。

2020 年 11 月 15 日，区域全面经济伙伴关系协定（RCEP）正式签署。这份由东盟十国以及中国、日本、韩国、澳大利亚、新西兰 15 个国家组成的协定，覆盖人口数量最多、成员结构最多元、发展潜力最大，RCEP 囊括了东亚地区主要国家，将为区域和全球经济增长注入强劲动力。有国际知名智库测算，到 2025 年，RCEP 可望带动成员国出口、对外投资存量、GDP 分别多增长 10.4％、2.6％、1.8％。

2020 年 12 月 30 日，中欧领导人共同宣布如期完成中欧投资协定谈判。

第四节　国际贸易与国内贸易的区别

国际贸易与国内贸易都是指商品交换，从交换这一点上说，两者的原理基本上一样。但是，由于国际贸易是在两个或两个以上不同背景国家（地区）之间进行的贸易，而国内贸易仅仅发生在本国范围内，因此，国际贸易与国内贸易相比有着极大的区别。

一、国际贸易的主要特点

与国内贸易相比，国际贸易因为其国际性，存在以下特点：

第一，国际贸易是国与国之间的商品交换，不同国家或地区在法律、政策、制度、文化等多个方面是不一样的，买卖双方都要做到既熟悉本国的国情，又熟悉对方的国情，否则，就可能影响各自经济利益的实现。

第二，国际贸易从磋商订立合同开始到履行完合同，间隔时间比较长，货物需要长途运输，有时候还要转运，这样，买卖双方在国际贸易过程中承担的风险比国内贸易要大得多。

第三，国际贸易经过的中间环节多，涉及诸多机构，包括出口公司、进口公司、运输公司、保险公司、出口银行、进口银行、检验机构、海关等。只要有一个环节出现问题，就有可能导致损失或引起纠纷。更进一步说，国际贸易中有时还会有一些不法分子，利用国际贸易涉及的中间环节多以及中间环节衔接容易出现问题的特点，使用各种手段，伺机进行贸易欺诈。因此，对贸易欺诈的防范就成为一个重要问题，需要我们加以重视。

第四，国际贸易中买卖货物的数量和金额一般都比较大，有时候，光装运货物就得花费不止一个月的时间。卖方在收到买方货款之前，其前期成本很大，比如，原材料采购成本、制造成本等；买方在支付货款的时候，其一次性支出也很大。因此，国际贸易中的买卖双方都会有融资的需求。

第五，国际贸易易受政策、经济形势和其他客观条件变化的影响，对国际商务人员来说，保持对政治、经济形势以及各方面条件变化的警惕性和敏感性就显得格外重要，一旦情况有变，就需及时采取措施，最大限度地化解风险和减小损失。

二、国际贸易涉及的有关机构

在国际贸易中，买卖双方经过谈判最终签订买卖合同后，买卖双方就应各自履行自己的义务。比如，在信用证支付方式下，买方要去当地银行申请开立信用证；卖方备货，需通过联系其他的工厂或供货商，或者安排自己所拥有的生产部门进行生产。为保证出口商品的品质完全符合进口商的需求，在生产过程中，有时卖方还需要多次与买方进行接洽。在合同规定的交货期限内，货物需要从卖方的仓库运输出去，如经过公路或铁路运输先发送至港口，再通过海洋运输方式运往国外目的港，这就需要联系相关承运人，签订运输合同。其间，还需办理报检、报关等手续，需要和商检机构及海关打交道。由于国际贸易的风险较大，因此一般都需要办理货物运输保险，既可以由买方投保，也可以由卖方投保，这要视合同规定或者合同所采用的国际贸易术语而定。至于国际贸易的结算，买卖双方之间货款的收付往往是通过银行来进行的，买卖双方都需要和银行协作，共同防范贸易结算中可能发生的风险。此外，在国际贸易过程中，有时难免会产生各类贸易纠纷，为解决贸易纠纷，又可能要借助仲裁机构或者法院来解决争议。

因此，在国际贸易过程中涉及的机构主要有：出口公司、进口公司、运输公司、保险公司、出口地银行、进口地银行、检验机构、海关、仲裁机构或法院等。

三、国际贸易实务的基本程序

进出口贸易是以进出口合同（即国际货物买卖合同）为中心进行的。其间要经历交易前的准备、交易磋商、订立合同和履行合同等阶段。进出口商为了达成买卖合同，首先必须寻找潜在的买方或者卖方，因此，要开展国际市场调研，确定目标市场，具体可以通过参加交易会、博览会等建立初步的关系，然后进行函电往来，介绍自己公司的产品，调查对方的信用，建立业务关系，这是合同的准备阶段。之后，潜在的买方和卖方进行磋商，一般通过询盘、发盘、还盘和接受几个环节，最终签订贸易合同，这是合同的交易磋商和订立合同阶段。随后，买卖双方按照合同的约定履行各自的义务，交付货物和单据，转移货物的所有权是卖方的基本义务，受领货物并支付价款是买方的基本义务。当然，除这些基本义务外，根据合同的具体规定，买卖双方还需履行其他各项具体义务。

国际贸易的基本程序可用图1—1来表示。

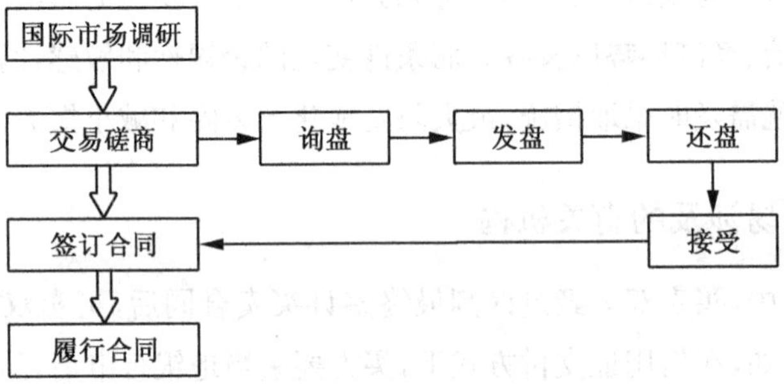

图1—1　国际贸易的基本程序

(一)出口贸易履行合同的基本程序

买卖双方经过交易磋商、签订出口合同以后，就进入了出口合同的履行阶段。高质量地完成外贸出口任务，不仅取决于合同的磋商和签订工作，更有赖于双方切实按合同规定履行各自的义务。

在不同的贸易条件下，出口合同履行过程中所包括的工作环节和手续是不一样的。我国的出口贸易除大宗交易有时采用FOB术语外，多数采用CIF术语和CFR术语及凭信用证支付方式。若以目前使用最多的采用CIF术语和凭不可撤销即期议付信用证支付的交易为例，履行出口合同必须切实做好准备货物、落实信用证、安排装运和制单结汇等环节的工作。换言之，货(备货)、证(催证、审证、改证)、船(租船订舱、装船)、款(制单、结汇)四个基本环节构成了出口合同履行的必要程序，它们之间是相互联系、相互依存的关系。以不可撤销议付信用证付款、CIF合同为例，关于出口合同的履行流程可以用图1—2来表示。

(二)进口贸易履行合同的基本程序

进口合同依法订立后，买卖双方必须严格按照合同规定履行各自的义务。在进口业务中，我方作为买方，必须贯彻重合同、守信用的原则。如按FOB贸易条件订立的合同，其履行合同的程序一般包括申请开立信用证、租船订舱、催装、通知船期、接运货物、办理保险、付款赎单、进口报关、接卸货物、进口报验等环节。以FOB为例，进口贸

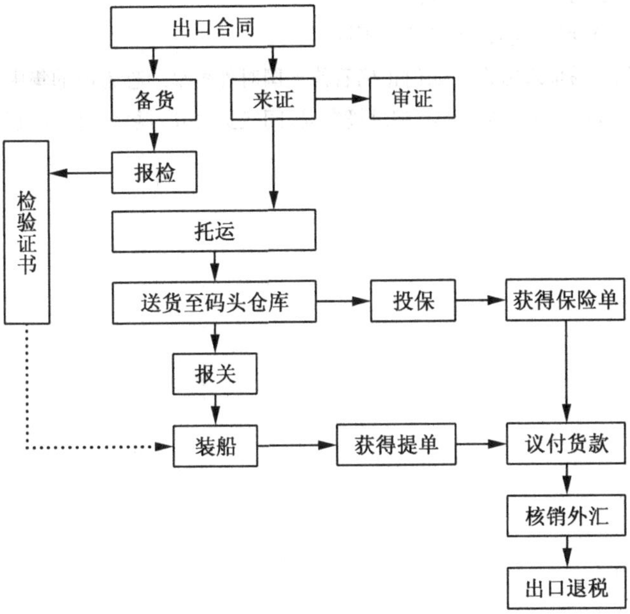

图 1—2　出口贸易履行合同的流程

易合同的履行可用图 1—3 来表示其流程。

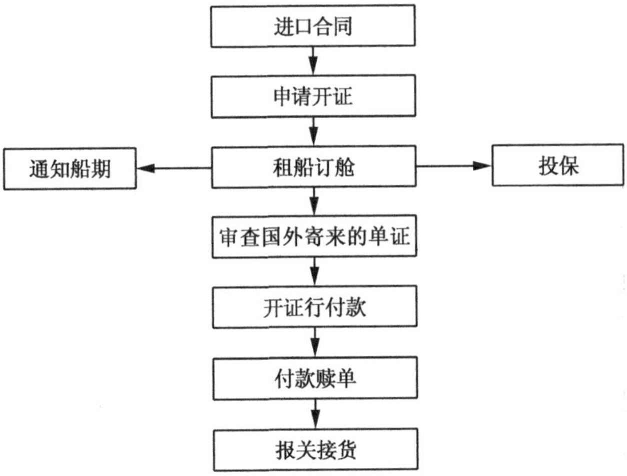

图 1—3　进口贸易履行合同的流程

思考题

1. 试分析国际贸易与对外贸易的区别与联系。
2. 简述国际贸易的作用。
3. 试析当代国际贸易的新特点。

4. 说明对外贸易与国内贸易的异同。
5. 总贸易体系与专门贸易体系有什么不同？
6. 什么是国际贸易地理方向？如何正确看待一国对外贸易地理方向的集中与分散？
7. 直接贸易和间接贸易、转口贸易和过境贸易、间接贸易和过境贸易的区别在哪里？

第二章　国际贸易政策与措施

国际贸易政策与措施是一个问题的两个方面。国际贸易措施是国际贸易中非常重要的内容之一，历史上最早的、最基本和最常用的国际贸易措施是关税措施，随之出现了非关税措施等其他贸易措施。目前，各种贸易措施已达 1 000 多项，总体上可以分为三大类型：关税措施、非关税限制进口措施以及鼓励出口和出口管制措施。

第一节　国际贸易政策概述

一、国际贸易政策的概念、构成和类型

国际贸易政策是一国政府在其发展战略的总目标指导下，运用经济、法律和行政手段有组织地协调和管理外贸活动的行为。通常制定对外贸易政策是为了达到以下目的：一是保护国内市场，发展民族工业；二是扩大产品出口，占领国际市场和积累资金，缩小和弥补经济发展过程中的资金缺口；三是促进产业结构的调整，增强产业竞争力；四是服务于本国对外政治经济政策。

(一)国际贸易政策的构成

各国国际贸易政策的制定与修改通常由国家相关的立法机构进行。一般而言，在制定国际贸易政策时，应考虑的主要因素有：本国与他国的政治关系；本国在世界经济、贸易组织中享受的权利与应尽的义务；本国经济结构与比较优势；本国国内物价、就业状况；各国政府领导人的经济思想与信奉的贸易理论等。具体来讲，国际贸易政策主要由以下内容构成：

1. 总贸易政策

它是指各国根据本国经济的整体现状及发展战略，结合其在世界经济格局中的地位而制定的、在较长时期内实行的政策。它是各国对外经济关系的基本政策，是整个对外贸易政策的立足点。

2. 进出口商品政策

它是在国际贸易总政策的基础上，根据本国经济结构和产品市场的供求现状而制

定的政策。其基本原则是对不同的进出口商品实行差别待遇，如关税税率、计税价格和课税手续等。

3. 国别政策

在不违反国际规范的大前提下，对不同国家实行不同的外贸策略和措施。各国根据对外贸易总政策，依据对外政治关系和经济关系的切实需要而制定的有区别的国别或地区政策。

（二）国际贸易政策的类型

国际贸易政策由一个结构复杂的体系构成，一般可以根据不同需要从不同角度对国际贸易政策分类。以下重点介绍最常见的几种国际贸易政策分类：

1. 自由贸易政策

自由贸易政策是指一般情况下国家或地区不干预商品进出口活动，即在商品进口方面不加限制、不设障碍，在商品出口方面也不给予特权和优惠，允许商品自由流通，并在国内外市场上自由竞争的一种贸易政策。

自由贸易政策产生于18世纪初的资本主义自由竞争时期，其理论依据是西方的自由贸易理论。但由于各国的经济利益不一致，历史表明完全意义上的自由贸易政策是不存在的。

2. 保护贸易政策

保护贸易政策是指国家利用各种措施积极干预甚至管制商品进出口活动，以保护国内产品免受外国商品的竞争压力，同时又通过优惠和补贴等手段鼓励出口的一种贸易政策。

保护贸易政策产生于15～16世纪的重商主义学派，其理论依据是西方的保护贸易理论。

3. 管理贸易政策

管理贸易政策介于自由贸易和保护贸易之间，是强调以政府协调为中心，政府干预为主导、磋商为手段，干预、协调和管理对外贸易活动的贸易政策。

二、对外贸易政策的演变

（一）重商主义的保护贸易政策

资本主义原始积累时期（16世纪初～17世纪末），西欧各国普遍采用以英国最为典型的重商主义的保护贸易政策。该政策旨在增加国民财富，提倡政府务必采取限制或禁止金银货币外流、鼓励商品出口的办法，以扩大贸易顺差，最终积累货币。

资料卡 2—1 古今重商主义的比较——正视外汇追求的代价

17、18 世纪欧洲国家重商主义的本质是节衣缩食，目的是富国强兵，但君主们的主要目标是黄金。通过出口，赚得国外的黄金。有了黄金，便可以招募和雇佣士兵，进行战争。不过，一味猎取黄金，即使在重金属货币时期，重商主义也具有极大风险。因为当黄金多了的时候，金价也会贬值。当西班牙把拉美的黄金大量输入欧洲时，黄金便大幅贬值。

如果一个经济体在从事出口贸易的同时，相应地进口必需的商品和服务，那么出口对于任何经济体都是有益的。但如果出口仅仅是为了积储黄金或美元，那么这种追求就极其危险。

今天我国的重商主义，在一定程度上也成了以美元为目标的重商主义。在 20 世纪 80 年代，创汇还是为了进口，但到了 20 世纪 90 年代下半期，创汇更多的是为了抵御风险。西方金融“大鳄”制造的金融危机，给发展中国家带来了极其不利的影响。为了防范和抵御西方的金融狙击，发展中国家要额外地积储外汇，这在一定程度上造成了本国资源的输出和浪费，并且在一定程度上为西方大国的“进贡经济”做了贡献。

如此看来，古今重商主义存在的风险是一致的，那就是目标货币——黄金或美元——的贬值。美元一旦贬值，发展中国家所储存的美元财富部分将化为乌有。特别是今天的世界已经放弃了金本位制和重金属货币的使用，在这样一个汇率浮动的货币体系下实施重商主义，风险较大。所以传统重商主义的目标必须改变，那就是从紧盯黄金和美元变为重视实物进口，尽可能掌握实物财富，而非货币财富。重视进口的实质是有效利用外部资源，加快国内的经济建设。

资料来源：仲大军：“中国应深刻反思重商主义”，《中国经济时报》，2003 年 1 月 16 日。

（二）英国推行的自由贸易政策

18 世纪 70 年代，英国爆发了第一次工业革命，生产力得以飞速发展，资本主义生产方式开始建立。在此大背景下，由于重商主义的保护贸易政策阻碍了新型的工业资产阶级开拓世界市场来销售其工业产品，影响了国际贸易的发展，也阻碍了资本的自由竞争。因此，这些工业资产阶级强烈要求实行自由贸易政策。

（三）资本主义自由竞争时期的保护贸易政策

在资本主义自由竞争时期（18 世纪中叶至 19 世纪 70 年代），由于工业发展水平各不相同，欧美各国实行了两种不同的贸易政策，其中工业欠发达的德国、美国实行保护贸易政策。

由于工业革命率先在英国、法国等深入发展，而欧洲其他国家及美洲一些国家的经济不发达，资本主义仍处于萌芽阶段的国家的工业资产阶级要求保护本国的幼稚工业，减少外国货物进口以保护本国成长中的工业，这就是所谓保护贸易政策的主要内容。

(四)19 世纪 70 年代至第二次世界大战期间的超保护贸易政策

19 世纪 70 年代至第二次世界大战期间，国际经济制度发生了很大变化，自由竞争的资本主义开始向垄断资本主义过渡，垄断资本占统治地位。由于垄断资本不仅要求垄断国内市场，还要求垄断国外市场，因此，欧美各国推行有垄断性质的超保护贸易政策。

超保护贸易政策不仅保护本国的幼稚工业，而且也保护本国高度发展的工业和夕阳产业，其保护的目的是巩固和加强对国内外市场的垄断。

(五)第二次世界大战后到 20 世纪 70 年代中期的贸易自由化

第二次世界大战后到 20 世纪 70 年代中期，突飞猛进的科技促进了生产和资本的国际化，这就要求进一步扩大国际商品和资本的流动，因此这一时期出现了世界范围的贸易自由化趋势。而刚刚取得政治独立的发展中国家为发展民族经济、实现工业化，大部分国家实行保护贸易政策，一小部分地区实行自由贸易政策。社会主义国家初创时期，由于生产力水平较低，为防止国外产品对国内经济的冲击，其实行的是国家统治下的贸易保护政策，随着经济发展的需要，对外开放的扩大，逐步转向实行自由贸易政策。

(六)20 世纪 70 年代后的新贸易保护主义政策

20 世纪 70 年代后，由于受石油危机的冲击等原因，资本主义经济进入低速增长的滞胀时期，争夺世界市场的斗争又变得激烈了，因此，新贸易保护主义应时而生，阻碍了贸易自由化的发展。但由于国际分工的日益加强，出口对发达国家所起的重要作用等原因，各国又要求贸易自由化。为了推进贸易自由化，限制贸易保护主义，形成了“管理贸易”，贸易政策也开始转向新贸易保护主义政策。

资料卡 2—2 新贸易保护主义的特点

新贸易保护主义是在主要发达国家贸易自由化的基础上发展而来的，其特点与贸易自由化不可分割，主要有：(1)以非关税壁垒为主，贸易保护措施多样化，限制进口的重点由关税壁垒转向非关税壁垒。(2)按照有效保护率设置阶梯关税，以求在较低的关税率下，达到较高的有效保护程度。(3)被保护的商品不断增加，从传统产品、农产品转向工业品，其领域也扩大到劳务部门和高科技领域。(4)从贸易保护制度转向更系统化的管理贸易制度，强调政府管理贸易，实施战略贸易政策。20 世纪 70 年代以来，发达国家政府管理贸易不断充实和调整，成为对外贸易体制中的重要组成部分，借以实行贸易保护。(5)把贸易政策法律化、制度化，使贸易保护以合法的形式出现，西方国家管理贸易的法律由单行的法律，发展成为以外贸法为中心的，与其他方面的国内法相配合的一个整体，加强了“反倾销”和“反补贴”。发达国家以自己的实力为筹码，与主要的贸易国进行经常性的贸易谈判，一方面，迫使对方的出口要按它们限制进口的意愿做“有秩序的销售安排”；另一方面，迫使对方开放市场，对它们的出口产品给予“公平待遇”，保证“市场准入”。(6)借助关贸总协定的免除条款，利用公平贸易的借口，逐步走向双边和歧视性贸易，形成了各种经济集团，搞集体贸易保护政策，形成了一整套系统的保护制度和机制。各国“奖出限入”措施的重点从限制进口转向奖励出口。

资料来源：谢文捷、于友伟：“世贸组织下的新贸易保护主义评析”，《国际贸易问题》，2005 年第 1 期。

三、发展中国家保护贸易政策

发展中国家有着多种多样的贸易政策，但从本质上说，可划分为两大类型，即进口替代发展战略和出口导向发展战略。

资料卡 2—3 发展中国家力推保护贸易分析

在工业经济时代，尤其是 20 世纪 50 至 60 年代，发展中国家经济主要依靠农业，民族工业基础薄弱，没有形成完整的工业体系，经济结构呈现出单一化、畸形化的特征。发达国家的工业化则获得了较充分的发展，国内市场日趋饱和，亟须向海外扩张其原料和销售市场。于是，发达国家大力提倡自由贸易。自由贸易在原则上要求国际贸易建立在比较优势的基础之上，因此，发达国家可以将其工业制成品销往广大的落后国家，以实现其经济扩张；而落后国家只能生产出口初级产品和劳动密集型产品，经济结构无法得到改善和提升，经济发展将始终停留在落后的水平上。在这种不对称的经济发展要求下，发达国家往往会恃强凌弱，剥削和掠夺落后国家的经济资源，摧残和扼杀其新兴工业。在这种不公平的国际经济秩序中，发展中国家的经济独立和发展利益将无法得到根本的保障。面对特殊的历史背景，发展经济学家在20世纪60年代提出了保护民族工业的思路和口号。保护贸易政策的提出得到了广大发展中国家的认可，成为其在工业化初步发展阶段中的必然选择。

（一）进口替代发展战略与保护政策

进口替代发展战略也被称为内向型发展战略，是指为建立和发展本国的制造业，实现对进口制成品的替代，达到加快工业化进程和减少对国外经济依附的目的而采取的保护政策。

1. 进口替代发展战略的具体措施

进口替代发展战略的具体措施有：(1)提高进口关税，强化进口限制。(2)对替代产业实行优惠的税收政策。(3)采用汇率管制手段来抑制进口。

资料卡 2—4 发展中国家采取进口替代发展战略成效显著

第二次世界大战后一些采用进口替代发展战略的国家和地区使其经济发展的高通货膨胀率和失业率等问题得到缓和、抑制，增强了各国和地区的经济实力。

韩国、新加坡、巴西、墨西哥、阿根廷等都是采用进口替代政策后得到快速发展的。

新加坡实施进口替代后，其GDP年均增长7.3%，国内经济逐步进入多元化发展道路，其转口贸易在外贸总额中的比例显著下降。

2. 对进口替代政策的优劣分析

首先，进口替代发展战略有利于增强发展中国家和地区的经济实力，并为经济起飞创造了物质基础。但是，其也存在一定的局限性：其一，作为一种内向型经济战略，它主要依靠内需带动经济前进。但经济恢复和发展后，发展中国家国内市场的消费能力已接近饱和状态，经济很难再依靠进口替代型战略迈向新台阶。其二，它仅着眼于当前需要的、附加值较低的生产资料和消费资料的生产，因此换汇能力有限，加之需要进口的原材料和机器设备，容易导致国际收支严重失衡。其三，它采取高度的贸易保护政策。从长期和根本上来说，它削弱了这些受保护企业的国际竞争力。

(二)出口导向发展战略与扶持政策

出口导向发展战略是以商品出口为导向,经济活动的重心以国际市场为主,从而推动整个经济或地区的经济发展,因此有时也称外向型经济发展战略。

1. 出口导向发展战略的措施

出口导向发展战略的措施有:(1)高度重视商品出口。(2)降低保护关税,放宽进口限制。(3)对出口企业实行税收优惠政策。(4)提供资金支持。(5)采用汇率政策促进出口企业发展。

2. 对出口导向政策的优劣分析

实践证明,推行出口导向经济发展战略有利于亚洲新兴工业化国家或地区的经济发展。首先,它为亚洲新兴工业化国家或地区的经济起飞创造了良好条件,同时加速了经济发展进程;其次,将亚洲新兴工业化国家或地区的经济运转纳入整个世界经济体系,提高了它们的国际经济地位和竞争力;再次,产业结构得到改善;最后,出口贸易的规模得到了扩大。但是,出口导向发展战略也有其自身的缺陷,即它使亚洲新兴工业化国家或地区的经济运行对世界经济,尤其是少数发达资本主义国家产生了较大的依赖性,同时巨大的贸易顺差也会引起贸易不平衡的摩擦。此外,大量出口可能会使贸易条件恶化。

第二节　关税措施

一、关税概述

关税是指进出口商品经过一国关境时,由海关向进出口商或其代理人征收的一种税收。由于征收关税后进出口商品的成本和价格显著提高,这可能会限制进出口商品的数量和金额,所以又称关税壁垒。

资料卡 2—5　海关的职责及其管辖范围

关税的征收是通过海关来执行的。海关是设立在关境上的国家行政管理机构,其职责是依照国家法令,对进出口货物、货币、金银、行李、邮件、运输工具等进行监督管理、征收关税、查禁走私、临时保管通关货物和编制进出口统计等。

海关执行海关法令规章、行使管辖权、征收关税的领域称为关境,亦称税境或关税领域。货物只有在进出关境时才被视为进出口货物而征收关税。

（一）关税的作用

由于征收关税会提高产品成本，进而抬高销售价格，因此可能会引起产品供求关系的变化，直接或间接地影响国内经济。其作用主要表现在以下四个方面：

(1)增加财政收入。关税是由国家机构海关征收的，关税收入是国家财政收入的重要来源之一。现在，少数国家仍以增加财政收入为目的征收关税。

(2)保护国内产业和市场。对进口商品征收进口关税可以提高进口商品的成本，削弱其市场竞争能力，进而达到限制外国商品进入本国市场、保护本国同类产业的生产和市场的目的，这是现在各国征收关税的主要目的。

(3)调高或降低某项产品的进出口税率，调整进出口货物结构。

(4)调整国际贸易差额。当国际收支出现逆差时，可以通过征收进口附加税减少进口和外汇支出，从而缩小差额；反之则相反。

以上是关税常见的主要作用，关税的其他作用这里就略过不谈了。

（二）关税的特点

1. 关税由海关征收

海关是贯彻和落实国家有关进出口政策、法令和规章的主要部门，它的一个主要任务就是按照《海关法》对进出口商品、货币、行李等依法征收关税。

2. 关税是一种间接税

这是因为进出口商缴纳关税后会把税赋作为成本加入货价，并最终转嫁到消费者身上。

3. 关税是实施对外贸易政策的重要手段

一国通常会采用关税措施来鼓励和限制某些商品的进出口，达到为本国经济和对外贸易关系服务的目的。因此，关税是一国实施对外贸易政策的重要手段。

二、关税的主要种类

关税种类繁多，按不同标准分类，主要有以下几种：

（一）按征收对象或商品流向分类

关税按征收对象或商品流向可以分为进口税、出口税、过境税（见表2—1）。

表2—1　进口税、出口税和过境税的比较

分　类	征税对象	征税目的	备　注
进口税	进口商品及服务	增加进口成本，抬高进口商品的市场价格	可以把进口税分为普通税、最惠国税、特惠税和普遍优惠制关税

续表

分 类	征税对象	征税目的	备 注
出口税	出口商品及服务	增加财政收入、保护国内市场、保障国内供应、保护本国资源等	各国很少征收出口税
过境税	经过关境或国境的商品	增加财政收入	多数国家免征

1. 进口税

进口税又称正常关税或进口正税，是指一国海关在外国商品进口时，对本国进口商所征收的关税。它是一国推行保护贸易政策所实施的一项重要措施，也是一国推行对外政策的一个重要手段。过高的进口税会对进口形成贸易壁垒，同时也会阻碍国际贸易的正常发展。

2. 出口税

出口税是出口国海关在本国产品输往国外时对出口商征收的关税。目前少数国家会针对本国有大量需求而供给不足的，或本国相对贫乏的资源类商品征收出口税，以防止此类资源过度流出。

3. 过境税

过境税是一国对于通过其关境的外国货物所征收的一种关税。最初各国征收过境税的主要目的是为了增加财政收入，后来随着国际贸易和国际货物运输的发展，各国通过签订条约逐渐废除了过境税。目前大多数国家对通过其领土的外国货物免征过境税，只收取少量的准许费、登记费、统计费等。

(二)按照征税目的分类

关税按征税目的不同可以分为财政关税和保护关税(见表2—2)。

表2—2　　财政关税和保护关税的作用分析

分 类	征税对象	征税目的	备 注
财政关税	主要是进口商品	增加财政收入	目前征税目的改变
保护关税	主要是进口商品，也包括特殊的出口商品	保护本国工业或农业的发展	目前大多数国家征收的关税都是这种类型

1. 财政关税

财政关税，又称收入关税，是指以增加国家的财政收入为主要目的而征收的关税。对进口商品征收财政关税必须满足三个条件：一是征税的进口货物必须是国内不能生产或没有替代品的商品；二是征税的进口商品必须有大量的需求；三是进口税税率较适中。

2. 保护关税

保护关税是指以保护本国产业和市场为主要目的而征收的关税。它根据保护的对象不同又可分为工业保护关税、农业保护关税和市场保护关税。其中工业保护关税是以保护国内工业,特别是幼稚工业发展所征收的关税;农业保护关税是以保护国内农业发展所征收的关税;市场保护关税是以保护国内市场或垄断国内市场而征收的关税。

(三)按照差别待遇和特定的实施情况分类

关税按差别待遇或特定的实施情况可分为进口附加税、特惠税、普遍优惠制关税。

1. 进口附加税

进口附加税是进口国除征收一般进口税外,再加征的额外临时性关税。其目的一般有:(1)维持国际收支平衡。(2)防范国外商品低价倾销。(3)实行歧视或报复。因此,进口附加税是限制商品进口的重要手段,其以反补贴税和反倾销税两种最为常见。

(1)反补贴税(又称抵消税或补偿税)。反补贴税是指对在生产、销售过程中直接或间接接受的任何奖金或补贴的进口商品所征收的进口附加税。其目的是增加进口成本,消除其享受的补贴或奖励数额,削弱其竞争能力,减少低价竞争或倾销的可能,使本国同类产业免受威胁或损害。因此,一般情况下,反补贴税的税额不超过奖金或补贴数额。

征收反补贴税应同时具备的条件:①进口货物确实接受了直接或间接的奖金或补贴;②补贴后果已经对(或正在对)本国国内经济造成重大损害(或产生重大威胁)。

(2)反倾销税。反倾销税是对倾销的外国货物征收的一种进口附加税。其目的是防止货物倾销,保护本国产品市场。一般而言,征收反倾销税必须符合下列条件:①倾销存在。②倾销对工业造成损坏或威胁。③倾销与损坏有因果关系。

2. 特惠税

特惠税,又称优惠税,是指对某个国家、地区进口的全部或部分货物给予特别优惠的低关税或免税待遇,但它不适用于从非优惠国家或地区进口的商品。这种优惠待遇可能是互惠的,也可能是非互惠的。特惠税始于宗主国与殖民地附属国之间的贸易。第二次世界大战后,实行的特惠税最主要的是《洛美协定》(Lome Convention)国家之间的特惠税。

资料卡 2—6 特惠税的起源与发展

特惠税是殖民主义的产物,开始于宗主国与殖民地附属国之间的贸易。早期的特惠税是非互惠的,后来才逐步改为互惠的。英国、法国、葡萄牙、荷兰、比利时和美国等国与其殖民地附属国之间都曾实行过特惠税。最有名的特惠税是

1932年英联邦国家在渥太华会议上建立的英联邦特惠税。1973年1月英国正式加入西欧共同市场后,英联邦特惠税自1974年1月起到1977年7月1日止逐步取消。此后,英国实行西欧共同市场的共同对外关税。

第二次世界大战后,西欧共同市场的国家与非洲、加勒比海和太平洋地区的46个发展中国家于1975年2月签订了《洛美协定》,在《洛美协定》国家之间也实行了特惠税。这种特惠税是西欧共同市场向参加协定的非洲、加勒比海和太平洋地区的发展中国家单方面提供的特惠税。根据《洛美协定》,西欧共同市场国家将在免税、不受数量限制的条件下接受这些发展中国家的全部工业品和96%的农产品进入西欧共同市场,而不要求这些发展中国家给予各种“反向优惠”。1979年10月签订了第二个《洛美协定》,受惠的发展中国家增加到61个。但是,《洛美协定》又规定,如果大量进口在西欧共同市场的某个经济区域或某个成员国内引起严重的市场混乱,西欧共同市场保留采取保护措施的权利。

3. 普遍优惠制关税

普遍优惠制,简称普惠制,是指在一定数量范围内,发达国家对进口的发展中国家的制成品和半制成品给予普遍的、非歧视的、非互惠的关税减免的优惠待遇。它是发展中国家经过长期努力斗争之后于1968年建立起来的一项制度。其目的是增加发展中国家或地区的外汇收入,加速发展中国家的经济增长。而普惠制的主要特点是普遍性、非歧视性和非互惠性。

资料卡2-7 现行普惠制名不副实

目前已有29个国家实行了普惠制,受惠国家和地区达170多个。普惠制的给惠国都是通过各自的普惠制方案来提供普惠制待遇的,这些普惠制方案虽各不相同,但都具有下述共同内容:

1. 对受惠国家或地区的规定

普惠制原则上应对所有发展中国家和地区都给予无歧视、无例外的优惠待遇。但鉴于给惠国各自的政治利益,通常由给惠国根据发展中国家的经济和政治状况单方面决定。

2. 对给惠产品范围的规定

普惠制原则上应对受惠国或地区的制成品和半制成品普遍实行关税减让,但实际上许多给惠国都做不到。各普惠制方案一般都按照《国际贸易货物名称和编码协调制度》(简称《协调制度》)列有给惠产品清单和排除产品清单,并且给惠国根据本国的经济贸易的政策需要与受惠国的要求经常调整该清单。

3. 对给惠产品减税幅度的规定

给惠产品减税幅度是以其最惠国税率与普惠税率的差额为标准的,最惠国税率越高,普惠税率越低,减税幅度就越大。给惠国均按照一定的标准对不同给惠产品给予不同的减税幅度,一般而言,农产品的减税幅度小,工业品的减税幅度较大。

4. 对给惠国的保护措施的规定

在普惠制方案中,一般均列有保护措施,以保护本国某些产品的生产与销售。这些保护措施主要有以下几类:

第一类是免责条款。免责条款又称例外条款,是指受惠国进口量增加到对本国同类产品或有直接竞争产品已造成或即将造成重大损害时,给惠国对该项产品的进口可以完全取消或部分取消关税优惠待遇。

第二类是预定限额。它是指给惠国预先规定一定时期内某项受惠产品的关税优惠进口限额,对超过限额的进口部分按规定征收最惠国税。预定限额一般包括:最高限额、分配配额和国家最大额度。

第三类是竞争需要标准。它是指对来自受惠国的某种进口货物,如超过当年规定的进口限额,则取消下年度该种货物的关税优惠待遇。

第四类是毕业条款,又称毕业机制或取消制度。它规定,如果某个受惠国的某项受惠产品或其经济发展到较高的程度,则取消该项受惠产品或全部受惠产品享受普惠制待遇的资格。取消某项产品或部分产品的受惠资格称为"产品毕业";取消全部产品的受惠资格称为"国家毕业",国家毕业的标准主要是根据国民收入指标来制定的,如新西兰规定对人均国民生产总值达到本国70%以上的受惠国,取消普惠制优惠待遇。

5. 对原产地的规定

这一规定又称原产地规则,它是确定受惠国出口产品是否可以享受普惠制优惠待遇的标准,目的是防止非受惠国利用普惠制扩大出口。各给惠国的普惠制方案中的原产地规则一般包括原产地标准、直接运输规则和普惠制原产地证书三部分。

各国对于发生实质性变化的标准不同,但归纳起来主要有以下两类:

一类是加工标准。该标准一般规定进口原料或零部件的税则号和利用这些原料或零部件加工制成品的税则号发生了变化,就可认为该进口原料或零部件经过充分加工后发生了实质性变化,该产品符合原产地标准,享受普惠制关税优惠待遇。欧盟、日本等都采用这项标准。

另一类是增值标准，又称百分率标准。该标准规定只有进口原料、零部件的价值没有超过出口受惠产品价值的一定百分比，才认为该产品经加工发生了实质性变化，可以享受普惠制关税优惠待遇。但各给惠国规定的百分比是不相同的，如澳大利亚规定为50％，加拿大为40％，美国为35％。

(四)按征税的方法或标准分类

关税按此标准分类可分为从量税、从价税、混合税和选择税四种。

1. 从量税

从量税是指以货物的数量等计量单位为标准征收的关税，其税额等于货物数量乘以每单位从量税额。采用从量税征收时，一旦货物价格下降，就会加强关税的保护作用；反之则相反。

第二次世界大战前，西方国家普遍采用从量税，但战后由于各国普遍存在通货膨胀，使得从量税不能很好地起到增加财政收入和保护本国产业和市场的作用，于是各国开始取消可从量税。目前，从量税只有一些国家对少数产品实行。

资料卡 2—8 从量税的计算方法

各国一般以商品的重量为单位征收从量税，但各国对商品的重量计算方法有所不同，一般有以下三种：

(1)毛重法。又称总重量法，即包括商品内外包装。

(2)半毛重法。它以商品总重量扣除外包装后的重量为计税数量。这种方法又分为两种：一种是法定毛重法；另一种是实际半毛重法。

(3)净重法。它以商品总重量扣除内外包装重量后的结果作为计税数量。

2. 从价税

从价税是指按货物的总价格为计税标准征收的关税。税额一般等于货物总值乘以从价税率。它的优点是征收手续简单、关税负担较合理，但缺点是完税价格的估价较难确定。目前，大多数国家对大部分商品均实行从价税。我国就是其中的一员，其中，进口税是以海关审定的 CIF 为完税价格；出口税则以 FOB 价格扣除出口税为完税价格；如果无法确定货物的 CIF 价格或 FOB 价格，则由海关估定。

资料卡 2—9 完税价格的计算方法

目前，各国在征收从价税中，采用的完税价格不尽一致，大体上可以分为三种：(1)以 CIF 价作为征税价格标准，如欧盟各国。(2)以 FOB 价作为征税价格标准，如美国。(3)以海关估价为征税价格标准。

根据《关税与贸易总协定》第 7 条规定：海关对进口货物的估价应以进口货物或相同货物的实际价格，而不得以国内产品的价格或者以武断的或虚构的价格作为计征关税的依据。在“东京回合”谈判中对估价方法做了进一步规定，并订立了《海关估价协议》，于 1981 年 1 月 1 日正式生效。该协议规定了几种依次使用的海关估价方法：以成交价格(发票价格)作为计算关税的依据。在不能确定成交价格时，可采用下列办法：(1)参照向同类国家在同期内同类商品的出口价格。(2)同类商品在国内销售价减去有关税收和费用。(3)原产国的生产成本加合理的推销费用和利润为基础的估算价格。

3. 混合税

混合税，又称复合税，是指对某项商品同时征收从量税和从价税。或以从价税为主再征从量税，或以从量税为主再征从价税。一般来说，混合税的计征手续较烦琐，但在物价波动时不会减少关税收入。

4. 选择税

选择税是在对一种商品征税时可以选择按从价税和从量税两种税率计算的较高的一个税额征收的税收方法，有时为了鼓励某种商品的进口，也会选择税额较低的征收。

三、海关税则和通关手续

(一)海关税则

海关税则，又称关税税则，是一国对进出口商品计征关税的规章，也是对进出口的应税与免税货物加以系统分类的一览表。海关税则是海关征收关税的依据，是一国关税政策的具体体现。一般来说，海关税则包括两部分：一部分是课征关税的条例规章及有关说明；另一部分是关税税率表。

1. 货物分类方法

海关税则对所有的进出口货物进行了系统分类，便于查找不同货物的关税税率和进出口货物的统计。目前，各国海关税则的分类方法大致有以下几种：一是按照货物的自然属性分类，如动物、植物等；二是按货物的加工程度或制造阶段分类，如原材料；三是按货物的成分或同一工业部门的产品分类；四是按照货物的用途分类；五是按照货物的自然属性分成大类，再按加工程度分成小类。

2. 税则分类的国际协调

（1）《海关合作理事会税则目录》。世界上大多数国家或地区采用了该税则目录，其对货物的分类原则是结合加工程度、但以货物的性质为主划分的。

（2）《国际贸易货物名称和编码协调制度》（简称《协调制度》）。20 世纪 70 年代，在《海关合作理事会分类目录》和《国际贸易标准分类》基础上，海关合作理事会研究制定了《协调制度》，于 1988 年 1 月 1 日开始正式实施。目前，大多数国家已采用这一新的分类目录编码，并以此为基础编制本国的关税税则目录。

3. 海关税则的种类

各国税则按税率的种类可分为单式税则和复式税则两种。

（1）单式税则，又称一栏税则。单式税则是指在一个税目下，对任何国家的产品只适用一种税率，无差别待遇。目前，少数发展中国家采用该税则，如巴拿马。

（2）复式税则，又称多栏税则。复式税则是指在一个税目下，对不同国家的产品采用两个或两个以上的税率。目前，世界绝大多数国家采用这种税则，我国也采用复式税则。

资料卡 2—10　税则依据制定权限的分类

各国税则依据制定税则的权限，可分为自主税则（Autonomous Tariff）和协定税则（Conventional Tariff）。

1. 自主税则

自主税则又称国定税则，是指一国立法机构根据关税自主原则单独制定而不受对外签订的贸易条约或协定约束的一种税率。自主税则又可分为自主单式税则和自主复式税则两种。

2. 协定税则

协定税则是指一国与其他国家或地区通过贸易与关税谈判，以贸易条约或协定的方式确定的关税税率。

（二）通关手续

通关手续是指进出口商或代理人向海关办理进出口货物的手续。通常，海关对当事人呈交的单证或申请进出口的货物依法审核、查验、征缴税费，最后批准进口或出口。一般来说，通关包括以下四个基本环节：

1. 申报

申报是指在海关规定的期限内，进出口商或其代理人在进出口货物时向海关报告其进出口货物的情况，并向海关申请办理审查放行的行为。它是进出境货物通关的第一环节。

2. 查验

查验是指海关接受报关单位的申报，并以已审核的申报单为依据，实际查核进出口货物，确定其报关单证申报的内容与实际进出口货物相符与否的一种监管形式。海关一般在海关监管区内的进出口口岸码头、车站、邮局或海关的其他监管场所查验货物。

3. 税费计征

税费计征是指依据国家有关政策、法规对进出口货物征收税款等费用的行为。

4. 海关放行

海关放行是指海关在接受进出口货物的申报，经过审核报关单据、查验货物、依法征收税费，对进出口货物做出"放行"结果的现场监管的行为。海关在决定放行时需在有关报关单据上加盖"海关放行章"，而进出口货物的收发货人或代理人凭此办理提取进口货物或装运出口货物的手续。

第三节 非关税措施

一、非关税措施概述

现今，由于各种原因世界各国的进口关税率已经大幅下降，关税的保护作用越来越弱，因此各国不得不寻求非关税措施来保护本国贸易发展。一般把限制商品进口为目的的非关税措施称为非关税壁垒。

(一)非关税壁垒的概念

非关税壁垒是指一国(地区)采取的除关税以外的所有限制进口贸易的措施。这些措施可通过法律、法令及各种行政措施的形式来实现。

资料卡 2—11 非关税壁垒行贸易保护之实

20 世纪 30 年代世界性经济危机爆发时，非关税壁垒曾作为贸易壁垒的重要组成部分广泛盛行。第二次世界大战后初期，许多工业国家仍然实行严格的限制进口措施，但从 20 世纪 50 年代到 70 年代初，发达国家在大幅度下调关税的同时，放宽和取消了非关税壁垒，实行贸易自由化。然而，从 20 世纪 70 年代中期以来，在 1974～1975 年和 1980～1982 年两次世界性经济危机的冲击下，发达国家的贸易战越演越烈，竞相采取非关税壁垒限制商品进口，以抵消由于关税大幅度下降所造成的不利影响，出现了以非关税壁垒为主、关税壁垒为辅的新贸易保护主义。

(二)非关税壁垒的特点

非关税壁垒与关税壁垒都有限制进口的作用，但比较起来，非关税壁垒具有以下几个特点：

1. 有效性

关税壁垒是通过征收高额进口关税，提高进口商品的成本和价格，削弱进口商品的竞争，从而间接达到限制进口的目的。而非关税壁垒的制定和实施，行政程序较简单，能随时针对各种情况采用各种方式，更快地达到直接限制进口的目的。

2. 灵活性

一般来说，制定和实施非关税措施的行政程序通常采用较简单、能随时针对贸易中出现的情况而采用限制进口的措施，较及时地达到限制进口的目的。

3. 隐蔽性和歧视性

一般情况下，非关税措施不公开，或者规定极其烦琐复杂的标准或手续，而且它可以借助正常海关检验的名义，或借用进口国的有关行政规定，从而使其更易于掩藏在具体的执行过程中，因而隐蔽性较强；同时，它的实施还往往针对某一国家，因此也有很大的歧视性。

4. 复杂性

非关税措施种类繁多。目前，据联合国贸易与发展会议“贸易控制措施编码系统”的分类，仅对进口货物实行的非关税壁垒措施就有 1 000 多种。

二、非关税壁垒的主要分类

归纳起来，非关税措施基本上可分为两大类：一类是直接限制进口的措施；另一类是间接限制进口的措施。

(一)直接限制进口的措施

直接限制进口是指进口国直接对进口商品数量或金额加以限制。主要有以下几种措施：

1. 进口配额制

进口配额制，又称进口限额制，是一种重要的直接限制进口的措施。它是指在一定时期内，进口国政府直接限制某些商品的进口数量或金额。一般来说，配额之内允许进口，而超配额部分不准进口或需缴纳高额关税或罚款后才能进口。

资料卡 2—12 国际纺织品贸易配额的起源与发展

第二次世界大战以后，实施进口配额最为突出的实例是国际纺织品贸易配额。根据《关税与贸易总协定》第 11 条规定，一般禁止使用进口数量限制。然而，20 世纪 60 年代初，美国和其他发达国家认为，纺织品贸易的迅速发展，对其国内纺织品市场造成影响，应该使纺织品贸易有秩序地进行，避免对进口国市场造成混乱和破坏。因此，美国等发达国家要求对纺织品贸易实行数量限制。他们提出实施纺织品进口配额的目的是：减少纺织品贸易中的矛盾和摩擦；防止纺织品市场被破坏；逐步扩大纺织品贸易；最终实现纺织品的自由贸易。1960 年 7 月，“关税与贸易总协定”主持召开了世界纺织品进口国和出口国会议。这次会议达成了《国际棉纺织品短期协定》，该协定的有效日期是 1961 年 10 月～1962 年 10 月。在该协定到期后，美国等发达国家又签订了 1962～1973 年的《长期棉纺织品协定》。到 20 世纪 70 年代，一方面是由于未受国际棉纺织品贸易协定限制的化纤纺织品的贸易有了大幅度的增长；另一方面，虽然日本纺织品的出口在实施配额的条件下有所限制，但是东亚一些较小的国家和地区纺织品出口发展得较快，市场份额不断扩大。20 世纪 70 年代，《长期棉纺织品协定》结束之时，在美国的要求下，又签订了新的协定。即 1974～1977 年的第一个《多种纤维协定》。从 1973 到 1977 年，法国和英国等欧洲国家纺织品进口数量增长了 21%。与此同时，欧共体纺织业就业下降了 16%。在欧共体强大的贸易保护主义压力下，又签订了 1978～1981 年的第二个《多种纤维协定》。这个协定对配额的规定比第一个限制的范围更加广泛和严格。该协定期满后，紧接着又签订了 1982～1986 年的第三个《多种纤维协定》。这个协定不仅保留了前几个协定的限制内容，又增加了对于出口国扩大出口的补充限制。尽管受到配额的严格限制，但是发展中国家纺织品和服装的生产和出口仍然在不断增长。为此，又签订了 1986～1991 年的第四个《多种纤维协定》。这一协定的限制，包罗了所有可以想象到的纤维产品。它除了限制棉纺织品和化纤纺织品以外，还增加了对于亚麻织品、黄麻织品、丝织品等的限制，力图最终控制所有纺织品的贸易。

在实施配额之初，美国等发达国家提出的目的是逐步扩大纺织品贸易，最终实现自由贸易。但是实施的结果却相反，协定一而再再而三地延长，限制的范围越来越扩大，限制也越加严格，最终不是朝着自由化的方向，而是朝着贸易保护主义的方向发展。

自1995年起，WTO《纺织品与服装协议(ATC)》取代了《多种纤维协定》。2005年1月1日，该领域由《关税与贸易总协定》规管。

2. 自动出口配额制(自动或自愿出口限制)

自动出口配额是指在进口国的要求或压力下，出口国被迫自动规定，在一定时期内(一般为3年)对出口到该国的某些货物实行限制，规定数额内自行控制出口，超过限额则禁止出口。

表2—3将进口配额与自动出口配额的区别做了对比分析。

表2—3　　进口配额与自动出口配额的区别

	进口配额	自动出口配额
控制方	由进口国直接控制进口	由出口国直接控制出口
意愿	进口国主动控制的	出口国被动做出的
期限	期限较短，一般为1个季度、半年或1年	期限较长，一般为3年

资料卡2—13　日本汽车遭遇“自动”出口限制

20世纪80年代初，美国要求日本“自动”限制汽车出口的数量。至1963年，世界的小汽车生产集中在美国和西欧国家，日本的汽车产量只占世界产量的2.6%。然而，到1980年，日本小汽车产量占世界产量的比重上升到28%，日本汽车出口量占世界市场的比重达37%。日本汽车大量出口到美国和西欧国家。1978年，美国汽车生产的数量为930.8万辆，到1980年下降至658.1万辆，减少产量272.7万辆。同年日本汽车进入美国市场达199.2万辆。出现这一情况的原因主要是：其一，当时日本汽车的竞争力较为强劲，主要是日本汽车的质量较高，返修率较低。其二，特别是20世纪70年代，在世界石油价格两次大幅度上涨的条件下，日本生产的主要是小型的节油车，因而受到消费者的普遍欢迎。而美国三大汽车公司在石油大幅度上涨的情况下，依然生产耗油量多的豪华型小轿车。1979年，在世界市场上每桶石油的价格上涨至38美元时，美国汽车公司陷入困境，美国三大汽车公司在1980年亏损40亿美元，第三大汽车公司克莱斯勒濒临破产。在这种形势下,1981 年美国政府要求日本"自动"实行出口限制,出口到美国市场上的汽车数量,每年不得超过 168 万辆,为期 3 年。

日本和一些发展中国家为什么又接受这种"自动"出口限制呢?据一些经济学家分析,这种"自动"出口限制重要的原因在于,日本和东亚一些新兴工业化国家和地区对美国和其他发达国家的市场依赖较大。面对美国和西欧国家的政府所施加的压力,如果日本和东亚一些新兴工业化国家及地区不接受这种较为体面的"自动"出口限制,就会受到其更加强硬的制裁,如实施进口配额,或者征收 100%、200%的报复性关税等。此外,如果日本在汽车的出口方面不接受"自动"出口限制,美国和其他发达国家会在其他商品的进口方面采取更加严格的限制措施。从政治方面来看,实施进口配额和报复性关税等在美国等国是要通过国会的。因此,日本及一些发展中国家和地区面临这样的选择,是和美国政府打交道,接受"自动"出口限制呢?还是和美国国会打交道接受更加严厉的惩罚?众所周知,美国国会是以作为贸易保护主义的"大本营"而出名的。因此,"两害相权取其轻",接受自动出口限制是比较明智的。

资料来源:王俊宜、李权编著:《国际贸易》,中国发展出版社 2003 年版。

3. 进口许可证制

进口许可证制是指规定进口商品时要事先向政府主管部门申请并领取进口许可证,否则不准进口。进口许可证是指为落实进口许可证制,由进口国的有关部门根据进口商的申请所审核签发的,表明允许进口的证明文件。

从进口许可证与进口配额的关系上看,进口许可证可以分为两种:一种为有定额的进口许可证,即国家有关机构预先规定有关商品的进口配额,然后在配额的限度内,根据进口商的申请对每一笔进口货物发给进口商一定数量或金额的进口许可证。另一种为无定额的进口许可证,即进口许可证不与进口配额相结合,有关政府机构预先不公布进口配额,对有关商品进口许可证的颁发,只是在个别考虑的基础上进行。由于它是个别考虑的,因此没有公开的标准。

(二)间接限制进口的措施

间接限制进口是指进口国制定各种间接限制商品进口的严格标准和条例。主要有以下几种措施:

1. 进口押金制

进口押金制又称进口存款制,是指在进口商品时,进口商必须在规定的时间内预先按进口金额的一定比率在指定银行无息存入一笔现金,否则不准进口。这一制度旨在加重进口商的资金负担，影响资金周转，增加进口成本，从而起到限制进口的作用。例如，意大利、芬兰、新西兰等国家都采用过这一措施。

2. 进口最低限价制

最低限价是指进口国规定某一商品的进口最低价格，如果进口价格低于这一限价不准进口，或必须征收进口附加税后才准予进口。进口最低价往往根据某一商品生产国在生产水平最高的情况下的商品价格制定。因此，进口国定的最低限价一般很高，旨在使进口商无利可图，从而达到限制进口的目的。

3. 外汇管制

外汇管制是为了平衡国际收支和维持本币汇率的稳定，一国政府对外汇的买卖、收付、调拨、转移等直接加以限制的政策措施。在外汇管制下，出口商必须把其出口的外汇收入按官方汇率出售给外汇指定银行；而进口商如有用汇需要必须到外汇指定银行按官方汇价购买外汇；此外，外汇自由携带出入国境也受到严格限制。

4. 歧视性政府采购政策

歧视性政府采购政策是指通过本国有关法律规定，要求本国政府机构采购物品时优先购买本国产品，从而起到对外国商品的歧视作用，达到限制商品进口的目的。由于政府是一国经济中最大的货物与服务的采购者，因而政府采购在一国经济发展中起着很重要的作用。目前，一些国家仍保留这一制度，但是歧视性政府采购政策是世界贸易组织所反对的，属于世界贸易组织规则中的减让对象。

资料卡 2—14 政府采购政策的“国货情结”

美国从 1933 年开始实行，并于 1954 年和 1962 年两次修改的《购买美国货物法案》是最为典型的政府采购政策。该法案规定，凡是美国联邦政府采购的货物，都应该是美国制造的，或是用美国原料制造的。凡商品的成分有 50%以上是国外生产的就称外国货。以后又做了修改，规定只有在美国自己生产数量不够或国内价格过高，或不买外国货有损美国利益的情况下，才可以购买外国货。显然，这是一种歧视外国产品的贸易保护主义措施。该法案直到关贸总协定的“东京回合”，美国才废除。

现在，相当多国家已经逐步取消了类似的法令，但实际上很多国家政府采购时依然遵循尽可能不买进口货的原则，特别是英、美等国，政府采购中外国产品所占的比例很低。据统计，这一数值日本为 16%，美国为 9%，加拿大为 20%。2009 年 2 月，奥巴马政府出台了 7 870 亿美元的巨额经济刺激计划中的国货采购条款规定：“使用《美国复苏与再投资法》(ARRA)资金进行的公共建筑或公共工程项目的建设、改造、维护与维修项目中所使用的所有钢铁和制造品必须产自美国，除非出现以下情形：该规定的实施不符合公共利益；相关产品在美国生产不足、供应不足或质量不符合要求；该规定的实施将导致整个工程的成本上升25%以上。此外，国货条款的实施应与美国在国际协议中所承担的义务相一致。”该规定引起了全世界的广泛关注。

5. 海关估价制

海关估价是指海关对进出口货物征收关税时所确定的完税价格。它是海关征收关税的依据。专断的海关估价制是提高某些进口商品的海关估价以增加进口商的关税负担，提高进口商品的成本，阻碍商品进口的特殊规定。但《关贸总协定》规定，海关对进口货物估价时，应以进口货物或相同货物的实际价格作为计征关税的依据，而不能采取武断的或虚构的估价以提高计征从价税。

资料卡 2—15　进口商品归类猫腻多

美国海关在对日本产卡车的驾驶室和底盘分类时，把它从“部件”类归到“装配车辆”类，其进口税率就相应地从4%提高到25%。

6. 国内税

对某些进口商品，有些国家除征收进口关税外，还与国内产品一样征收各种国内捐税，以限制进口。目前，一些国家，特别是西欧国家，广泛采用国内税来限制进口。因为国内税的制定和执行是属于本国政府机构，有时甚至是地方政府的权限，它不受贸易条款和多边协定的限制，所以，对进口商品征收国内税是一种比关税还要灵活、隐蔽的贸易保护措施。

7. 技术性贸易壁垒

近年来，各国保护贸易措施逐步转向隐蔽性更高的技术性贸易壁垒，它已经成为当前国际贸易中一种非常重要的非关税壁垒措施。技术性贸易壁垒是指一国以维护国家安全、保护人类和动植物生命、防止欺诈、保护环境、保证产品质量为目的，或以贸易保护为目的所采取的复杂苛刻的技术标准、卫生检疫规定以及商品包装和标签的规定。

根据世界贸易组织《技术性贸易壁垒协议》，技术性贸易措施可分为三类：技术法规(指规定强制执行的产品特性或其相关工艺和生产方法,包括适用的管理规定的文件)、标准(指经公认机构批准的、非强制执行的、供通用或重复使用的产品或相关工艺和生产方法的规则、指南或特性的文件)和合格评定程序(指任何直接或间接用以确定是否满足技术法规或标准中相关要求的程序),并把符合《技术性贸易壁垒协议》原则的技术法规、标准和合格评定程序视为合理的、允许的,不构成贸易壁垒,而把不符合《技术性贸易壁垒协议》原则的技术法规、标准作为贸易壁垒,要求消除。

资料卡 2—16　美、日技术壁垒例证

美国规定其他国家或地区输往美国的食品、饮料、药品及化妆品,必须符合美国《联邦食品、药品及化妆品法案》(The Federal Food, Drug and Cosmetic Act)的规定。其条文还规定,进口货物通过海关时,均须经食品与药物管理局(Food and Drug Administration, FDA)检验,如发现与规定不符,海关将予以扣留,有权进行销毁,或按规定日期装运再出口。日本对我国出口的大米进行检测的农药残留限量标准的个数迅速增加。1994 年的检测项目还只有 56 项,1995 年则增加到 64 项,1996 年 81 项,1997 年 91 项,1998 年则达到 104 项,近期甚至达到了 579 项。

8. 绿色贸易壁垒

所谓绿色贸易壁垒是指进口国政府以保护生态环境为由,以限制进口保护贸易为目的,通过颁布复杂多样的环保法规、条例,建立严格的环境技术标准和产品包装要求,建立烦琐的检验认证和审批程序以及实行环境构想制度,以征收环境进口税的方式对进口产品设置的贸易障碍。它产生于国际协议、法规、技术、公约、制度所派生出来的不合理的环境标准及其环境保护措施。

目前,各国尤其是发达国家实施绿色贸易壁垒的措施主要是绿色关税制度、环境保护法规、绿色技术标准、绿色环境标志和绿色检疫制度等。

资料卡 2—17　日本筑起苛刻的绿色技术壁垒

绿色技术壁垒是指那些为保护环境或以环保名义,直接或间接采取的限制甚至禁止贸易的措施,它主要包括绿色技术标准、绿色环境标志、绿色包装制度和绿色卫生检疫制度。

(1)绿色技术标准。日本科学技术水平较高,处于技术垄断地位,因而以保护环境为名义，通过立法手段，制定严格的强制性技术限制。这些标准都是根据日本的生产和技术水平制定的，如日本的《节能修正法》新法案规定，到2010年，在日本市场上销售的不同质量和用途的汽车，必须达到相应的节能标准，以减少汽车废气的排放。日本政府标准规定"二噁英"含量不能超过0.1ppm，对于许多发展中国家来说，这是很难达到的。

(2)绿色环境标志。这是一种在产品或其包装上的图形，表明该产品不但质量符合标准，而且在生产、使用、处理过程中符合环保要求，对生态环境和人类健康均无损害。发展中国家产品为了进入日本市场，必须提出申请，经批准才能得到"绿色通行证"，即"绿色环境标志"。从1989年开始，日本环境协会(Japan Environmental Association，JEA)就开始在环境主管部门的领导下正式执行生态标志项目。该项目的目标是为了宣传产品环境影响方面的知识，并鼓励消费者选择环境无害化产品。1989年，日本生态标志项目为7类产品，如"无CFC的喷雾剂产品"等，到2003年3月，日本环境协会已经将生态标志产品类别扩展到了64类5 476种产品，如太阳能热水供应系统、废旧轮胎制品、节水设备等。对每类产品，日本环境协会都制定了详细的认证标准和具体程序。

(3)绿色包装制度。绿色包装指用后易于回收再用或再生，易于自然分解，不污染环境的包装。日本一贯控制某些不能生物降解的塑料包装材料的使用，并尽可能使用便于回收利用的纸质包装材料。在进行包装立法后，早在20世纪80年代初，日本的包装废旧纸回收率就达到50%，其中东京的废旧纸品回收率高达80%。由于废旧纸回收率高，日本已成为世界上第二大产纸国。目前，日本有200个废玻璃回收处理中心，使垃圾量能减少5%～8%。

(4)绿色卫生检疫制度。日本对食品的安全卫生指标十分敏感，尤其对农药残留、放射性残留、重金属含量的要求日趋严格。日本对进口农产品制定了极高的技术标准，例如厚生劳动省制定的农药残留标准(MRLS)就比世界平均水平高许多。MRLS中规定对菠菜毒死蜱残留量须低于0.01mg/kg，而《国际食品法典》(CAC)和美国、欧盟的限量均为0.05mg/kg。

资料来源："日本技术性贸易壁垒剖析"，中国质检网，http://www.cqn.com.cn/news/zgzljsjd/92349.html。

三、鼓励出口的措施

一国在制定国家贸易政策时，出口政策比进口政策更为重要。即便是发达国家也十分重视采用各种出口政策来刺激出口，更何况奉行外向型发展导向的新兴工业国和发展中国家呢？目前，许多国家鼓励出口的措施归纳起来主要有以下几种：

（一）出口信贷

出口信贷是为鼓励本国商品的出口，加强国际竞争能力，一国政府对本国出口给予利息补贴并提供信贷担保的方法，鼓励本国银行对本国出口商或外国进口商（或其银行）提供利率较低的贷款，以解决资金周转困难的一种融资方式。

出口信贷按其借贷关系可划分为卖方信贷和买方信贷两种形式。

1. 卖方信贷

所谓卖方信贷是指为鼓励本国出口商以延期付款方式出口大型设备等商品，出口国银行对本国出口商提供的贷款。在卖方信贷中，出口商以延期付款的方式卖出商品，再由本国银行向其提供贷款，以加速其资金周转，从而促进商品出口。

2. 买方信贷

所谓买方信贷是指为鼓励国外进口商以即期付款方式从本国进口大型设备等商品，出口国银行对外国进口商或进口国银行提供的贷款。在买方信贷中，出口商以即期付款的方式出口商品，由出口国银行向进口商提供贷款，以满足其支付货款的需要，从而促进本国设备的出口。其附带条件是贷款必须用于购买债权国的商品，从而起到促进商品出口的作用，这就是所谓约束性贷款。

（二）出口信贷国家担保制

出口信贷国家担保制就是由国家设立的专门机构出面，为本国出口厂商或银行向国外进口厂商或银行提供的信贷提供担保，当债务人无力或拒绝付款或还款时，由该机构按承保的数额给予补偿。

1. 担保对象

担保对象主要分为以下两种：

(1)对出口厂商的担保。担保机构对出口厂商的担保主要通过两种形式：一种是担保机构对本国出口厂商向国外进口厂商提供的信贷直接提供担保；另一种是允许出口厂商以担保金额向银行抵押取得信贷。

(2)对银行的直接担保。这是指担保机构对本国银行所提供的出口信贷直接给予担保，如果过期未能清偿贷款，担保机构将给予偿付。

2. 担保的项目与金额

这里担保的项目是指通常为所有商业保险公司不承保的出口风险的项目。而出口风险则包括政治风险和经济风险。

政治风险是指由政治方面的原因如发生政变、革命、暴乱、战争以及政府实行禁运、冻结资金或限制对外支付等所造成的经济损失。对于政治风险，担保金额通常为合同金额的85%～95%。

经济风险是指因经济方面的原因如货币贬值、通货膨胀以及进口厂商或借款银行的破产倒闭无力支付等所造成的经济损失。经济风险为合同金额的70%～80%。有时对于某些出口项目的承保金额达到100%。

3. 担保期限

担保期限通常分为短期和中长期。短期担保一般为6个月左右，通常采用综合担保的方式，即出口厂商只需一年办理一次投保，就可承保在该年内对海外的一切短期信贷交易，如发生债务人拒付时，均可得到补偿；中长期担保通常为2～15年，采取逐笔审批的特殊担保方式。

（三）出口补贴

出口补贴又称出口津贴，是指为了鼓励出口，一国政府在本国出口厂商出口商品时给予现金补贴或财政补贴，从而达到降低出口商品的价格，提高出口商品的国际竞争能力的目的。

政府对出口商品提供补贴的范围很广，主要有两种基本方式：

1. 直接补贴

直接补贴是政府对出口企业直接给予现金补贴。直接补贴的办法包括价格补贴（即政府按照出口商品的数量或价值给予一定的现金补贴）和收入补贴（即对企业出口亏损进行补偿）。

2. 间接补贴

间接补贴是政府间接地通过降低出口商品的成本来给予出口企业的一种补贴。间接补贴的办法包括：低息贷款、外销退税、免费或低费为本国出口产品提供服务等。

（四）商品倾销

商品倾销是指以低于正常价格（通常为国内市场价格或生产成本价格）在国外市场抛售本国商品，以达到打击竞争对手、占领海外市场的目的。

商品倾销按倾销目的和时间的不同可分为三种：（1）偶然性倾销，指以倾销方式在国外市场抛售企业积压的或过时的商品，其目的是为了加速资金周转。这种倾销的时间短暂，一般不会对进口国同类产业造成不利影响。（2）间歇性或掠夺性倾销，指以低于国内价格甚至低于成本的价格在国外市场倾销商品，打击竞争对手；在垄断了市场之后，再提高价格，其目的是占领国外市场。这种倾销往往会对进口国同类产业造成损害，这也是通常意义上的倾销。（3）长期性倾销，指长期以低于国内的价格在国外市场出售商品。商品倾销引起的利润损失可以用以下办法弥补：用时间价格差弥补；用地区价格差弥补；用政府给予的优惠和补贴弥补。

（五）外汇倾销

外汇倾销是指出口企业利用本币贬值的机会，降低以外币表示的销售价格，以达到扩大本国商品出口的目的。通过外汇倾销扩大出口必须具备以下三个条件：一是本币贬值的幅度大于国内物价上涨的幅度；二是进口国家不采取报复性措施；三是出口商品有需求弹性。

（六）促进出口的组织措施

一些国家还采取行政组织措施来鼓励和扩大出口。主要有：(1)设立专门研究与制定出口战略的组织。(2)建立商业情报网，甚至设立专门机构为出口企业提供信息。(3)组织国际贸易中心和商品交易会。(4)组织贸易代表团互访。

四、经济特区措施

经济特区是指为达到吸引外商进行贸易和加工等业务活动的目的，一个国家或地区在其管辖的区域内划出一块非关境的区域范围，实施特殊的经济优惠政策。经济特区的建立，促进了外贸的极大发展，尤其是转口贸易和加工贸易的发展，以此加速了区域经济的迅速扩张以及财政收入和外汇收入水平的提高，从而反映出一个国家对外开放和扩大出口的政策要求。因此，很多国家和地区都设立了经济特区，主要有以下几种类型：

（一）自由港

自由港是世界性经济特区最早的形式，在该港口区域内全部或绝大部分的外国商品可以不受海关监管，关税豁免并自由进出。自由港一般以优越的地理位置与港口条件来吸引外国商品的转口。

资料卡 2—18　海南自由贸易港简介

2018 年 4 月 13 日下午，习近平在庆祝海南建省办经济特区 30 周年大会上郑重宣布，党中央决定支持海南全岛建设自由贸易试验区，支持海南逐步探索、稳步推进中国特色自由贸易港建设，分步骤、分阶段建立自由贸易港政策和制度体系。

2020 年 6 月 1 日，中共中央、国务院印发了《海南自由贸易港建设总体方案》，并发出通知，要求各地区各部门结合实际认真贯彻落实。

2020 年 6 月 3 日，海南自由贸易港 11 个重点园区同时挂牌，海南省把 11 个重点园区作为推动海南自由贸易港建设的样板区和试验区，利用制度创新优势，率先实施相关政策和进行压力测试，推动海南自由贸易港建设加快发展、创新发展。

按照中央部署，海南要努力成为中国新时代全面深化改革开放的新标杆，以供给侧结构性改革为主线，建设自由贸易试验区和中国特色自由贸易港，着力打造成为中国全面深化改革开放试验区、国家生态文明试验区、国际旅游消费中心、国家重大战略服务保障区。

根据规划，海南将在城乡融合发展、人才、财税金融、收入分配、国有企业等方面加快机制体制改革；设立国际能源、航运、大宗商品、产权、股权、碳排放权等交易场所；积极发展新一代信息技术产业和数字经济，推动互联网、物联网、大数据、卫星导航、人工智能等同实体经济深度融合。

建立海南自由贸易港是党中央着眼于国际国内发展大局，深入研究、统筹考虑、科学谋划做出的重大决策，是彰显中国扩大对外开放、积极推动经济全球化决心的重大举措。

(二)自由贸易区

自由贸易区是设立于一国关境之外并在自由港的基础上发展起来的，以自由港为依托，扩大到港口邻近地区，它对进口商品免征关税，同时区内商品可进行改装、加工、存储、拆散、整理、重新包装、分类和销售。

自由贸易区以对外贸易为主，并以此发展出口加工、工商、金属加工和其他服务，通过商品集散、转口贸易、兴办加工制造业以及吸引外资、繁荣经济、扩大就业和创汇从而带动整个国家的经济发展。自由贸易区类型分为两种：一种是包括港口及其所在城市；另一种仅包括港口和所在城市的一部分。建立自由贸易区的初衷是发展转口贸易和进口加工业，因而其均分布在世界经济发达地区。

资料卡 2—19 中国(上海)自由贸易试验区简介

中国(上海)自由贸易试验区[China (Shanghai) Pilot Free Trade Zone]，简称上海自由贸易区或上海自贸区，是中国政府设立在上海的区域性自由贸易园区，位于浦东境内，属中国自由贸易区范畴。2013 年 9 月 29 日中国(上海)自由贸易试验区正式成立，面积 28.78 平方公里，涵盖上海市外高桥保税区、外高桥保税物流园区、洋山保税港区和上海浦东机场综合保税区 4 个海关特殊监管区域。2014 年 12 月 28 日全国人大常务委员会授权国务院扩展中国(上海)自由贸易试验区区域，将面积扩展到 120.72 平方公里。

上海自由贸易试验区范围涵盖上海市外高桥保税区、外高桥保税物流园区、洋山保税港区和上海浦东机场综合保税区、金桥出口加工区、张江高科技园区和陆家嘴金融贸易区七个区域。2015 年，上海自由贸易试验区已成为世界自由贸易区联合会荣誉会员。

（三）保税区

保税区是指一个国家在其境内划出一个专门区域由海关实行特殊方式的监管。海关对进出保税区内的商品免征关税，在区域内外国商品可以长期储存，存放期各国不同，逾期未复出口的或者加收费用或者由海关拍卖，所得款项在扣除关税、仓储、运输费用及其他杂费后，余款由货主提出申请予以发还。在保税区内还可以对商品进行改装、分类、混合、展览、加工和制造等活动，商品若从保税区内进入所在国国内，则在离开保税区时要向海关办理报关手续并缴纳进口关税。

保税区可以分为以下几种形式：(1)指定保税。为了在海港或国际机场简便、迅速地办理报关手续，为外国货物提供装卸、搬运和临时储存的场所。一般来说，货物在区内储存的期限较短，限制较严。(2)保税货栈。它是指经海关批准用于装卸、搬运或暂时储存货物的场所。(3)保税仓库。它是经海关批准，外国货物可以连续长时间储存的场所。保税仓库便于货主把握交易时机，有利于业务的顺利进行和转口贸易的发展。(4)保税工厂。它是经海关批准，可以对外国货物进行加工、制造、分类以及检修等业务活动的场所。(5)保税展厅。它是经海关批准，在一定期限内用于陈列货物进行展览的保税场所。保税展厅通常设在本国政府或外国政府、本国企业或外国企业等直接举办或资助举办的展览会、博览会上，它除了具有保税货栈的功能外，还可以展览商品，加强广告宣传，促进国际展览贸易的发展。

目前世界上许多国家和地区都建立了保税区，它已成为发展国际经济贸易的有效形式。1990 年在上海外高桥建立了中国第一个保税区，其后相继在天津、大连、张家港、宁波、马尾、厦门、青岛、广州、珠海、深圳、沙头角、盐田、汕头、海口设立了 15 个保税区，按我国规定，建立保税区应经国务院批准，由海关实施封闭式管理。

（四）出口加工区

出口加工区是指一个国家或地区在其港口或邻近港口、国际机场附近划出一定的区域兴建和扩建码头、车站、道路、仓库等基础设施，提供减免税等优惠待遇，以鼓励外国企业在区内投资设厂，生产以出口为主的制成品加工区。

出口加工区有两种类型：一种是以经营多种出口加工产品为主的加工区，称为综合型出口加工区，目前世界上大部分出口加工区以此为主；另一种是以专门经营某种特定的出口加工产品为主的区域，称为专业型出口加工区。外国企业欲在加工区内设厂必须经过设区主权国的批准并注册，区内投资行业的选择、经营规模的控制、收益的分配、通货的管理以及政策法令的颁布等均掌握在设区主权国手中。

五、出口管制的措施

许多国家出于政治、军事、经济或履行协议的目的，对某些商品出口实行管制。

（一）出口管制的商品

出口管制的商品有以下几大类：(1)军事武器和设备等战略物资以及先进技术资料。(2)国内生产所需的原材料和半制成品及某些国内供应不足的商品。(3)“自动”出口限制的商品。(4)实行出口许可证的商品。(5)对某国或地区经济制裁而限制或禁止出口的商品。(6)特殊商品，如古玩、珍贵艺术品等。

（二）出口管制的形式

其形式主要包括单方面出口管制和多边出口管制。

1. 单方面出口管制

它是指出口国的专门机构根据具体情况，对本国某些出口商品实行的单方面的管制。

2. 多边出口管制

它是指为了协调出口政策，几个国家的政府出面通过组建一个出口管制机构，由其协商和制定统一的出口管制政策，以达到共同的政治目的和经济目的。

（三）出口管制的措施

出口管制政策主要为了限制本国商品出口的规模和出口市场。单边出口管制的国家一般采用以下措施来实现其政策目标：

(1)国家专营。对一些敏感商品的出口，由政府指定的专门机构和组织直接控制和管理。

(2)征收出口税。政府对管制范围内的商品出口征收出口税，并使出口关税保持在适度的水平以达到控制目的。

(3)实行出口许可证制。政府通过许可证管理能有效地控制出口商品的国别和地区、数量和价格。

(4)实行出口配额制。

(5)出口禁运。这是一种最严厉的措施，一般将国内紧缺原材料或初级产品列入其中。

资料卡 2—20　美国"实体清单"

美国"实体清单"是美国为维护其国家安全利益而设立的出口管制条例。清单上的机构和个人在涉及美国产品与技术的出口、转口和转让贸易时，必须事先得到有关机构发出的许可证。其约束范围，包括但不限于美国企业。欧盟、日本等国企业往往与美国的出口管制步调保持一致，因为其销售的产品包含美国生产的部件或使用了部分美国企业技术。简单地说，"实体清单"就是一份"黑名单"，一旦进入此榜单实际上是剥夺了相关企业在美国的贸易机会。实体清单是美国管控技术出口的核心工具，代表着最严格的制裁级别。以"中兴事件"为标志，美国对华技术出口管制政策已全面趋严。

2020 年 5 月 22 日，美国商务部宣布将包括哈尔滨工程大学在内的 33 家中国高校、企业和机构列入实体清单。截止到 2020 年 8 月 27 日，美国实体清单中的中企数量大约有 400 家。

思考题

1. 简述国际贸易政策的含义、类型、内容和作用。
2. 简述关税壁垒的主要内容。
3. 简述非关税壁垒的主要内容。
4. 简述关税壁垒和非关税壁垒的作用。
5. 试述技术性贸易壁垒的具体类型及特征。
6. 简述绿色贸易壁垒的含义及其盛行的原因。
7. 与关税壁垒比较，非关税壁垒有哪些优缺点？
8. 出口补贴和关税的异同点有哪些？

第二编　国际贸易的基本理论

西方国际贸易理论经历了资本主义各个不同的历史发展阶段，基本可以分为两大类：一类是在理论上长期居于主导地位的西方传统国际贸易理论，即自由贸易理论；另一类是西方传统国际贸易理论的反对派，即保护贸易理论。

随着国际贸易的迅速发展，传统国际贸易理论的一些假设前提已越来越脱离实际。如完全竞争、生产技术和成本不变、要素不能跨国转移等假设显然与现实不符。同时，传统贸易理论的一些观点已难以解释当代国际贸易中的某些现象，如要素禀赋相同的国家之间的贸易、产业内贸易等。因此，一些经济学家从国际贸易的实际着手，对传统国际贸易理论的假设前提进行了不同程度的修正，并提出了自己的理论。这些国际贸易新理论既充实和丰富了国际贸易理论，又使国际贸易理论更贴近现实。

本编主要介绍西方传统自由贸易理论、保护贸易理论、国际贸易理论的新发展，并结合国际贸易实际，对这些理论做简单的评析。

第三章　西方传统自由贸易理论

西方国际贸易理论经历了资本主义各个不同的历史发展阶段，它基本可以分为两大类别：一类是在理论上长期居于主导地位的西方传统国际贸易理论，即自由贸易理论；另一类是西方传统国际贸易理论的反对派，即保护贸易理论。

自由贸易理论认为，国际贸易能给参加国带来利益，促进各国的经济发展，所以主张自由贸易政策，反对保护贸易政策。保护贸易理论则认为，国际贸易对经济发达国家有利，而对经济落后国家不利，甚至会阻碍其经济发展，因此主张保护贸易政策。

第一节　绝对优势理论

亚当·斯密(Adam Smith)是古典政治经济学的杰出代表和创始人，也是国际分工和国际贸易理论的创始人和倡导自由贸易的带头人。他在英国格拉斯哥和牛津大学接受教育后，在格拉斯哥大学先后任逻辑学和伦理学教授，成为第一位学院派经济学家。1776年，斯密发表了其代表性著作《国富论》，赢得了经久不衰的世界声誉，故被人们称为现代经济学的奠基人、经济学界的“牛顿”。《国富论》一书也被誉为经济学的“圣经”。

一、亚当·斯密对重商主义的批判

亚当·斯密在其《国富论》中对重商主义进行了一次彻底的大批判，主要有以下三个方面：一是关于财富的定义不同，斯密认为真正的财富应当用商品和劳务而非金银来衡量；二是如何增强国力方面，斯密认为只有采取放任自由的政策，用市场来合理配置资源，才能使国家财富最大化；三是关于如何积累金银的问题，他根据大卫·休谟的“价格—铸币流动机制”理论，得出企图用持续顺差来积累财富是空想的结论。

二、绝对优势理论的主要内容

(一)分工可以提高劳动生产率，它是经济进步的唯一原因

斯密非常重视分工，他在《国富论》的开头便颂扬分工，强调分工的利益。他以制

针业为例来形象说明分工可以提高劳动生产率，增加国民财富是促进经济进步的唯一原因。

（二）分工的依据是绝对优势

斯密认为，分工既然可以极大地提高劳动生产率，那么每个人都应专门从事生产他最有优势的产品，然后彼此交换，则对每个人都有利。同样，在斯密看来，适用于一国内部不同个人或家庭之间的分工原则，也适用于各国之间。

（三）国际分工的基础是有利的自然禀赋或后天的有利条件

斯密认为，自然禀赋因国家而不同，这就为国际分工提供了基础。如果每个国家都利用适宜于其生产某些特定产品的绝对有利的生产条件去进行专业化生产，然后彼此交换，就会使各国的资源、劳动力和资本得到最有效的利用，并能提高劳动生产率和增加物质财富，从而使各国从贸易中获益。这便是绝对优势理论的基本精神。

（四）确定绝对优势的依据

根据斯密的观念，一国可以用劳动生产率或生产成本衡量、确定绝对优势。即如果一国生产某种产品所需的单位劳动或生产成本比其他国家少，那么该国就有生产此种产品的绝对优势；反之则相反。

由于这个理论是按各国绝对有利的生产条件分工，因此，他的分工理论又称地域分工说或绝对成本理论。

三、对绝对优势理论的进一步说明和评价

斯密的绝对优势理论可以借助表 3－1 予以说明。

表 3－1　　**绝对利益**　　单位：劳动小时/单位

产品＼国家	中　国	美　国
小麦	20	10
丝绸	10	20

首先，我们来分析专业化分工前的情况。中美两国各耗费 30 小时劳动均可生产 1 单位小麦和 1 单位丝绸。从整个世界来看，生产 2 单位的小麦和 2 单位的丝绸共耗费 60 小时劳动。但是，经过分析可以发现，中美两国分别在丝绸和小麦的生产上具有更高的劳动生产率，或者说更低的生产成本。具体表现为：小麦的生产成本，美国小于中国（10＜20）；而丝绸的生产成本，中国小于美国（10＜20）。所以，中国在丝绸的生产上具有绝对优势，而美国在小麦的生产上具有绝对优势。按照绝对优势理论，中美两国应分别专业化分工生产丝绸和小麦，然后再进行交换。专业化分工后，中国将 30 小时的劳动全部投入丝绸的生产，而美国将 30 小时的劳动全部投入小麦的生产。这样，

在全部劳动耗费不变的情况下，中国将生产3单位的丝绸，美国将生产3单位的小麦，两种商品的总产出将分别增加1个单位。假设国际贸易的交换比率为1∶1(这一交换比率的形成机制将在后面详细探讨)，即1单位丝绸换1单位小麦，那么，在国际市场上，中国可用1单位丝绸换回1单位小麦，有0.5单位小麦的获利，或是节约本国10小时的劳动(因为在中国国内1单位丝绸只可交换0.5单位小麦)；同时，美国通过贸易也用1单位小麦换回了1单位丝绸，而在美国国内则要用2单位的小麦才可换得，所以，美国也有获利。由此可见，按照绝对优势理论进行的分工生产和贸易，使中美两国均获利，增加了整个世界的产出。

以上推断看似严密、无可挑剔，但事实并非如此。绝对优势理论也存在不可忽略的缺陷。试分析一下其成立的前提条件(即所有参与国际分工的国家都必须要有生产上的绝对优势)就可以知道，如果依据此前提条件，一旦某国任何产品都不具备绝对优势条件，就无法参与国际分工进行国际贸易。而事实上，一些发展中国家，经济水平低下，一切生产部门的劳动生产率都低于交换对手(发达国家)，一切部门的生产成本都高于发达国家，但目前都在积极参与国际分工，并没有因此被排除在世界分工之外。因此，斯密的绝对优势理论是不完整、不完全符合现实的。

第二节　比较优势理论

大卫·李嘉图(David Ricardo)是比较优势理论的代表人物，是英国古典政治经济学家。他出生于英国伦敦的犹太经纪人家庭，是一个爱情至上主义者——因同异教女子结婚被剥夺了父母的财产继承权。李嘉图没有接受过高等教育，而是在年轻时成为一名证券经纪人，短期成为巨富并广置地产。有人称，李嘉图也许并不是他们那个时代最伟大的经济学家，但他肯定是最富有的经济学家。此后，他脱离商人生涯安心从事学术研究，并成为国会议员，促使议会通过了旨在建立严格反通货膨胀的货币标准的《皮尔法案》，同时，他以比较优势理论为武器，说服英国议会修正与废除旨在保护农业的《谷物法》。因此，李嘉图是第一位集经商、从政与治学经历于一身并建立不朽学术贡献的经济学家。他于1817年出版了自己最重要的著作——《政治经济学及赋税原理》，在书里首次以比较优势原理补充与发展了斯密的自由贸易学说，故他与斯密被同称为自由贸易学说的奠基人。

一、比较优势理论的主要内容

(一)基本假设

像其他所有的经济分析一样,在研究国际贸易时,经济学家常常假设许多变量不变,并尽可能简化相关变量。大卫·李嘉图的比较优势理论以一系列简单的假定为前提,主要为:

(1)只有两个国家,生产两种商品。

(2)自由贸易。

(3)劳动在国内可以自由流动,但在两国之间则不能自由流动。

(4)每种产品的国内生产成本都是固定的。

(5)没有运输费用。

(6)不存在技术变化。

(7)贸易按物物交换的方式进行。

(8)劳动价值论——劳动是唯一的生产要素;所有劳动都是同质的;每单位产品生产所需要的劳动投入维持不变。故而任一商品的价值或价格都完全取决于它的劳动成本。

(二)贸易模式

大卫·李嘉图以上述假定为前提,继承和发展了亚当·斯密的理论,提出了比较优势理论。根据亚当·斯密的观点,各国应该按绝对优势原理分工和交换,即一个国家出口的商品一定是生产上具有绝对优势、生产成本绝对低于他国的商品。大卫·李嘉图发展了亚当·斯密的观点,认为决定国际分工与国际贸易的一般基础不是绝对优势,而是比较优势或比较利益。也就是说,即使一国与另一国相比,在商品生产上都处于绝对劣势,但只要本国集中生产那些绝对劣势较小的商品;而另一个在所有商品生产上都处于绝对优势,但只要本国集中生产那些绝对优势最大的产品,即按照“两优取其重,两劣取其轻”的原则,开展国际分工与国际贸易,同样不仅会增加社会财富,而且交易双方都可从中获益和实现社会劳动的节约。大卫·李嘉图在阐述比较优势理论时,同斯密一样,也采用了由个人之间的经济关系推及国家之间的经济联系这种实证的方法。他举例说,如果两个人都能制造鞋和帽,其中一个人在制鞋时强 1/3,在制帽时强 1/5,那么这个较强的人专门制鞋,而那个较差的人专门制帽,然后交换,则对双方都有利。

二、对比较优势理论的进一步说明

李嘉图主要是通过举例来说明比较优势理论的。以下沿用绝对优势理论中的例子(见表 3—2)来说明比较优势理论：假定中国生产单位小麦需要 60 劳动小时，生产单位丝绸则需要 30 劳动小时；美国生产单位小麦只要 10 劳动小时，而生产单位丝绸却需要 20 劳动小时。

表 3—2 **中美两国生产小麦和丝绸的生产成本** 单位：劳动小时/单位

产品 \ 国家	中 国	美 国
小麦	60	10
丝绸	30	20

很明显，分工前，美国在两种商品的生产上都处于绝对优势地位，中国在两种商品的生产上都处于绝对劣势地位。经过分析可知，中国小麦的生产成本是美国的 6 倍，而丝绸的生产成本是美国的 1.5 倍，因此，中国在丝绸的生产上绝对劣势小，即拥有比较优势；同时，美国在小麦的生产上绝对优势更大，即拥有比较优势。按照比较优势理论的原则，中国应专业化生产具有比较优势的丝绸并出口一部分换取美国的小麦，美国专业化生产并出口小麦，同时换取中国的丝绸。若专业化分工后，中国将 90 小时劳动全部投入丝绸的生产，可生产 3 单位丝绸(90/30)；而美国将 30 小时劳动全部用于小麦的生产，可生产 3 单位的小麦(30/10)。若两国间小麦和丝绸的交换比例为 1∶1(这一交换比例的形成机制将在后面详细讨论)，即 1 单位丝绸交换 1 单位小麦。这样，在国际市场上，中国用 1 单位丝绸可换得 1 单位小麦，从而有 0.5 单位小麦的获利，或者说节约了 30 小时的劳动；同样，贸易给美国带来的收益表现为多得 0.5 单位丝绸，或者说节约了 10 小时的劳动。可见，即使一国在两种商品的生产上都处于不利地位，按照比较优势理论的原则，通过两国的分工与贸易，不仅两个国家国内的消费水平有所提高，而且能够增进整个世界的福利水平。

这个例子与论证亚当·斯密绝对优势理论的例子相比显然不同(见表 3—3)。最明显的不同就在于两国中有一国(美国)在生产两种商品上所费成本均少于另一国(中国)，因此一国具有绝对优势，而另一国则处于绝对劣势。李嘉图所说的“比较优势”之“比较”的含义有二：其一是同一个人或同一国家内部生产不同种类商品成本的比较；其二是不同个人或国家直接生产同一种商品成本的比较。

表 3—3 **绝对优势理论与比较优势理论之比较**

古典贸易理论	主要理论贡献者	共同的关键假设	主要因素
绝对优势理论	亚当·斯密	劳动是唯一的要素投入；固定的产品边际成本；完全竞争的商品市场和要素市场；规模报酬不变	绝对劳动生产率的差异
比较优势理论	大卫·李嘉图		相对劳动生产率的差异

三、评价比较优势理论

比较优势理论在历史上曾起过进步作用，它为自由贸易政策提供了理论基础，推动了当时英国的资本积累和生产力的发展。因此，比较优势理论从提出起，就为西方经济学家所推崇，被视为国际贸易理论不可动摇的基础。

但该理论也存在一些缺陷。首先，该理论的出发点是基于世界是一个永恒的静态均衡的世界，是一个各国间、各经济集团间利益和谐一致的世界。而事实上，资本主义的国际分工和国际贸易等经济范畴和经济现象只具有历史暂时性，而不能看作永恒的规律。其次，其分析方法属于静态分析，把多变的经济状况抽象成为静态的、凝固的状态，这不符合实际情况。再次，它只提出国际分工的依据，未能揭示出国际分工形成和发展的主要原因。其实，成本、自然条件等因素对国际分工的形成有一定的影响，但不是唯一的和根本的因素。此外，比较优势理论未能揭示出国际商品交换所依据的规律，即价值规律的国际内容。在李嘉图看来，他的劳动价值论在国际贸易领域内失去了普遍意义。他把国际贸易中价值决定的问题转移为交换价值的决定问题，以交换价值来取代价值正是李嘉图的劳动价值论不完善的具体表现。

资料卡 3—1 淮南子 司马迁定理

早在两千多年前，中国的思想家、历史学家便对自由贸易与经济繁荣之间的关系持有深邃见解。司马迁在《史记·货殖列传》中有“以所多易所鲜”之说。《淮南子·齐俗训》则更进一步提出：“泽皋织网，陵阪耕田，得以所有易所无，以所工易所拙。”司马迁所谈“货殖”，即为现代经济学中的收益或增长。“以所多易所鲜”“以所有易所无”“以所工易所拙”，可谓中国古代贸易思想的精髓，它们言简意赅地点明了经济增长的根本源泉之一来自贸易。据此，我们可称之为“淮南子-司马迁定理”。经由“易”(也即交换)来获取贸易收益与经济发展的典型事例，还有诸如“因地制宜”“扬长避短”“互通有无”等。在中华文明数千年的历史长河中不难发现，那些采取了符合“淮南子-司马迁定理”的经济政策的时期，往往经济繁荣、社会安定。中国对外开放实践与中国传统中的上述贸易思想高度吻合。

第三节　要素禀赋论

古典学派的国际分工和国际贸易理论在西方经济学界占支配地位达一个世纪之久，到了20世纪30年代，才受到两位瑞典经济学家的挑战，他们就是埃利·赫克歇尔(Eli Heckscher)和他的学生贝蒂尔·俄林(Bertil Ohlin)。俄林的代表作是《区际贸易与国际贸易》，他曾于1977年获诺贝尔经济学奖。由于他的理论采用了其老师赫克歇尔的观点，创立了较完整的要素禀赋学说(Factor Endowment Theory)，因此又称赫克歇尔-俄林原理(The Heckscher-Ohlin Theory)，简称赫-俄原理(H-O原理)。要素禀赋论用多种生产要素的理论代替了古典学派的单一生产要素的劳动价值理论，是现代国际贸易理论的新开端。

一、要素禀赋论的基本假设条件

(1)假定只有两个国家、两种商品、两种生产要素(劳动和资本)。这一假设目的是为了便于用平面图说明。

(2)在各个国家内部，生产诸要素是完全自由流动的，但在国家之间，它们是不能自由流动的。

(3)假定货物流通中的一切限制都不存在，也就是说，没有关税、运输费用或其他贸易限制。

(4)假定只有商品贸易，且贸易是平衡的，出口恰恰足以支付进口。

(5)假定两国在两种产品的生产上规模经济不变，也就是说，生产要素是完全可以分割的，单位生产成本不随生产的增减而变化。

(6)假定两国的技术水平相同，即同种产品的生产函数相同。

(7)假定两国进行的是不完全专业化生产，即尽管是自由贸易，两国仍然继续生产两种产品，亦即无一国是小国。

(8)假定两国的消费偏好相同，社会无差异曲线的位置和形状相同。

(9)两国的两种商品市场和两种生产要素市场是完全竞争市场。

二、要素禀赋论的基本观点

(1)每个区域或国家利用它相对丰富的生产要素(土地、劳动力、资本等)从事商品生产，就处于比较有利的地位，而利用它相对稀少的生产要素从事商品生产，就处于比较不利的地位。因此，每个国家在国际分工和国际贸易体系中生产和输出相对充裕而便宜的生产要素生产的商品，输入相对稀缺而昂贵的生产要素生产的产品。

(2)区域贸易或国际贸易的直接原因是价格差别，即各个地区间或国家间商品价格不同。

(3)商品贸易一般趋向于消除工资、地租、利润等生产要素收入的国际差别，导致国际商品价格和要素价格趋于均等化。

三、要素禀赋论的主要内容

要素禀赋论的基本内容有狭义和广义之分。狭义的要素禀赋论是指生产要素比例学说，用不同国家生产要素的丰缺来解释国际分工和国际贸易的产生和一国进出口贸易类型。广义的要素禀赋论，除了生产要素比例学说之外，还包括要素价格均等化学说。该学说研究国际贸易对要素价格的反作用，说明国际贸易不仅使国家间商品价格趋于均等化，还会使各国生产要素的价格趋于均等化。

(一)生产要素比例学说

俄林从商品的价格差异开始，通过层层深入，最后得出生产要素供给的差异来源于生产基础。其具体分析如下：

(1)国家间的商品相对价格差异是国际贸易产生的主要原因。

(2)国家间的生产要素相对价格(相对成本)的差异决定商品相对价格的差异。

(3)国家间的要素相对供给不同决定要素相对价格的差异。

最后，俄林得出结论：一个国家生产和出口那些大量使用本国供给丰富的生产要素的产品，价格就低，就有比较优势；相反，生产那些需大量使用本国稀缺的生产要素的产品，价格就高，出口就不利。因此，各国应尽可能利用供给丰富、价格便宜的生产要素，生产廉价的产品，以交换别国其他相对廉价的产品。

(二)要素价格均等化学说

俄林不仅认为不同国家的要素禀赋不同是国际贸易发生的原因，而且进一步论述了国际贸易将会导致各国生产要素的相对价格和绝对价格的均等化，也就是要素价格均等化学说。

要素价格均等化学说认为，虽然生产要素在国家间不能自由流动，但国家间商品的自由流动将会导致这两个国家的工人取得同等的实际工资，资本获取同样的利息，土地获得同等的地租。这是因为两国在实行分工和发生贸易之后，各自经常大量使用本国丰裕要素生产商品，从而使这类要素价格日趋上涨；同时，由于各自不断进口本国稀缺要素生产的外国产品，将使本国这类要素价格不断下跌。这样，通过国际贸易导致两国间的工资差异和利息差异缩小，并使要素价格趋向均等化。但是，俄林认为要素价格完全相同几乎是不可能的，要素价格均等化只是一种趋势。

后来，萨缪尔森针对这个问题做了进一步推论。他认为国际贸易将使不同国家间生产要素的相对价格和绝对价格均等化。这种均等化不是一种趋势，而是一种必然。国际贸易会导致各种要素相对价格的完全均等化，是由于在多种要素相对价格有差异的情况下，贸易仍将持续扩大和发展，而贸易的扩大和发展将会减少两国间要素价格的差异，直到两国国内各种商品的相对价格完全均等化为止，这时就意味着两国国内的要素相对价格也完全均等化了。他还进一步论证了两国要素的绝对价格均等化问题。在要素的相对价格均等化、商品市场和要素市场存在完全的自由竞争以及两国使用同样的技术等条件下，国际贸易将会导致要素绝对价格完全均等化。他的这一理论企图说明，国际贸易不仅可以合理配置资源，调整贸易的经济结构，而且还可以"改善"各国收入分配不均，缩小彼此间的经济差距。因此，这个理论又称要素报酬均等化理论。

四、对要素禀赋论的评价

要素禀赋论在李嘉图的比较优势理论的基础上前进了一大步，用生产要素禀赋的差异寻求解释国际贸易产生的原因和国际贸易商品结构以及国际贸易对要素价格的影响，研究更为深入和全面。它明确指出了生产要素在各国对外贸易中的重要地位。在各国对外贸易竞争中，土地、劳动力、资本、技术等要素的结合起着重要的作用。它们结合构成的价格，对一国对外贸易起着重要的作用。要素禀赋论的观点和结论既具有理论意义，同时在指导一国的对外贸易政策中也具有重要意义。

但要素禀赋论也具有明显的局限性。一是以要素比例说来反对李嘉图和马克思的劳动价值论，抹杀了劳动收入和财产收入的区别，使比较优势理论庸俗化了。二是忽视科学技术的作用。在当代国际分工和国际贸易中，科学技术起着越来越重要的作用。技术革新、技术进步可以改变要素成本和比例，从而改变比较优势。三是与当代发达国家间贸易迅速发展的实际情况不符。按照他们的理论，国际贸易应发生在要素禀赋不同和需求格局相异的工业国家与初级产品生产国之间。但当代贸易的一个特点却是，大量贸易发生在要素禀赋相似、需求格局接近的工业国之间，而发达国家同发展中国家间的贸易发展却比较缓慢。

资料卡 3-2　要素禀赋与贸易结构

沙特阿拉伯是一个石油大国，石油资源丰富，在其领土范围内，已探明的石油储量为 2 615 亿桶，约占全球总储量的 25.2%。沙特阿拉伯现共有 8 座大型炼油厂，日提炼能力约 158 万桶，实际日产量约 40 万～150 万桶，其中 60%左右供国内消费，其余出口。

沙特阿拉伯经济结构单一，石油是其经济发展的命脉，因此，对外贸易在其国民经济中举足轻重。石油收入占其国家财政收入的60%～80%，石油和石化产品出口占其出口总额的90%左右。进口中，机电设备、食品和交通工具所占比重最大。自20世纪70年代起，沙特利用其丰厚的石油资金大力发展经济和改善人民生活，进行了多期五年发展规划，经过20年的努力，使沙特从一个贫穷落后的国家变成一个举世闻名的现代化石油大国，而且成为中东最大的商品和承包劳务市场，并拥有大量的海外资产。依靠石油收入，沙特阿拉伯对外经济援助数量可观，共计向全世界70多个发展中国家提供了700亿美元的援助。

对石油的高度依赖，使沙特阿拉伯深受国际市场上石油价格波动的影响。20世纪70年代石油价格的攀升给沙特阿拉伯带来了可观的贸易收益，使其一跃成为世界人均高收入国家，而80年代以后的石油价格萎靡不振，也给其带来了巨大的不利影响。

大多数发展中国家的出口商品都与其要素禀赋密切关联。尼日利亚、印度尼西亚、墨西哥、肯尼亚、埃及、委内瑞拉等是世界石油的主要供应国，赞比亚、扎伊尔、智利是著名的铜出口国，哥伦比亚、坦桑尼亚、埃塞俄比亚、巴西、科特迪瓦、危地马拉是闻名的咖啡供应地……

马来西亚在1957年独立时，基本上是单一经济结构，橡胶出口占其出口收入的一半，占国内生产总值的近1/4。锡是其第二大出口品，占全部出口收入的10%～20%。独立后，马来西亚继续投资于初级产品出口，并在制成品出口上进行投资。结果，其出口逐步多样化，保持了快速的增长。

在非洲的象牙海岸(现译为科特迪瓦)，在维持其咖啡出口的同时，还增加了对可可、木材和其他初级产品的投资，出口不断增长，国内居民生活水平也不断提高。

也有相反的例子。象牙海岸的邻居加纳在1957年独立时，大概是非洲最富裕的国家。当时的加纳，同大多数发展中国家一样，经济结构单一，可可出口占其出口收入的60%。独立后，加纳将投资从出口基地急转到进口替代产业。结果，到20世纪80年代，可可的出口量仅为60年代的一半，而其他出口产品并没有弥补这一缺口。

资料来源：http://eco.cueb.edu.cn/eco-yuan/uploadfile/2005916112641265.doc.

思考题

1. 绝对优势理论的主要内容是什么？
2. 比较优势理论的主要内容是什么？
3. 要素禀赋论的主要内容是什么？

第四章　保护贸易理论

自由贸易虽然会给世界带来经济利益，但也会引起经济利益在不同国家以及不同利益集团间的重新分配。一国政府出于某种目的，可以而且必须采取某种手段来干预这种经济利益的分配过程，这正是保护贸易理论的出发点。在西方国际贸易理论的发展过程中，尽管自由贸易理论是发展主线，但是，保护贸易理论也占据重要的地位。保护贸易理论最早开始于重商主义，以后经过汉密尔顿(Hamilton)、李斯特(List)、凯恩斯(Keynes)、普雷维什(Prebisch)等人的发展，逐步形成了一个与自由贸易理论相对的保护贸易理论体系。本章主要介绍重商主义对外贸易理论、李斯特的幼稚产业保护论、凯恩斯学派的对外贸易乘数理论。

第一节　重商主义理论

重商主义理论产生于15～17世纪资本主义生产方式的准备时期，是资产阶级早期阶段的贸易理论。重商主义理论经历了两个阶段，早期为重金主义，晚期为贸易差额论。早期重商主义流行于15～16世纪，晚期重商主义流行于16世纪下半叶至17世纪中叶。早期重商主义与晚期重商主义的区别和联系见表4—1。

表4—1　　早期重商主义与晚期重商主义的区别和联系

相同点	主要的不同点	早期重商主义	晚期重商主义
(1)提倡各国需采取保护贸易政策 (2)增加财富的积累、防止财富外流	(1)对财富看法不一致	金银货币即财富	商品和劳务也是财富
	(2)关于如何积累财富的看法不同，采用的贸易措施不同	只允许财富流入，禁止流出	不禁止流出，只要财富是净流入即可
	(3)对待货币流动的态度不同	把货币单纯地保存起来(静态保存)	把货币作为资本投资，看重增值

一、早期重商主义

15世纪中叶，资本主义进入原始积累阶段，商业资本的地位日益突出，货币成为财富的象征。在此背景下，以流通领域为研究对象，强调利润主要来源于流通过程的重商主义应运而生，其代表人物是英国的威廉·斯塔福(William Stafford)等人。

早期重商主义的观点是：(1)金银货币是财富的唯一形态；(2)禁止货币输出，主张“不买”。

由此可见，早期重商主义仅强调金银货币绝对数量的增加，故被称为重金主义或货币差额论。由于各国都主张将金银留在国内，因此必然阻碍了贸易发展。

二、晚期重商主义

晚期重商主义产生于16世纪下半叶，其代表人物是英国的托马斯·孟(Thomas Mun)，代表作为《英国得自对外贸易的财富》。这一时期，商业资本比较发达，使得重商主义者开始发现对外贸易的重要性，故开始批评和放弃早期重商主义禁止货币输出的政策，强调对外贸易才是一国积累财富的来源。

晚期重商主义的主要观点是：(1)在货币与商品的关系上，认为货币与商品具有统一性，“有了商品的人是不可能会缺钱的”，故不再简单地看待财富。因此，在看待财富如何积累的问题上，晚期重商主义的认识更为深刻。(2)在对待货币运动的态度上，不主张将货币窖藏起来，而主张把货币作为资本投入流通以获得更多的货币。(3)认为一国的财富和国力应由贸易差额来衡量。

由于晚期重商主义主张控制或调节商品运动并发展工场手工业以追求贸易顺差，因此也称贸易差额论。

三、对重商主义的评价

重商主义的理论和政策在历史上起过一定的进步作用，促进了资本的原始积累，对资本主义生产方式的建立和发展起了很重要的作用。但是，重商主义理论的局限性也是显而易见的，主要表现在：一是理论不成体系；二是对真实财富与货币等同的错误理解；三是忽略生产领域。

尽管重商主义历史久远，并且有其自身的缺陷，但它对现实仍有不可小觑的影响力，仍然可以恰当解释现实中的某些经济现象。可以说，各国普遍追求贸易盈余，只是出发点不同而已。比如，发展中国家普遍追求贸易盈余，一些是基于获得外汇，从而消除或缓解经济发展过程中“双缺口”之一的外汇缺口；而发达国家对贸易盈余的追求多是出于扩大就业、保证经济增长的需要。即便是世界上最大的贸易赤字国美国从20世纪80年代中期以来也一直在努力减少其贸易逆差。

资料卡 4—1 重商主义支配欧洲 300 年

现代西方经济学流派纷呈，你方唱罢我登场。从发展历程来看，西方经济学思想可以追溯到重商主义。重商主义约产生于 15 世纪末，18 世纪中期开始走向没落，支配了西方经济主流话语权近 300 余年。彼时，西欧封建制度趋于瓦解，城市兴起，在国家和社会政治生活中扮演越来越重要的角色；航海发展和地理大发现大大拓展了贸易范围，加之西半球金银矿的发现，贸易日益繁荣；西欧各国都力图攫取殖民地和势力范围，国家间的竞争日趋激烈。正是在那样的历史环境下，一个主张建立强大中央集权、拥护国家干预主义和殖民主义，为经济掠夺辩护的学派——重商主义学派——兴起。

重商主义的重要信条之一是只有金银货币才是真正的财富形态，将财富多寡等同于拥有金银的数量，金银是衡量一国富强与否的标准。

获取金银财富有三个途径：一是生产金银，如开采金银矿藏，但这要受限于自然矿藏的资源；二是通过对外贸易——扩大出口，限制进口，保持贸易顺差和硬通货净流入来增加和积累财富；三是掠夺，通过殖民扩张以扩大贸易和获取金银。

重商主义认为一切经济活动和经济政策的制定与执行，都应该是为了获取尽可能多的金银货币，因而主张国家要积极干预经济生活。在政治上，重商主义认为必须建立强大的中央集权，对全国实行统一的管制措施，扫除国内封建割据、各种路费杂税等内部障碍（内部贸易壁垒会提高商品价格，削弱出口竞争力），垄断贸易特许权，通过立法和行政等手段，限制进口，鼓励出口。在军事上，重商主义主张建立强大的军队，对外殖民扩张，掠夺殖民地原材料，以抑制殖民地的制造业，便于向其倾销商品获取黄金白银，甚至直接掠夺殖民地金银矿藏。恩格斯就曾对此做过十分形象的描述："各国彼此对立着，就像守财奴一样，双手抱住他心爱的钱袋，用妒忌的目光打量着自己的邻居。"

为此，当时西欧不少国家制定了非常残酷的对内对外的法律和政策。英国在 1565～1566 年的伊丽莎白女王统治时期，就颁布法律禁止出口活羊，违者被处没收财产、一年监禁和砍掉左手，第二次触犯此法则将被处死刑。如此酷法，初衷就是尽力保护本国能够生产的制成品和原材料，严禁出口以保持国内制成品的竞争力。英国国王亨利八世统治时期（1509～1547 年）绞死了 7 200 名小偷；1536 年颁布的法令规定"身体健全的流浪汉"将被割除耳朵，第三次被发现的流浪汉将被处以死刑，如此残酷立法的目的是促使更多的人加入劳动力大军，维持较低工资水平，从而降低出口产品的价格来提高价格优势。在对外方面，西欧国家加入了对外扩张行列,掠夺原材料和倾销商品,甚至从事臭名昭著的黑奴贸易和鸦片贸易,牟取的巨额白银和黄金源源不断流入母国。可以毫不客气地说,重商主义学派以商为重,真正是不折不扣的唯利是图。

历史地看,重商主义对世界近代经济发展史具有重大影响。与中国传统的士农工商社会等级排序一样,中世纪的西方对谋利和经商也嗤之以鼻,而重商主义学派尽力提高商人地位,鼓励经商;另外,伴随重商主义而来的如建立国内贸易统一市场、重视国际贸易,及其民族主义倾向等信条也已经成为现代经济生活的重要内容。20 世纪 30 年代全球经济大萧条时期,各国竞相提高关税,贬值本币以限制进口扩大出口,结果进一步加剧了危机;许多发展中国家曾经倡导进口替代和出口导向的经济发展战略;进入 21 世纪,贸易保护主义在发达国家又不时抬头,政府对贸易多有不同程度的干预,如进出口许可证、配额制度,还有保护国内产业和行业的竞争等。

但是,重商主义学派混淆了货币与财富、货币与金银,夸大了金银货币的作用;又过于强调贸易顺差;其经济干预主张包括贸易管制等政策,也增加了政府和官员寻租和腐败的机会,阻碍经济持续发展。重商主义最丑恶的记录是对内对外的野蛮掠夺和扩张政策,造成了人类的深重灾难,因而不可避免地走向了衰落。

资料来源:陈国营:"重商主义支配欧洲 300 年",中国证券网,2007 年 7 月 9 日。

第二节 幼稚产业保护论

幼稚产业保护论最早是由美国第一任财政部长亚历山大·汉密尔顿于 1791 年在其《关于制造业的报告》中提出的。后又由美籍德国经济学家李斯特予以发挥。

19 世纪初,美国、德国与"世界工厂"英国相比,其工业发展较幼稚,因而国内市场时常受到英国廉价工业品的冲击。为此,亚历山大·汉密尔顿和李斯特先后提出了以保护幼稚产业为核心的保护贸易理论。

一、汉密尔顿的保护关税论

亚历山大·汉密尔顿是美国独立运动时期的政治家、经济学家,美国独立后的首任财政部部长。1776 年 7 月 4 日,美利坚合众国宣告独立,但独立以后的美国在经济上仍不得不严重依赖英国,尤其是在工业发展方面困难重重。在此情况下,汉密尔顿代表美国工业资产阶级的利益,推出了主张保护贸易的理论观点。1791 年 12 月,汉密尔顿在《关于制造业的报告》中明确地表达了他的思想主张。

汉密尔顿的保护关税论提出了像美国这样的国家应实行贸易保护政策的主张,其主要内容有:

第一,率先提出了"幼稚产业"的概念。汉密尔顿在《关于制造业的报告》中,明确指出:"幼稚产业"是指由于外来的竞争力(主要是指英国)可能会在最初试验阶段和资金方面承受较大的压力、尚未发展起来的工业——这能很明确地指出应该保护的对象。

第二,进一步分析了为什么需要保护"幼稚产业"。新的产业在早期发展中效率不高,不能和经验丰富的外国生产商竞争,如实行自由贸易政策,将会严重损害其经济利益。

第三,提出了具体的保护措施和时间。汉密尔顿指出,需要设置关税壁垒保护新兴工业,直到效率提高到可以在免税的基础上与外国同类企业竞争的水平,方可撤销关税壁垒。具体措施包括:(1)向私营工业发放政府贷款。(2)以高额关税保护国内新兴工业。(3)为必需品工业发放津贴,给各类工业发放奖励金。(4)建立联邦检查制度,保证和提高制造品质量。(5)限制改良机器的输出。

由此可见,汉密尔顿推行保护贸易的目的在于排除外部竞争的不利影响,在国内创造一个有利于工业发展的环境。但他并不主张对一切进口商品征收高关税或禁止进口,而只是对本国能生产但竞争力弱的同类进口商品实施严厉的限制进口政策。

资料卡 4—2 美国依靠贸易保护起家

美国从独立战争到美西战争用了一个多世纪,从殖民地到初步强大起来,又经过了大约半个世纪,然后从初步强大到独步天下。美国崛起的秘诀之一,就是实施以高关税为主要特征的贸易保护主义政策。在整个 19 世纪,美国的关税税率总的来说越来越高,从 1789 年通过第一个关税法案时的 5%提高到 1825 年的 45%,直至第二次世界大战结束以前还很高。正是在高关税的保护下,美国工业避开了外国竞争的冲击并顺利发展,很快赶上了英国,美国企业才能通过广阔的国内市场的激烈竞争逐渐强大起来,进而出击国际市场。

二、李斯特的幼稚产业保护论

李斯特是德国19世纪上半叶著名的经济学家和社会活动家，历史学派的先驱者。17岁那年，他考上德国公务员，1817年任杜宾根大学教授，1820年成为一名议员，1825年因抨击政府被迫流亡美国，1832年以美国莱比锡领事身份回国，后因参与全德关税同盟遭受迫害，最后自杀身亡。李斯特的主要经济学著作有《美国政治经济学大纲》(1827年)、《政治经济学的国民体系》(1841年)、《德国政治经济的国民统一》(1846年)等，其中以《政治经济学的国民体系》为代表作，该书系统地提出了他的保护幼稚工业理论。

李斯特在汉密尔顿理论的基础上，建立了以生产力理论为基础、保护关税制度为核心的保护幼稚产业理论，其包括两大内容：一是他对古典学派国际贸易理论的批评；二是他提出的保护贸易政策。他主张以保护贸易为过渡，扶持有前途的幼稚工业，促进社会生产力的发展，最终加入自由贸易。其主要理论观点可概括为以下几个方面：

第一，反对不加区别的自由竞争，主张一定条件下的保护制度。李斯特认为按照古典学派比较优势理论形成的国际分工，是一种不考虑各国性质和各自特有利益的世界主义经济学，不利于各国参与自由竞争和综合国力的提高。所以，要想在彼此的竞争下双方共同获利，只有当两者在工业发展上处于大体上相等的地位时，才能实现。他还认为保护制度是使落后国家与优势国家处于同等地位的唯一方法。

第二，反对"比较优势理论"，主张发展生产力。李斯特认为，"比较优势理论"不利于德国生产力的发展。他指出，财富的生产力比财富本身不知要重要多少倍。他强调一国采取什么样的外贸政策，应首先着眼于生产力的发展，不能局限于目前从贸易中获得了多少利益。他说，从外国购买廉价的商品，表面上看起来比较合算，但是这样做的结果，会使德国的工业不能得到发展，而长期处于落后和从属于外国的地位。如果德国采取保护关税政策，一开始会使工业品的价格提高，但经过一段时期，德国工业得到充分发展，生产力将会提高，商品生产费用将会下降，商品的价格甚至会低于外国进口商品的价格。因此，他认为采取保护政策尽管开始有所失，但可以建立自己独立的工业体系。

第三，提倡发展本国工业，但不排斥有利可图的国际分工。李斯特指出：一个国家没有工业，只经营农业，就等于一个人在物质生产中少了一条胳膊……如果依存于国外工业，那就要受到牵制。但他同时指出，在尽量利用本国资源的同时，也应利用国际分工，并指出，有些产品由于自然条件的限制，不宜在国内生产，依照国际分工的原则，通过对外贸易向国外采购，质量既好，价格也低；如果对这类物品仍采用国内分工原则，试图由本国供应，那就是件十分愚蠢的事。

第四,反对自由放任,主张国家对经济的干预。李斯特批判古典学派的“自由放任”理论,他认为,要想发展生产力,必须借助国家的力量。他认为英国工商业之所以能够发展,主要还是由于当初政府实施了扶植政策。德国正处于类似英国发展初期的状况,应该实行在国家干预下的保护贸易政策。他认为,主张国家干预经济生活,是为了国家和民族的长期利益。他强调各国的经济水平、历史特点和经济发展道路互不相同,不存在适用各国的普遍规律。一国应根据经济发展的不同阶段确定自己的对外贸易政策,并根据国民经济发展程度,把各国经济的发展分为 5 个时代(见表 4—2),分别针对具体的时期采用相应的贸易政策及目标。

表 4—2　不同时期应采用的贸易政策及目标

	历史时期	应采用的贸易政策	目　标
第一时期	渔猎时代 畜牧时代	自由贸易政策	脱离未开化状态
第二时期	农业时代	保护贸易政策	促进工业、渔业、海运业和外贸发展
第三时期	农工时代 农工商时代	自由贸易政策	竞争中保持既得的优势地位

第五,提出了保护贸易的具体原则和措施。保护贸易的目的是为了促进和保护国内民族工业生产力的发展,但保护并非是无条件的保护——不保护落后和低效率。在实施保护贸易措施时,应视不同的情况给予不同程度的保护,被保护者必须是面临其他国家强有力的竞争而又无法与之相抗衡的新兴工业。这些产业虽然幼稚,但在没有强有力的竞争者时,也不需要保护;而且保护的时间也不宜太长,以 30 年为最长期限。保护的主要手段是通过禁止输入与征收高关税来保护幼稚工业,同时以免税或征收轻微进口税方式鼓励复杂机器的进口。

资料卡 4—3 幼稚产业的判定标准

将幼稚产业保护理论运用到现实中的关键是幼稚产业的界定问题。关于保护对象的选择,李斯特并未给出具体的标准,只是提出,受保护的应是国内幼稚但有发展前途的工业,受保护的对象在一段时间后能够成长起来。如何界定幼稚产业,这的确是个难题,如果选择不当,必然造成资源的浪费。有关幼稚产业的判定标准有很多,这里提供有代表性的五个。

1. 穆勒标准:潜在竞争力标准

该标准认为通过政府保护,落后产业通过改进技术等措施,迅速形成国际竞争力,最终在自由贸易条件下取得独立自主的生存力和发展能力,这样的产业是幼稚产业。

2. 巴斯塔布尔标准:现值标准

该标准引进经济分析的现值概念,认为被保护的产业不仅要具有潜在的国际竞争力,并且它在未来所获利润的现值一定要大于保护它时所付出的社会成本。如果这个条件不被满足,就不能被列入幼稚产业。

3. 肯普标准:外部经济标准

该标准在包括前两个标准的同时,又提出外部经济的内容。他认为,前两种标准所界定的企业,即使没有政府的保护,企业利润最大化目标也会促使企业发展这些产业,因此政府不需要保护。只有具有外部规模经济的产业,比如产业的知识可以被其他企业模仿或无偿使用,政府才应该扶植和保护。

4. 小岛清的标准:总体经济发展标准

小岛清认为前面的判断标准都是根据个别企业或个别产业收益与成本的比较,这是不合理的。合理的做法是:应将要素禀赋比率和比较优势的动态变化作为幼稚产业的判断标准。只要有利于国民经济整体的发展,某些幼稚产业即使不符合前面的标准,也是值得保护的。符合什么样的标准才是有利于国民经济整体发展的幼稚产业呢?要求所保护的产业能够带来经济增长,即生产可能性曲线的扩张。

5. 筱原三代平标准:产业基准标准

这一标准包括"收入弹性基准"和"生产率上升基准"。收入弹性基准是指将收入弹性高的产业作为优先发展产业。这是因为这类产业具有广阔的市场,可以为其提供成长的空间。生产率上升基准是指选择优先发展生产率上升快、技术进步率高的产业作为受保护的幼稚产业,提高其在整个产业结构中的比重。

三、对幼稚产业保护论的评价

在所有贸易保护论中,幼稚产业保护论是经济学家和政治决策者们最为青睐的一种。在许多欠发达国家中,政府常通过征收关税限制国外同类产品的进口,以保护本国的幼稚产业。

幼稚产业保护论在理论上具有一定的合理性。把保护贸易政策作为一种暂时的过渡性政策,强调保护关税制度是有条件和限度的,保护的目的是为了培养竞争力,最终走向自由竞争。这是非常清醒的认识,经实践证明是十分有效的。目前,世界最强大的三个市场经济国家都是在该理论及其政策的指导下,用关税保护制度开始它们的工业化进程的。美国和德国在19世纪对制造业产品征收高额关税,而日本在第二次世界大战后直至20世纪70年代也一直保持很大范围的进口限制。既然发达国家都是如此,那么,发展中国家在工业化进程中更应该合理地应用该理论。当然,在应用该理论时,关于保护的尺度是较难把握的问题,在科技发展一日千里的时代,稍不小心,就会造成过度保护或保护不足。

第三节 对外贸易乘数理论

约翰·梅纳德·凯恩斯是英国资产阶级经济学家,其代表作为1936年出版的《就业、利息与货币通论》(简称《通论》)。20世纪30年代以前,凯恩斯是一个自由贸易论者;经历了1929~1933年的经济大危机后,凯恩斯转而批判自由贸易学说,提出了超保护贸易政策。由于凯恩斯理论追随者甚多,影响深远,故被称为凯恩斯主义。

自20世纪30年代之后,贸易保护理论从侧重于贸易保护依据的研究开始转向保护贸易政策的效应分析。凯恩斯主义的对外贸易乘数理论就是其中极富影响力的一种代表性理论,在国际贸易理论界被称作超保护贸易理论。

一、对外贸易乘数论的基本观点

针对20世纪30年代西方资本主义普遍陷入经济危机,经济增长缓慢,失业率不断上升的状况,凯恩斯以有效需求不足为出发点,论述了边际消费递减、资本边际效率递减以及灵活偏好三大规律,得出了国家必须干预经济生活,实行需求管理的结论。由于凯恩斯理论政策一个很重要的方面就是提高国内就业率,因此从保护国内就业的角度出发,在对外贸易方面,凯恩斯主张国家积极干预,实行奖出限入的贸易政策,最终形成了自己的一套贸易保护主义理论。凯恩斯主义在对外贸易方面的理论主要体现在以下几个方面。

(一)投资乘数原理

凯恩斯认为一国投资量的变动(增加或减少)与国民收入的变动之间客观存在一种依存关系,这种关系称为投资乘数或倍数。每增加一笔投资,不仅可以增加本部门的生产和投入,降低失业率,还可以引起连锁反应,带动许多其他部门增加投资和就业,带动人们收入增加,引起消费与投资的扩大,如此反复,能使增加的国民收入总量是原增加投资量的若干倍。他认为由投资而引发的国民收入变动往往几倍于投资量的变动,其倍数的大小则取决于该国的边际消费倾向、资本边际效率与利率三个因素的关系,当资本边际效率大于利率时,投资会增加,反之则会减少。凯恩斯认为,要解决有效需求不足的问题,国家应对经济生活进行行政干预,鼓励消费,利用货币与财政政策，增加公共投资，来扩大社会总的有效需求。

（二）对外贸易乘数原理

凯恩斯的追随者马克卢普（Machlup）和哈罗德（Harrod）等人将凯恩斯的投资乘数引入对外贸易，创立了对外贸易乘数原理。他们认为一国的出口和进口波动会对国民收入的变动产生倍数影响，国民收入的变动量将几倍于出口与进口的变动量。一国的出口与国内投资一样，有增加国民收入的作用，而进口则有减少国民收入的作用。

（三）对外贸易顺差

从上述原理出发，凯恩斯认为，传统贸易理论忽略了国际贸易自动平衡过程对一个国家的经济，尤其是对一国收入和就业水平可能造成的影响。贸易逆差将导致金银外流，收入、消费减少，最后导致国内经济活动的萎缩、经济危机的加重和国内就业的缩减。与此相反，贸易顺差所带来的黄金可以扩大国内外的支付手段，一方面引起物价的上升，另一方面压低了利率，两者都将刺激投资的增长和扩大就业。贸易顺差增加了一国的有效需求，有助于提高该国的国民收入水平，人们的收入增加，消费也增加，这必然引起其他产业部门的生产增加、就业增加、投资增加、收入增加和国内有效需求增加。如此反复，收入增加将为出口增加的若干倍或乘数倍。因此，凯恩斯最后得出结论，对外贸易必须顺差，政府应该干预对外贸易，实行奖出限入的超保护贸易政策。

除了凯恩斯学说，当时还有一些有代表性的观点，如认为实行超保护贸易可以优化国内的配置，可以改善国际贸易条件，可以增加本国就业，可以维持本国工人的工资水平，可以改善贸易收支和国际收支。甚至还有观点认为实行超保护贸易可以提高社会公平度、政治稳定度以及民族自豪感。

二、对对外贸易乘数理论的评价

凯恩斯纠正了以往经济学中关于供给自身创造需求的错误假设，引入了总量分析方法。他指出了自由放任的缺陷，强调了国家干预的必要性，提醒人们要关注一国经济内外之间的平衡关系，说明了一国对外贸易量与该国宏观经济各变量之间的相互依存关系以及各种经济活动之间存在的连锁反应关系，在一定程度上阐述了对外贸易与一国经济发展之间的某些内在规律性。凯恩斯的这些论点，无论在理论上还是在实践中都具有一定的参考价值和进步之处，也对今后保护贸易理论的发展和新贸易保护主义的形成及其观点起到了重要的导向作用。当然，凯恩斯理论的局限性也是显而易见的，对外贸易的乘数作用是以国外国民收入不变为前提的，而当外国也同时采取保护措施时，不仅无法扩大本国出口，反而引起本国出口的急剧下降。同时，对外贸易乘数理论体现的是一种超贸易保护理论，其目的就是为发达国家摆脱滞胀、转嫁危机开路，在一定程度上助长了贸易保护主义势头。

思考题

1. 重商主义理论的基本观点是什么？
2. 早期重商主义和晚期重商主义的区别是什么？
3. 幼稚产业保护论的主要内容是什么？
4. 幼稚产业保护论对我们有哪些启示？
5. 对外贸易乘数理论的基本观点是什么？
6. 对外贸易乘数理论对我们有哪些启示？

第五章　国际贸易理论的新发展

随着国际贸易的迅速发展，传统国际贸易理论的一些假设前提已越来越脱离实际。如完全竞争、生产技术和成本不变、要素不能跨国转移等显然与现实不相符合。同时，传统贸易理论的一些观点已难以解释当代国际贸易中的某些现象，如要素禀赋相同的国家之间的贸易、产业内贸易等。因此，一些经济学家从国际贸易的实际着手，对传统国际贸易理论的假设前提进行了不同程度的修正，并提出了自己的理论。这些国际贸易新理论既充实和丰富了国际贸易理论，又使国际贸易理论更贴近现实。

第一节　产品生命周期理论

传统贸易理论都是从静态的角度分析国际贸易，而技术差距与产品生命周期将各国技术的动态变化引入国际贸易，从动态的角度来说明贸易格局的变化。

一、产品生命周期理论的产生

随着产品标准化程度的提高，作为技术创新产物的知识密集型产品的生产与出口逐渐由原发明国转向其他国家。有人不禁要问：是什么引起这一贸易现象的呢？1966年，美国经济学家弗农在《产品周期中的国际投资与国际贸易》一文中，试图用产品生命周期假说解释上述现象，成为解释工业制成品贸易流向最有说服力的理论之一。此后，又有经济学家威尔斯（Wells）、赫希哲（Hisch）等人验证了该理论，并进一步充实和发展了该理论。

二、产品生命周期理论的主要内容

（一）产品生命周期模型

产品生命周期原来是一个销售学的概念，是指一种产品从诞生，经过发展到走向衰退，以致最后被替代所经历的各个阶段及其规律。一般经济学家将其分为四个阶段：导入阶段、成长阶段、成熟阶段以及最后的衰退阶段。

(二)技术差距与产品周期在国际贸易理论中的运用

弗农通过对技术差距理论的总结与扩展,把贸易参与国分为三类:一是发明与出口新产品的工业发达国,其技术、知识与资本充裕;二是较小的工业发达国,其资本与技术充裕;三是发展中国家,其劳动力充裕。从创新国和模仿国的角度把产品生命周期分为五个阶段:

第一阶段为新产品开发阶段。由于新产品刚刚出现,还未完全定型,仅仅在创新国(如美国)生产和消费。

第二阶段为产品成长阶段。创新国改进了新产品,为满足国内外市场不断增长的需求,产量迅速提高。在这一阶段,国外还不能生产这种产品,故创新国在国内和国际市场拥有完全垄断地位。而这阶段的出口,主要是面向与创新国经济发展水平相似的国家,如西欧、日本等发达国家。

第三阶段为产品成熟阶段。新产品在创新国已经标准化,创新厂商开始授权外国厂商生产这种产品。模仿国(其他的发达国家)的厂商将逐步在本国制造该产品。这些国家既不需要承担新产品的研究与开发费用,又不需要支付国际运费和缴纳关税。因此,产品价格低于从美国进口产品的价格。在这一时期,其他发达国家厂商的新产品在本国市场上能与美国的产品相抗衡,故减少了进口规模。

第四阶段为其他发达国家参与新产品的出口市场竞争阶段。其他发达国家生产新产品以后,销路逐渐打开,市场不断扩大,取得了大规模生产的经济效益,成本进一步下降。由于模仿国的劳动力成本和其他成本比创新国要低,其产品在第三国(一些发展中国家)市场能够同美国产品相竞争,而美国的出口全面下降。

第五阶段为创新国成为该产品的进口国阶段。由于其他国家的工资较低,以及大规模生产带来的成本降低的经济效益,超过了向发明国出口所需的运费和关税,其产品最终进入发明国市场。发明国由出口国变为进口国。这样,新产品在发明国的生命周期即告结束。发明国又会致力于新的技术革新并创造新的产品。

资料卡 5—1　工业制成品贸易印证产品生命周期理论

根据当前的国际贸易格局,工业制成品的创新一般总是首先发生在美国。一方面,这是由于新产品的早期购买者通常是年纪轻、文化程度高、收入和社会地位高的阶层,美国的收入水平决定了对新产品的需求欲望强烈;另一方面,由于美国工业发达、拥有雄厚的科学技术力量,用于研究和开发的投资充裕,并且人力资本丰富,因此新技术和新产品创新总是先发生在美国,然后扩散到其他发达国家,最后发展中国家才可能在国内开始生产这种产品,并逐渐向发达国家增加出口。这种新产品的生命周期，在生产国之间呈波浪式推进：当美国发明新产品并大量向欧洲出口时，正是欧洲大量进口之际；当美国出口下降时，正是欧洲开始生产以替代进口时期；当美国出口由高峰急剧下跌时，正是欧洲出口迅速增长时期；而欧洲出口明显下降，则是发展中国家扩大出口时期。

三、对产品生命周期理论的评价

产品生命周期理论是一个动态理论。根据产品生命周期各阶段的要素密集型的特点，比较优势将在国与国之间不断发生转移。就不同类型的国家而言，在产品生命周期的不同阶段，其比较优势是不同的。因此，一种产品在它的生命周期的运动过程中，比较优势从一种类型的国家转向另一种类型的国家。

但产品生命周期理论不具有普遍性，由于经济中存在着许多不确定因素，以及各国面临的影响工业发展方向的条件和环境各异，产品生命周期阶段的循环未必会发生。尤其是在国际资本移动不断加快和跨国公司在世界经济中占据举足轻重地位的今天，跨国公司完全有可能通过跨国转移生产，实现对整个产品生命周期的自始至终的掌控。

第二节　产业内贸易理论

所谓产业内贸易是指同一产业部门内部相同或相似的产品在不同国家或地区间的双向流动，一个国家既进口又出口相同的产品。产业内贸易理论是在对“里昂惕夫之谜”的研究中产生的，用于解释第二次世界大战后为什么在各国产业结构趋同化的同时，各国经济的相互依赖程度还进一步加强。20 世纪 70 年代，美国经济学家保罗·克鲁格曼(Paul Krugman)系统阐述了产业内贸易理论，引起了国际贸易理论界的广泛重视。

一、产业内贸易理论的产生

(一)产生产业内贸易的原因

保罗·克鲁格曼提出的产业内贸易理论认为：同类产品的异质性是产业内贸易产生的重要基础；自然条件的差异是造成产业内贸易的直接原因；获得规模效益则是产业内贸易的主要动因；经济发展水平的相似性是产业内贸易的重要制约因素。

资料卡 5—2 同是服装缘何分属不同要素密集型产品

服装通常被划分为劳动密集型产品，然而作为发达国家的法国在出口服装的同时也从发展中国家进口服装。实际上，经过多年的经验积累和特殊的培训，加上科技进步所带来的电脑辅助设计和制造技术在传统产业中的应用，使法国掌握这种技术的劳动者更具有人力资本的特性。这种产品在出口时聚集了大量的质量、品牌和技术效应，在国内实际上应视为资本、技术密集型产业。而法国从发展中国家进口的服装，就属于劳动密集型产品，其优势只是价格低廉而已。

(二)产业内贸易的产生关键在于规模经济和不完全竞争

传统的国际贸易理论是建立在完全竞争的市场条件下的，实际生活中只有农产品市场接近于完全竞争状态，绝大多数商品的市场是不完全竞争的市场。在不完全竞争的市场内部，每一个企业根据利润最大化原则，必然集中自己的资本于某一种或几种产品的生产上，以形成规模经济，使成本最小而产出最大。由于规模经济的存在，没有一个国家能够单独生产所有制造品，虽然生产同一种商品，但又不会完全同质，每一个国家只能出口自己的制造品，同时进口别国的同类但不完全同质的商品。

(三)国际资本的大规模流动促进了产业内贸易的发展

赫克歇尔与俄林在论述要素禀赋理论时做了严密的限定，其中一条是假设生产要素不能自由流动。但当今世界，国际资本流动无论是数额还是速度都已达到了空前的地步。国际资本为了越过贸易壁垒，纷纷成立跨国公司，在海外投资，开设子公司。目前，全世界跨国公司及其在国外的子公司，控制了世界 1/3 以上的生产，70%以上的对外直接投资，2/3 以上的世界贸易和 70%以上的专利和其他技术转让。跨国公司既可以在海外实现某些产品的生产转移，也可能实现完整产业的转移，或者出于全球化战略的考虑，可以将产品的各个生产阶段分别安排在不同的国家加工制造，最后又集中到总公司装配。这些活动加速了生产要素的跨国流动和国际贸易增长，有利于生产要素使用效率的提高，新的生产方式和产业分工扩散的速度也有所加快，极大地促进了产业内贸易的发展。

二、产业内贸易理论的内容

(一)规模经济论

保罗·克鲁格曼认为，从供给上看，规模经济的存在使参与国际贸易的产业通常都处于垄断竞争的条件下，从而形成了同类产品的异质性。在两个生产要素禀赋相同或具有相似性的国家之间，专业化分工和贸易之所以有必要，是因为对规模经济的考虑。较大规模的生产，既可以分摊固定成本，又便于采用较先进的生产技术，从而对规模经济收益产生影响。同时，规模经济制约着厂商，使厂商只能从事品种和系列有限的产品，即只生产某一产品的一种或少数几种款式，不同国家产品的差异性因此而产生。所以，只要两个国家在两种具有异质性的同类产品生产上各有规模优势，它们就可能发生产业内贸易，并且各自获得利益。

（二）需求偏好相似论

瑞典经济学家斯塔芬·林德（Staffan Linder）在1961年出版的《论贸易和转变》一书中从需求角度出发，提出了需求偏好相似理论，成为产业内贸易理论的重要组成部分。需求偏好相似理论认为：

首先，一种工业品是否可能出口，要由它的国内需求来决定。这是因为，生产者对国外市场不可能像对国内市场那样熟悉了解。他们总是先面对国内需求来获取利润，绝不会想到满足一个国内不存在的需求。只有在长期为国内需求生产以后，他们才开始考虑出口产品。如果没有国内需求，生产者难以想象出适合国外需求的产品，或者要花费很高昂的代价才能得到国外信息，这自然很难生产出具有优势的产品。可见，国内的需求结构决定或制约着一国的出口贸易结构。在此基础上，需求偏好相似理论认为，如果两个国家的经济发展水平相近，则它们的平均收入水平也相近，彼此之间就会存在广泛的相互重复的需求品，如果两个国家平均收入水平相差悬殊，那么需求上相互类似的工业品就不会太多，甚至没有。因此，有相互重复的需求是可能发生国际贸易的基础。

其次，产品出口的可能性决定于它的国外需求。两个国家的需求结构越相似，两国之间的贸易量就越大，而平均收入水平是影响需求结构的最主要因素。可以设想，发达国家之间正是因为经济发展水平相似，才会具有相似的需求结构，彼此才有相互类似的工业品，才可能通过互相进出口工业制成品，来满足本国消费者各不相同的个性化消费偏好。

资料卡 5—3　需求偏好相似理论对国际贸易理论的推动作用

斯塔芬·林德的需求偏好相似理论对国际贸易理论的发展起了重要的推动作用，其重要贡献主要体现在两个方面：

第一，它从需求的角度阐述了产业内贸易发展的原因，因而是对比较优势理论的一个补充。按照比较优势理论，各国经济发展水平越是接近，各国间的贸易也日益减少。根据林德的观点，各国的经济发展水平越是接近，它们之间的贸易规模可能越大，这是由于它们之间相近的需求水平决定的。

第二，需求偏好相似理论对于第二次世界大战后发达国家之间贸易迅猛发展的原因做出了解释。战后国际贸易商品结构变化的最大特点是制成品与制成品的贸易超过原材料与制成品的交换，产业内贸易超过产业间贸易。对此，比较优势理论很难做出解释，克鲁格曼从供给的角度对产业内贸易做出了令人信服的解释，而林德则从需求角度对产业内贸易做出了解释。

三、产业内贸易与产业间贸易的比较

国际贸易可以分为两大类：一是产业间贸易，这是在具有完全不同类型的生产要素禀赋的国家间的贸易。如发展中国家用初级产品交换发达国家的工业制成品，这类贸易可以用传统的资源禀赋论加以解释。二是产业内贸易，这是具有相同相似生产要素的国家间的贸易。如美国和日本之间的电子产品和小汽车的贸易。与产业间贸易相比较，产业内贸易具有以下优势：

（一）产业内贸易体现了更高的生产力发展水平

产业内贸易的产生源自产品差别和规模经济，这两项因素均与更高的生产力发展水平相关。从贸易现实来看，产业内贸易往往发生在技术水平更高的制造业部门，而劳动密集型产品的产业内贸易额则较低，发达国家的产业内贸易额远远高于发展中国家。这些事实都表明了产业内贸易是建立在更高的生产力发展水平之上的。

（二）产业内贸易使贸易参加国获益更大

产业内贸易更大的利益来自规模经济。由于规模经济的存在，企业通过贸易活动在更大的规模上生产，可以不断降低生产成本和提高效率，同时，消费者也从更低的产品价格和更宽泛的产品选择中获益。相对地，产业间贸易以比较优势为基础，生产者获益依靠的是出口产品相对价格的上升，这样会减少消费者的福利，进而使贸易参加国的整体获益较小。

（三）产业内贸易对贸易参加国国内的收入分配影响较小

产业内贸易是依靠规模经济和增加的产品选择使贸易参加国获益，并不依赖于产品相对价格的变化，因而对贸易参加国不同利益集团的收入分配影响较小。而以比较优势为基础的产业间贸易恰恰是依靠产品相对价格的变化使贸易参加国整体获益，但产品相对价格的变化却会对贸易参加国不同利益集团的收入分配产生重大的影响。

四、对产业内贸易理论的评价

产业内贸易理论弥补了传统贸易理论的不足，解释了大量传统贸易理论无法解释的新贸易现象，说明产业内贸易并不仅仅适用于发达国家，发展中国家通过全面加入全球经济一体化中的分工专业化生产，也可以获得产业内贸易的好处。但产业内贸易理论有自身缺陷，即忽视了第二次世界大战后国际经济一体化的迅速发展对国际贸易带来的重大影响。

第三节 国家竞争优势理论

随着经济全球化的发展，世界各国之间以人才和技术为中心的综合国力竞争进一步加剧。在此背景下，如何提升国家竞争优势成为各国政府和各国学者普遍关心的问题。20 世纪 80～90 年代，美国哈佛大学商学院教授迈克尔・波特(Michael Porter)在其相继出版的《竞争战略》《竞争优势》和《国家竞争优势》等系列著作中，提出了国家竞争优势理论。波特认为国家能否具有较强的创新机制与能力，能否在国际竞争中赢得优势地位，是决定国家兴衰的根本因素。他以竞争优势理论超越传统比较优势理论的思想，在学术及实业界引起了普遍的关注与激烈的争论。下面我们具体介绍迈克尔・波特的国家竞争优势理论。

一、国家竞争优势的"钻石"理论

第二次世界大战后，世界经济中出现的产业全球化和企业国际化的现象，导致一些人认为企业的国际竞争已不具有国家的意义。但迈克尔・波特不同意这种观点，他认为不能离开国家谈论产业竞争力，竞争全球化并没有改变产业母国的重要作用，国家仍然是支撑企业和产业进行国际竞争的基础。也就是说，迈克尔・波特认为国家竞争优势仍然是第一位的。

迈克尔・波特强调，一国在国际贸易中的竞争力取决于生产力发展水平，国家竞争优势的形成有赖于劳动生产效率的提高，而提高劳动生产效率的源泉在于国家是否具有适宜的创新机制。这种创新机制可分为三个层次：

(一)微观竞争机制

国家竞争优势的基础是企业内部的活力，企业缺少活力则不思进取，国家就难以树立整体优势。而能使企业获得长期盈利能力的创新，应当是在研究、开发、生产、销售、服务各环节上都使产品增值的创新。企业要在整个经营过程的升级上下功夫，在强化管理、研究与开发、提高质量、降低成本等方面实行全面改革。

(二)中观竞争机制

企业的创新不仅取决于企业内部要素，还要涉及产业及区域。企业经营过程的升级有赖于企业的前向、后向和旁侧关联产业的辅助与支持。企业追求长远发展要有空间战略,可以把企业的研究与开发部门、生产部门和销售部门按一定的方式组合与分割,分别置于最适当的地区。

(三)宏观竞争机制

迈克尔·波特认为,一国国内的经济环境对企业开发其自身的竞争能力有很大的影响,其中影响最大、最直接的四个因素是:生产要素、需求因素、相关性或支持性产业以及企业战略、组织和竞争状态。

(1)要素禀赋——一个国家生产要素的状况,如熟练劳动力。

(2)需求因素——该产业产品或服务的国内需求特点。

(3)相关与支持性行业——该国有无具有国际竞争力的供给产出和相关产业。

(4)企业战略、组织和竞争状态——该国在企业如何创建、组织、管理和国内竞争性质上的治理情况。

除了上述四个基本因素外,迈克尔·波特认为,一国所面临的机遇和政府所起的作用对国家整体竞争优势的形成也具有辅助作用。政府对国家竞争优势的作用主要在于对四种决定因素的引导和促进。政府应当在经济发展中起催化和激发企业创造能力的作用。政府政策和行为成功的要旨在于为企业创造一个宽松、公平的竞争环境。此外,当新机遇来临时,善于及时把握也可能获得竞争优势,如重要的新发明、重大技术革新、投入成本的剧变(如石油危机时)、外汇汇率的突然变化、突发的世界性或地区性需求、战争等也可能给企业带来机遇,但一般认为机遇是外在因素,是可遇而不可求的。

二、国家竞争优势发展阶段理论

迈克尔·波特认为,一国经济地位上升的过程就是其竞争优势加强的过程,国家竞争优势的发展可分为四个阶段,即要素驱动阶段、投资驱动阶段、创新驱动阶段和财富驱动阶段,并对每个阶段做了较详细的分析。

在要素驱动阶段,由于产业技术水平较低,竞争优势主要取决于一国在生产要素上占有的优势,即是否拥有廉价的劳动力和丰富的自然资源。具有竞争优势的产业一般是资源要素密集型的产业。这一阶段,企业参与国际竞争的方式,只能依靠较低的价格取胜,参与国际竞争的产业对世界经济周期和汇率十分敏感,因为这会直接影响产品的需求和相对价格。拥有丰富的自然资源、靠要素驱动,虽然可以在一段时间内维持较高的人均收入,但要素推动的经济缺乏生产力持续增长的基础。

在投资驱动阶段,竞争优势主要依赖于国家和企业的发展愿望和投资能力,具有竞争优势的产业一般是资本技术密集型产业。这一阶段企业仍然在相对标准化的、价格敏感的市场中竞争，但随着就业的大量增加，工资及要素成本的大幅度提高，一些价格敏感的产业开始失去竞争优势。因此，政府能否实施适当的政策是很重要的，政府可以引导稀缺的资本投入特定的产业，增强承担风险的能力，提供短期的保护以鼓励本国企业的进入，建设有效规模的公用设施，刺激和鼓励获取外国技术以及鼓励出口等。

在创新驱动阶段，竞争优势主要来自国家和企业的技术创新愿望和能力，具有竞争优势的产业一般是高新技术产业和经过高新技术改造过的传统产业。这一阶段，民族企业能在广阔的领域成功竞争，并实现不断的技术升级。一国进入创新驱动阶段的显著特点之一，是高水平的服务业占据越来越高的国际地位，这是产业竞争优势不断增强的反映。高级服务业所需的人力资源及其他要素也发展起来，不仅服务因国内需求随着收入和生活水平的提高而大大增强，而且本国服务业进入国际市场，使国际竞争力大大增强。政府的直接干预越来越低，政府的职能转变为鼓励创造更多的发展要素，改善国内需求质量，刺激新的产业领域的形成，保持国内的竞争等。

在财富驱动阶段，产业竞争主要依靠一个国家或地区在过去所积累的财富，企业竞争能力开始下降，产业竞争力衰退。一些资金雄厚的企业和富人享受着成功产业和过去的投资所积累的成果，从表面上看是“富裕的”，但换一个角度看，其实又是“衰落的”，许多企业受到各种困扰，失业和潜在失业严重，平均生活水平在下降。这就提醒人们要居安思危，通过促进产业结构的进一步升级来提高价值链的增值水平，防止被淘汰的厄运。迈克尔·波特认为，在西方国家中英国是最早到达这种阶段的国家。

三、国家竞争优势理论的新特点

实践证明，竞争优势理论比传统的比较优势理论更符合当今国际贸易的实际。概括起来说，竞争优势理论具有下列一些符合现实贸易发展的新特点：

第一，竞争优势理论采用的是一种非均衡的动态分析和局部分析方法，以不完全竞争市场作为理论前提，从国家角度出发考虑怎样才能使一国在贸易活动中获得更多的福利和更高的生产效率，以求在国际分工中占据更有利的地位。

第二，竞争优势理论除了考虑现实的利益，还考虑潜在的利益对比，考虑如何才能取得或保持竞争优势，以便从对外贸易中获得更大的利益。

第三，竞争优势理论强调一国的创新机制，企业的后天努力和进取精神，鼓励开展创新活动。

第四，由于竞争优势理论涉及企业及产业，因而更强调非价格竞争，更注重要素的质量及产品市场的需求档次。由此可见，竞争优势理论更能适应当今飞速发展的世界经济。

思考题

1. 根据产品生命周期理论，国际贸易是如何发生的？
2. 何谓产业内贸易？其形成的原因有哪些？
3. 简述产业内贸易理论的主要内容。
4. 为什么需求偏好相似理论能从需求方面解释产业内贸易产生的原因？
5. 试述国家竞争优势理论的主要内容。为创造国家竞争优势，我们应采取怎样的产业对策？

第三编　国际贸易货物买卖合同的标的

所谓标的是指法律行为所要达到的目的，如交付财产、提供服务等。标的既可以指行为，也可指不行为；有时标的也指物，如国际货物买卖合同中的货物，此时，标的也称“标的物”。

在国际贸易中，货物是国际货物买卖合同的标的。货物贸易往往是一定数量的商品买卖，交易的每种商品都有其具体的名称，并表现为一定的品质，每笔交易都离不开一定的数量，而交易的大多数商品，都需要一定的包装。因此，在描述国际货物买卖合同的标的时，往往离不开其品名、品质、数量及包装。买卖双方在洽商交易时，必须就商品的品名、品质、数量与包装这些主要交易条件谈妥，并在合同中具体订明。

本编将全面阐述国际货物买卖合同标的的内容，并介绍合同相关条款的订立方法及注意事项。

第六章　商品的品名和品质

在国际贸易中，买卖双方商订合同时，必须列明商品名称，品名条款是买卖合同中不可缺少的一项主要交易条件。

第一节　品名条款的意义

商品的品名在一定程度上体现了商品的自然属性、用途以及主要的性能特征。一般来说，加工程度低的商品，其名称较多地反映该商品的自然属性，加工程度高的商品，其名称则较多地体现出该商品的性能特征。

一、品名的含义

商品的品名是指能使某种商品区别于其他商品的一种称呼或概念。品名即指买卖的标的物。买卖合同中的品名条款通常指在“商品名称”或“品名”的标题下，列明缔约双方同意购买的标的物名称。有时为了省略起见，也可不加标题，只在合同的开头部分，列入双方同意买入或卖出某种商品的文句。

二、约定品名的重要意义

国际贸易与国内的零售贸易不同，看货成交、立即交货的交易极少，绝大多数的交易，从签订合同到交货往往需要间隔相当长的一段时间，而且在很多情况下，买卖双方在洽谈交易和签订合同的过程中并没有看到具体的商品，只是凭借对拟买卖的商品进行必要的描述来确定交易。因此，在国际货物买卖合同中明确买卖的标的物具有重要的意义。

(1)从法律的角度看，在合同中规定标的物的条款，是买卖双方的一项基本权利和义务，是货物交收的基本依据之一。如果卖方交付的货物不符合合同规定的品名或说明，买方有权提出损害赔偿要求，直至拒收货物或撤销合同。

(2)从商贸的角度看，列明成交商品的具体名称是交易赖以进行的物质基础和前提，买卖双方在此前提下进行价格磋商并决定包装方式、运输方式和投保险别等。

(3)从实务的角度看，品名条款是交易磋商及达成合同的前提，也是报关、报检、托运、投保、索赔、仲裁等实务中收费的依据。

三、品名条款的基本内容

品名条款的规定取决于成交商品的品种和特点。就一般商品来说，只要列明商品的名称即可，但有的商品，往往具有不同的品种、等级和型号，因此，为了明确起见，也有把有关具体品种、等级或型号的概括性描述包括进去，作为进一步的限定。此外，有的甚至把商品的品质规格也包括进去，这实际是把品名条款与品质条款合并在了一起。

合同中的品名条款举例如下：

【例 1】 品名：东北大豆

Name of Commodity: Northeast Soybean

【例 2】 品名：中国桐油

Name of Commodity: Chinese Tong Oil

案例解析

案例 中国某食品有限公司出口苹果酒一批，合同规定以信用证方式支付货款。国外来证货名为“Apple Wine”，于是我方为单证一致起见，所有单据上均用“Apple Wine”。不料货到国外后遭进口国海关扣留罚款，因该批酒的内外包装上写的均是“Cider”字样。结果外商要求我方赔偿其罚款损失。问：我方对此有无责任？

解析 我方对此负有责任。作为出口公司，理应知道所售货物的英文名称。虽然“Apple Wine”与“Cider”的中文意思都是苹果酒，但是两者不能随便相互替代。如来证货名与实际不符，一则可以要求对方改证，二则可以自己更改货物包装上的英文名称。如只考虑单证相符而置货物包装上的名称于不顾，势必给对方在办理进口报关时造成困难。在本案例中，货物的内外包装上也应该写“Apple Wine”。

第二节 规定品名条款的注意事项

国际货物买卖合同中的品名条款虽然简单，但要予以足够重视，否则容易引起麻烦和纠纷。在订立品名条款时，应注意下列事项：

一、内容必须明确具体，避免空泛笼统的规定

合同中的品名条款必须做到内容明确、具体，文字表达应能确切反映标的物的特点，避免空泛、笼统的规定，以免给履行合同造成不应有的困难，埋下贸易纠纷的祸根。例如，品名条款只简单订为“品名：果品”，那么，这是指干果还是鲜果呢？这样的规定就不具体、不明确，将会造成履约困难，并极易产生纠纷。

二、内容必须实事求是，切实反映商品的实际情况

针对实际，实事求是地规定商品的名称，品名条款中规定的品名，必须是卖方确实能够供应给买方的商品，凡做不到或不必要的描述词句，都不应列入，以免给合同的履行造成不必要的麻烦。比如不要将疗效列入品名条款，更不要加入一些不符合实际的内容，否则就有虚假之嫌。如某种药物商品，称作“×癣一次净”，但有些顾客使用后并未一次痊愈，这就使顾客对它产生了不信任感。

三、品名应尽可能使用国际通行的名称

产品有时有学名、商品名、俗称等，在合同中要正确使用。为了避免误解，应尽可能使用国际通用的称呼。若使用地方性的名称，交易双方应事先就含义取得共识；对于某些新商品的定名及其译名，应力求准确、易懂，并符合国际的习惯称呼。一般来说，合同有中英文两份。在翻译商品名时，要查阅海关税则、商品分类标准、译名手册等资料[《联合国国际贸易标准》(SITC)、《商检机构实施的进出口商品种类表》、《中华人民共和国海关统计商品目录》等]，切不可望文“生译”，要尽量使用国际通行的名称。应注意译名易懂且与销售地风俗不悖。例如，电梯在美国译为 elevator，在英国译为 lift。

四、品名的选择应考虑有利于降低关税或方便进出口

某些商品具有不同的名称，在确定合同的品名时，应从有助于避开贸易壁垒、降低关税、节省运费的角度出发，选用对进出口有利的名称。目前通行的班轮运费是按商品等级来规定收费标准的。但由于商品名称并不统一，存在同一商品名称不同而收取的费率迥异的现象，因此，应注意查看有关运价表后再选用合适的品名。

资料卡 6—1 商品品名命名方法

品名的选用要遵循使双方明白接受的原则，对国际市场已有的商品，应采用

惯用的品名,而不宜别出心裁地去发明一个;对打算进口的新产品,取名也应考虑对方的理解程度。商品取名的方法有很多,主要有以下几种:

1. 依据所使用的主要原材料命名

这种方法能通过突出所使用的主要原材料反映出商品的质量。如牛奶、草绳、橄榄油、玻璃杯、羊毛衫、藤椅、竹筷、皮鞋等。

2. 依据主要成分命名

以商品所含的主要成分命名,可使消费者了解商品的有效内涵,有利于提高商品的身价。一般用于以大众所熟知的名贵原材料制造的商品。如龟鳖丸、鹿茸酒、人参蜂王浆、西洋参含片等。

3. 依据主要用途命名

这种方法在于突出其用途,便于消费者按其需要购买。如旅游鞋、运动服、缝纫机、溜冰鞋、杀虫剂、推土机、赛车、雨衣等。

4. 依据外观造型命名

以商品的外观造型命名,有利于消费者从字义上了解该商品的特征。如红枣、卷心菜、蝙蝠衫、高跟鞋、圆桌等。

5. 依据其褒义词命名

这种命名的方法能突出商品的使用效能和特性,有利于促进消费者的购买欲望。如巧手洗衣粉、脑轻松、舒肤佳、青春宝、赛天仙等。

6. 依据人物名字命名

即以著名的历史人物或传说中的人物命名,其目的在于引起消费者的注意和兴趣。如孔府酒、东坡肉、中山装等。

7. 依据制作工艺命名

这种命名方法的目的在于提高商品的威望,增强消费者对商品的信任。如精制油、蒸馏水、手工水饺、转基因大豆、克隆羊、杂交水稻等。

第三节　品质条款的意义

在国际货物买卖中,货物的品质不仅是主要的交易条件,而且是买卖双方交易磋商的首要条件。国际贸易中许多纠纷的发生往往是因货物的质量问题引起的,而关于质量问题的纠纷常常又起因于合同的品质条款订得不够清楚明白。因此,买卖双方应高度重视合同中的品质条款。

一、品质的含义

商品的品质，亦称质量，是指货物的外观形态和内在质量的综合素质。货物的外观形态包括造型、色泽、硬度、光洁度等外在属性；内在质量包括化学成分、物理和机械性能、生物特征和技术指标等。在国际市场上，货物的外观和内在质量都是十分重要的。

二、约定品质的重要意义

(一)品质条件是买卖双方交接货物的依据

合同中的品质条件，是构成商品说明的重要组成部分，是买卖双方交接货物的依据。《联合国国际货物销售合同公约》规定卖方所交货物必须符合约定的质量，如卖方所交货物与约定的品质条件不符，买方有权要求损害赔偿，也可要求修理或交付替代货物，甚至拒收货物和撤销合同。由于国际贸易的商品种类繁多，即使是同一种商品，在品质方面也可能因自然条件、技术和工艺水平以及原材料的使用等因素的影响而存在种种差别。这就要求买卖双方在商订合同时首先就品质条件做出明确规定。

(二)品质条件关系到商品的价格条件

商品品质的优劣直接影响商品的使用价值和价值，它是决定商品使用效能和影响商品价格的重要因素，“按质论价”是价值规律的体现。商品的品质与价格之间的内在联系，决定了商品品质的优劣直接影响商品的价格。因此，合同中的品质条款至为重要，它是商讨合同价格条款的前提条件。

资料卡 6—2　商品质量与外交安全

唐朝对外贸易繁荣，长安街各国商贾络绎不绝，来自亚洲、非洲的商人行销珠宝、玉石、香料、稀有珍奇动物、药材、马匹以及土特产品，又运走中国的丝绸、瓷器。其中回纥(后更名为回鹘)是与唐朝关系最密切的少数民族。755 年“安史之乱”爆发，唐朝实力不足，向外借兵平叛。756 年、757 年、762 年，回纥三次派大军助唐平叛，收复长安、洛阳、河北等地。唐朝大加赏赐，双方和亲，葛勒可汗嫁女给唐朝敦煌王，唐朝 6 位公主先后嫁给回纥，双方保持着紧密的政治、经济和文化往来。

与之同时，双方开始长期的绢马贸易，唐朝以 40 匹绢换取回纥一匹马，这个价格远远高于唐朝和突厥的交易，当时突厥一匹马的价格不到 30 匹绢。为了维持双方的关系，唐朝只能吃下哑巴亏，但回纥每年动则以几万匹马向唐朝倾销，80 年中一共向唐朝倾销 300 万匹马，换回 2 000 万匹丝绸。“安史之乱”后，唐朝对战马需求减少，数量如此庞大的绢马交易给唐朝造成极大的经济负担，再加上战乱，国库空虚，根本拿不出这么多绢交易，造成债台高筑。《旧唐书》为此记载：“回纥恃功，自乾元之后，屡遣使以马和市缯帛，仍岁来市，以马一匹易绢四十匹，动至数万马。其使候遣继留于鸿胪寺者非一，蕃得帛无厌，我得马无用，朝廷甚苦之。”

大历八年(773 年)十一月，回纥又带了一万匹马来唐朝交易。唐代宗最初只愿意购买一千匹，在将领郭子仪等人请求下，命令允许交易六千匹。不能共赢的贸易难免走向失信，不守诚信的贸易难以走得更远。唐朝和回纥为此贸易纠纷不断、摩擦频繁，以至关系恶化，引发边疆生烟，爆发小规模军事冲突。到唐德宗，双方重修于好，回纥请求唐朝将国名回纥改为回鹘，取“回旋轻捷如鹘”之义。双方又开始绢马贸易，但回纥常常以病弱驽马强卖强售。《新唐书》记载：“乾元后，回纥恃功，岁入马取缯，马皆病弱不可用。”“岁以数万求售，使者相蹑，留舍鸿胪，骀弱不可用。”唐朝欠回纥已经累计达 180 万匹绢，不堪重负，同样以次充好，用质量差的绢进行贸易。

回纥人并没有见好就收，反而养成骄横跋扈的习气，来到长安、洛阳等地从事商贸活动，因享有特权而常常胡作非为，放火烧了东京圣善寺和白马寺，造成百姓死伤上万人。大历十三年(778 年)，回纥人又在洛阳侮辱唐朝官员。建中元年(780 年)，唐德宗即位后，就想解决这个问题，杀一杀回纥人的威风。唐德宗命令回纥使者、合骨咄禄可汗的叔父董突带着他的手下回国。董突到了振武，停留了几个月。八月，唐朝将领张光晟故意激怒董突，随之杀死董突等上千人。唐朝和回纥关系陷入低谷。建中三年(782 年)五月，唐德宗派源休出使回纥。回纥没有要求追究当事人的责任，而是“所欠吾马直绢一百八十万疋，当速归之”。在回纥看来，维持贸易比人命更加重要。后来，唐朝给了帛十万匹、金银十万两，抵偿 20 年所欠马价，此事算暂时消停下来。

贞元三年(787 年)八月，合骨咄禄可汗再次致信唐德宗，请求和亲。最初唐德宗坚决反对，经宰相李泌力劝，德宗才最终同意。由翰林学士陆贽执笔起草外交国书《与回纥可汗书》，答应将女儿咸安公主嫁为回纥王后。回纥亦表示减少马匹出口，双方均答应严格控制马和绢的质量。

和亲成功后，贸易问题并没有彻底解决。远嫁回纥的咸安公主曾为外贸商品质量问题，多次给唐朝写来奏论。阴山是唐朝和回纥的跨境交易集市，唐代诗人元稹在题为《阴山道》的诗中写道：“年年买马阴山道，马死阴山帛空耗。”元稹的好友白居易也写了一首与元稹同题诗《阴山道》，生动描述当时情景，一方面，“草尽泉枯马病羸，飞龙但印骨与皮。五十匹缣易一匹，缣去马来无了日。养无所用去非宜，每岁死伤十六七。”另一方面，“缣丝不足女工苦，疏织短截充匹数。藕丝蛛网三丈余，回纥诉称无用处。”指出了唐朝绢两个问题，一是疏织，像藕丝蛛网一样；二是短截，唐朝规定丝织品标准为阔一尺八寸、长四丈，而唐朝给回鹘的仅长三丈余。陈寅恪先生读到这首诗时曾经标注：“其恶滥至此，宜回鹘之诉称无用处矣。观唐回马价问题，彼此俱以贪诈行之，既无益，复可笑。乐天此篇诚足为后世言国交者之鉴戒也。又史籍所载，只言回鹘之贪，不及唐家之诈，乐天此篇则并言之。”认为白居易这首诗可以让后世国家交往警惕、警醒。

元和二年（807 年），唐宪宗下令整治以次充好的问题，“仍诏江淮马价缣，从此不令疏短织”。双方互派使节，重新约定规则，各自规范质量，逐步建立起一套可以互相申诉的制度，绢马贸易才延续下去。

唐朝和突厥的绢马贸易也存在同样的问题。开元九年（721 年），唐朝和突厥绢马贸易进入全盛时期，但不久突厥指责唐朝故意延迟交付绢，退却突厥马太多，而绢质量差；而唐朝指责突厥大量向唐朝出口马匹，不符合要求的劣马不能强卖。宰相张九龄为此先后代唐玄宗写了三封国书《敕突厥可汗书》，抱怨“其中老弱病患及躯格全小，不堪驾驭，如何总留？”要求“此后将马来纳，必不可多，还如先可汗时约。”双方时常产生贸易摩擦，不时陷入冲突的僵局。

资料来源：节选自《中国古代贸易摩擦简史》，https://finance.sina.com.cn/jjxw/2021－02－16/doc－ikftpnny6952286.shtml，登录时间：2021 年 3 月 2 日。

第四节　表示品质的方法

不同种类的货物，有不同的质量表示方法。在国际贸易中，表示货物质量的方法有多种，归纳起来可分为两大类：用实物表示和用文字说明表示。

资料卡 6—3 商品质量表示方法图示

- 表示品质的方法
  - 用实物表示
    - 看货买卖
    - 凭样品买卖
      - 凭卖方样品买卖
      - 凭买方样品买卖
      - 凭对等样品买卖
  - 用文字说明表示
    - 凭规格买卖
    - 凭等级买卖
    - 凭标准买卖
    - 凭品牌或商标买卖
    - 凭产地名称买卖
    - 凭说明书和图样买卖

一、用实物表示

用实物表示商品的品质包括看货买卖(Sales by Actual Quality)和凭样品买卖(Sales by Sample)两种方法。

(一)看货买卖

看货买卖是指买卖双方根据成交商品的实际品质进行的交易。通常先由买方或其代理人在卖方所在地验看货物,达成交易后,卖方即应按验看过的商品交货。只要卖方交付的是验看的商品,买方就不得对品质提出异议。在国际贸易中,采用看货成交的情况有限,这种做法多用于寄售、拍卖和展卖业务中。

案例解析

案例 我某出口公司有一批言明为降价品的罐头,英商看货后订货。但货到英国3个月后,发现罐头变质,于是英商要求退货。问:我方应该如何处理?

解析 看货买卖双方是根据成交商品的实际品质进行的交易,只要卖方交付的是验看的商品,买方就不得对品质提出异议。本案例中,我方事先讲明该批罐头是降价品,英商是在看货后订货的,而且,英商又是在3个月后提出退货要求,这是没有道理的。因此,我方应该拒绝英商的无理要求。

(二)凭样品买卖

样品(Sample)通常是指从一批商品中抽取出来或由生产和使用部门设计加工出

来的能够代表整批商品品质的少量实物。在国际贸易中,交易双方以样品作为买卖和交货品质的依据,称为凭样品买卖。该项样品称作成交样品,或称标准样品。

资料卡 6—4　样品的分类

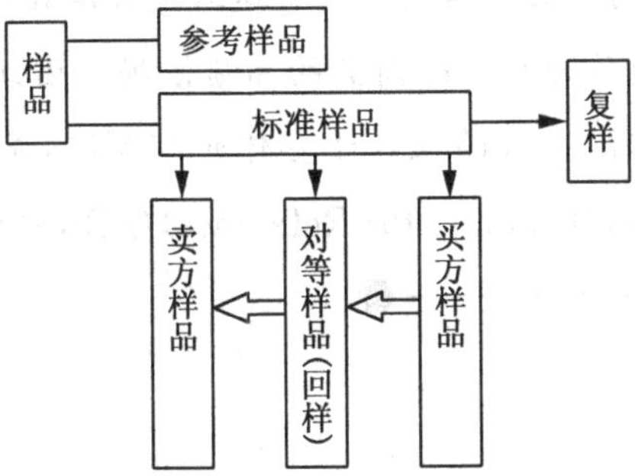

可以凭样品买卖的商品不多,一般限于不能完全使用科学方法和文字数据来表示品质的一些商品。例如皮鞋、服装、土特产品、少数轻工产品以及工艺美术品等。凡合同中明确订明按成交样品交货,如"质量以买方(或卖方)样品为准"等条款,该项成交样品就作为贸易合同中不可分割的部分,成为品质检验的依据,卖方所交的全部货物,其外观和质量应与成交样品相符,否则买方有权提出索赔或退货。在国际贸易中,按样品提供者的不同,可分为以下几种:

1. 凭卖方样品买卖

凭卖方样品买卖是指卖方向买方提供样品,经买方确认,就以卖方提供的样品作为交付货物品质的最终依据。在此情况下,在买卖合同中应订明:"品质以卖方样品为准。"日后,卖方所交货物的品质,必须与提供的样品相同。

资料卡 6—5　凭卖方样品买卖的注意事项

1. 卖方在提供给买方确认的样品时,应选择有代表性的样品。如果提供的货物样品品质过高,大批量生产可能达不到样品的品质标准,容易造成争议和承担违约责任。

2. 卖方在提供样品给买方确认时,应保留一个或几个同样的样品。这些留存的样品叫复样(Duplicate Sample)或留样(Keep Sample)。复样除了由出口公司自存一份外,对于需经商检局检验的商品,一般还应另备一份送商检局备查,这有利于加强货物生产过程中的品质管理,并在产生货物品质纠纷时作为处理纠纷的品质依据。

3. 注意区分标准样品(Standard Sample or Type Sample)和参考样品(Reference Sample)。标准样品是指交易双方经磋商后确定的成交样品,它是卖方交货、买方验货的品质依据。参考样品是卖方按照买方所要求试制的、以供买方选择的样品或是卖方为扩大宣传而主动寄送给国外潜在客户的样品。参考样品仅供对方参考,而不能作为交货时商品的品质依据。因此,在对外贸易活动中,买卖双方在互寄样品时,若目的仅在于宣传介绍商品,而不作为交货品质的依据,最好注明“参考样品”(Sample for Reference)字样,以免与标准样品混淆。

2. 凭买方样品买卖

买方为了使其订购的商品符合自身要求,有时提供样品交由卖方依样承制,如卖方同意按买方提供的样品成交,称为“凭买方样品买卖”。在这种场合,买卖合同中应订明:“品质以买方样品为准。”日后,卖方所交正货的品质,必须与买方样品相符。

资料卡 6-6 凭买方样品买卖的注意事项

1. 卖方在对买方样品确认前要充分分析样品的品质要求,以确定自己是否具备按样品的品质要求生产交付货物所需要的生产技术、设备、时间等方面的条件。如果不具备条件,除非经与买方磋商,对方同意降低品质要求,否则不宜与买方订立合同。

2. 若卖方对买方样品无法确定是否存在工业产权等第三方权利问题时,应该在合同中明确规定:“如果由买方样品引起工业产权等第三方权利的纠纷,与卖方无关,概由买方承担一切责任。”

3. 凭对等样品成交

在国际贸易中,谨慎的卖方往往不愿意承接凭买方样品交货的交易,以免因交货品质与买方样品不符而招致买方索赔甚至退货的危险,或为防止买方对交货质量故意挑剔。在此情况下,卖方可先不急于和买方成交,而是根据买方提供的样品加工复制出若干样品交由买方确认,此样品被称为样品的回样(Return Sample)或对等样品(Counter Sample)。如果买方对回样确认,则该回样就作为以后买卖双方交付货物的品质依据,卖方所交货物的品质,就以对等样品为准,“凭买方样品买卖”于是就转变成了“凭卖方样品买卖”。

二、用文字说明表示品质

在国际贸易中，大多数货物可用文字说明来表示质量。买卖双方凭文字说明磋商交易和成立合同，交货质量以文字说明为依据，称作“凭说明买卖”。用文字说明表示的方法，具体可细分为以下几种：

（一）凭规格买卖

规格（Specification）是指用来反映货物质量的一些主要指标，如成分、含量、纯度、大小、长短、粗细等。由于各个商品特性不一样，因此规格的内容也不同。在国际贸易中，买卖双方洽谈交易时，对于适于规格买卖的商品，应提供具体规格来说明商品的基本品质状况，并在合同中订明。由于凭规格买卖，明确具体，简单易行，故在国际贸易中被广泛采用。

（二）凭等级买卖

等级（Grade）是指同一类的货物，按其品质差异、重量、成分、外观或效能等的不同，用文字、数码或符号分为品质各不相同的若干等级，如甲、乙、丙，一、二、三……凭等级买卖时，由于不同等级的商品具有不同的规格，为了便于履行合同和避免争议，在品质条款列明等级的同时，最好一并规定每一等级的具体规格。用等级表示商品的品质可以简化交易过程，有利于按质论价、安排生产以及加工整理工作的进行。

（三）凭标准买卖

标准（Standard）是指将商品的规格和等级予以标准化。商品的标准，有的由国家或有关政府主管部门规定，也有的由同业公会、交易所或国际性的工商组织规定。有些商品习惯于凭标准买卖，人们往往使用某种标准作为说明和评定商品品质的依据。商品标准的分类如下：

(1)企业标准。它是由一个企业制定的标准。

(2)团体标准。它是由商业团体或学会制定的标准。如美国材料试验学会标准。

(3)国家标准。它是由国家自行制定的标准。如英国国家标准、美国国家标准、法国国家标准、日本国家标准、中国国家标准等。

(4)区域标准。它是区域集团经过磋商制定的标准。如欧洲标准化委员会等制定的标准。

(5)国际化标准。它是由国际性机构制定的标准。其中最有代表性的是国际标准化组织所制定的标准。

在凭标准买卖时，应明确规定引用标准的版本年份，因为不同年份的版本，其品质标准的内容往往不尽相同。

(四)凭品牌或商标买卖

品牌(Brand)是指工商企业为它生产或销售的产品所注册的名称,以便与其他企业的同类产品区别开来,一个品牌可用于一种产品,也可用于一个企业的所有产品。

商标(Trade Mark)是生产商品或销售商品的企业用来识别其商品的标志,一般由具有特色、特别含义的单词、字母、数字、图形等组成。企业商品的商标一经注册成为注册商标,就成为一种工业产权,受到法律保护。

各种不同商标的商品具有不同的特色,一些在国际上久负盛名的名牌产品,都因其品质优良稳定,具有一定的特色并能显示消费者的社会地位,故售价远远高出其他同类产品。这种现象特别是在消费水平较高、对品质要求严格的所谓"精致市场"表现得尤为突出,而一些名牌产品的制造者为了维护商标的声誉,对产品都规定了严格的品质控制,以保证其产品品质达到一定的标准,因此,商标或品牌自身实际上是一种品质象征。在国际市场上信誉良好、品质稳定,并为买方所熟悉的货物,可凭牌号或商标对外销售,无需对品质再做详细说明。如派克笔、红双喜乒乓球等。

资料卡 6—7 凭牌号或商标买卖时的注意事项

1. 货物的品质是牌号和商标的物质基础,一定的牌号或商标代表一定货物的品质。所以,在凭牌号或商标的买卖中,即使在合同中不具体规定品质要求,卖方在交货时仍必须按该牌号或商标所通常具有的品质规格交付货物,否则,不仅构成违约,而且毁了"牌誉"。

2. 如果一种品牌的商品同时有多种不同型号或规格,为了明确起见,必须在规定品牌的同时,明确规定型号或规格。

3. 商标和品牌持有者应注意保护自己的商标和品牌,并在进口国进行登记注册,以维护商标专用权;同时应避免其商标和品牌触犯进口国的有关法律法规或宗教民俗习惯。

(五)凭产地名称买卖

在国际货物买卖中,有些商品,特别是农副土特产品,受产地自然条件和传统加工工艺等因素的影响较大,其品质具有其他地区不能比拟的独特风格、风味和特色。例如"青岛啤酒""中国东北大豆""四川涪陵榨菜""西湖龙井""龙口粉丝""金华火腿"等,这些货物冠以产地名称(Name of Origin),与工业品采用牌号和商标一样,也可起到明确货物质量的作用。卖方凭产地名称销售某种农副土特产品,就必须交付具有为国内外消费者所周知的特定质量的产品，否则，买方可拒收货物并提出索赔。

（六）凭说明书和图样买卖

对机械、电器、仪表等技术密集型产品，因其结构性能复杂，型号繁多，难以用几项简单的指标来表明其品质全貌，在销售这类货物时，通常是以说明书和图样来表示商品的质量。

按这种表示品质的方法成交，卖方所交货物必须符合说明书和图样的要求，但由于对这类产品的技术要求较高，有时同说明书和图样相符的产品，在使用时不一定能发挥设计所要求的性能，因此买方为了维护自身的利益，往往要求在买卖合同中加订卖方品质保证条款和技术服务条款。

值得一提的是，上述各项表示品质的方法一般是单独使用，并不彼此排斥，相反，往往可以形成不同的组合，共同说明商品的品质，但要注意，尽量不要同时使用几种方法表示商品某一方面的品质。

资料卡 6—8 用文字说明表示商品品质示例

方 法	示 例
凭规格买卖	Feeding Broadbean, Moisture[max]15%, Admixture[max]12% 饲料蚕豆，水分[最高]15%，杂质[最高]12%
凭等级买卖	Fresh Hen Eggs, Even in size Grade AA: 60—65 gm per egg 鲜鸡蛋大小均匀特级每枚蛋净重 60～65 克
凭标准买卖	Rifampicin B. P. 1993(British Pharmacopoeia 1993) 利福平（甲哌利福霉素）《英国药典》1993 年版
凭商标或品牌买卖	Maling Brand Worcestershire Sauce 梅林牌辣椒油
凭产地名称买卖	Shaoxing Hua Tiao Chiew 绍兴花雕酒
凭说明书或图样买卖	Quality and technical data to be strictly in conformity with the description submitted by the seller. 品质和技术数据必须与卖方所提供的产品说明书严格相符。

第五节 合同中的品质条款

国际贸易中的商品种类繁多，品质各种各样。明确商品的品质，对于避免以后可能产生的关于品质的贸易纠纷，具有特别重要的意义。

一、品质条款的基本内容

合同中的品质条款通常应列明商品的名称、规格或等级、标准、牌名等。品质条款的具体内容及其简繁应视商品特性而定。在凭样品买卖时，一般应列明样品的编号或寄送日期，并规定交货品质与样品相同；凭标准买卖时，应列明所引用的标准及其版本年份；对于某些商品的交易，条款中还需订明交货的品质公差（Quality Tolerance）或品质机动幅度（Quality Latitude）。

二、品质机动幅度和品质公差

为了避免交货品质与买卖合同不符，在出口业务中，可以在合同的品质条款中做一些变通规定。其常见做法是规定品质机动幅度和品质公差。

（一）品质机动幅度

品质机动幅度是指允许卖方所交商品的品质指标在一定幅度内机动掌握。尤其是适用于一些农、副、土、特等初级产品。

资料卡 6—9 品质机动幅度的规定方法

1. 规定范围。它是指对某项商品的主要质量指标规定允许有一定机动的范围。

例：色织条格布 宽度 41/42 英寸。

纱管重量 每只 33/35 克。

2. 规定极限。它是指对某些商品的质量规格，规定上下限。常用词有：最大、最高、最多（Maximum；Max.），最小、最低、最少（Minimum；Min.）。

例：活黄鳝 每条 75 克以上。

中国花生仁 水分（最高）13%，不完善粒（最高）5%，含油量（最低）44%。

3. 规定上下差异。即在规定某一具体质量指标的同时，规定必要的上下变化幅度。

例：灰鸭毛 含绒量 18%，允许上下 1%浮动。

东北大豆 含油量 18%，水分 14%，杂质 2%，均可增减 1%。

（二）品质公差

品质公差是指有些工业制成品，在生产过程中由于受科学技术水平的限制，不可能做到非常精确，在这种情况下，可根据国际惯例或经买卖双方同意，对合同的品质指标订有合理的“公差”。如手表走时的误差，棉纱支数的确定等。品质公差的允许值可以是国际上同行业公认的允许值，也可以是买卖双方商定的允许值。交货质量在此范围内即可认为与合同相符。

三、订立品质条款时应注意的问题

(一)订立的品质条件要有科学性与合理性

1. 要适当选择规定品质的指标

在品质条款中，应有选择地规定各项质量指标。凡影响品质的重要指标，不能出现遗漏；对于次要指标，可以少订。对于一些与品质无关的指标，不宜订入，以免条款过于烦琐。

2. 要注意各质量指标之间的内在联系和相互关系

各项质量指标是从各个不同的角度来说明品质的，各项指标之间是有内在联系的。在确定品质条件时，要通盘考虑，注意它们之间的一致性，以免由于某一质量指标过高或过低而影响其他指标的合理性。例如，在大豆品质条款中规定：“水分不超过17%，不完善粒不超过9%，杂质不超过3%，矿物质不超过0.15%。”显然，此项规定不合理，因为，对矿物质的要求过高，这与其他指标的规定不相称。为了使矿物质符合约定的指标，需反复加工，其结果，必然会大大增加杂质和不完善粒的含量，从而造成不必要的经济损失。

3. 品质条件应明确、具体

为了便于检验和明确责任，规定品质条件时，应力求明确、具体，诸如“大约”“左右”“合理误差”等笼统含糊之词应避免使用，以免在交货时引起争议。

(二)正确运用各种表示品质的方法

1. 根据商品特性确定表示品质的方法

品质条款的内容，必须涉及表示品质的方法；而采用何种表示品质的方法，应视商品特性而定。一般认为，凡能用科学的指标说明商品品质的，适用于凭规格、等级或标准买卖；一些难以规格化的商品，如工艺品、纺织品的色泽、玩具的造型等，适用于凭样品买卖；某些品质好并为买方所熟悉的名优商品，适用于凭牌名或商标买卖；某些性能和技术复杂的商品，适用于凭说明书和图样买卖；而具有地方特色和风味的商品则适宜于凭产地名称买卖。上述这些表示品质的方法，不能随意滥用，应当合理选择。凡可用一种方式表示的，就不要采用两种或两种以上的方法，订得过于烦琐只会增加生产和交货的难度。

2. 凭样品与凭规格两种方法不宜混合使用

出口贸易尽可能不采取既凭样品又凭规格买卖，能用一种方法表示出口商品品质的，一般不宜用两种或两种以上的方法表示。因为根据某些国家法律的解释，凡既凭样品又凭规格的买卖，卖方所交货物必须既与样品一致又要符合规格的要求，否则，买方有权拒收货物并可以提出赔偿损失的要求，这往往会给卖方交货带来困难。

（三）重视品质机动幅度和品质公差在表示品质方面的作用

凡是能采用和应该采用品质机动幅度和品质公差表示的商品，一般都要订明具体的机动幅度或公差的允许值，以免日后产生争议。必要时跟随品质机动幅度和品质公差条款还可订立品质增减价条款。

品质增减价条款的制定方法有两种：

1. 对品质机动幅度内的品质差异，根据交货的实际品质按比例增价或减价

例：中国芝麻，含油量（湿态，乙醚浸出物）最低 48%，实际装运货物的含油量以 52%为基础，高于或低于 1%，价格相应增减 1%，不足整数部分，按比例计算。

2. 只对品质低于合同规定者扣减价格

在品质机动幅度范围内，只对交货品质低于合同规定者扣减价格，而高于合同规定者却不增加价格。为了更有效地约束卖方按规定的品质交货，还可规定不同的扣减价格方法。例如，在机动幅度范围内，交货品质低于合同规定 1%，扣减价格 1%；低于合同规定 1%以上者，则加大扣减价格比例。

思考题

1. 品名条款的基本内容有哪些？
2. 规定品名的方法有哪些？
3. 规定品名条款有哪些注意事项？
4. 商品品质的表示方式有哪些？
5. 凭说明表示品质有哪几种类型？
6. 什么是品质公差和品质机动幅度？
7. 品质条款的规定有哪些注意事项？

第七章　商品的数量

商品的数量是构成一项货物买卖合同必须具备的条件，通常以一定的度量衡来表示商品的重量、个数、长度、面积、容积的量。

第一节　数量条款

数量条款是合同中的主要条款之一，它约定了买卖双方所交易的商品数量。数量条款一经签订，买卖双方就必须按约履行。

一、数量条款的含义

买卖合同中的数量条款，主要包括成交商品的数量和计量单位，按重量成交的商品，还需订明计算重量的方法。数量条款的内容及其繁简，应视商品的特性而定。

二、约定数量条款的意义

（一）数量条款是买卖双方交接货物的数量依据

根据《联合国国际销售合同公约》的规定，卖方应承担按约定的数量交付货物的责任。如果卖方交货的数量大于合同约定的数量，买方可以拒收多交部分，也可以收下多交部分中的一部分或全部，但同时应对其按合同价格付款。如果卖方交货数量少于合同的约定数量，卖方应在规定的交货期届满前补交；但即使如此，买方在因此而遭受不合理的不便或承担不合理的开支的情况下，也有向卖方要求损害赔偿的权利。此外，还有一些国家的法律或惯例规定，只要卖方交货数量与合同规定不符，买方就有拒收货物的权利。因此，为了避免争议的发生，买卖双方在实际业务中应慎重确定成交数量，并认真订好数量条款。

（二）数量条款直接关系到商品的价格条件

在现实经贸活动中，大多数商品都存在生产与经营的规模效益问题。具体体现为生产、经营的规模在一定范围之内越大，单位商品的生产与经营成本就越低，反映在国际贸易中，即商品成交数量越大，单位商品的成交价格往往就越低。因此，数量条款与价格条款之间存在一定的内在联系。特别是作为买方来说，应掌握好这样一种内在关系，争取拿到对自己比较有利的成交价格。

资料卡7—1　关于度量衡制度

由于各国度量衡制度不同，所使用的计量单位也各异，因此，了解和熟悉相互之间的折算方法是很重要的。

1. 公制(The Metric System)。基本单位为千克和米。为欧洲大陆及世界大多数国家所采用。

2. 国际单位制(The International System)。它是国际标准计量组织在公制基础上制定公布的。其基本单位包括千克、米、秒、摩尔、坎德拉、安培和开尔文七种。

3. 英制(The British System)。基本单位为磅和码。为英联邦国家所采用，而英国因加入欧盟，在一体化进程中已宣布放弃英制，采用公制。

4. 美制(The U. S. System)。基本单位和英制相同，为磅和码，但有个别派生单位不一致。如英制为长吨等于2 200磅，而美制为短吨等于2 000磅。此外容积单位加仑和蒲式耳，英美制名称相同，大小不同。

我国1959～1984年一直以公制作为度量衡制度。1984年2月27日，国务院颁布命令，在全国范围内执行新的《法定计量单位制》。要求从1991年1月1日起，除个别特殊领域外，不得再使用非法定计量单位。根据《中华人民共和国计量法》第三条规定："国家采用国际单位制。国际单位制计量单位和国家选定的其他计量单位，为国家法定计量单位。"我国的法定计量单位以国际单位制为基础，但除国际单位制的7个基本单位外，又增加了几个非国际单位制的计量单位，如表示质量的"吨"(T)、表示航行速度的"节"(Knot)及表示时间的"分""时""天"等。目前，在我国的进出口业务中，出口商品除照顾对方国家贸易习惯而在合同中约定采用公制、英制或美制单位外，都应使用我国法定计量单位。一般不进口非法定计量单位的仪器设备，如有特殊需要，须经有关省、市、自治区以上的计量管理机构批准。

三、计量单位

根据商品的性质，需要在特定的度量衡制度下选择不同的计量单位来表示商品的数量。目前，国际货物贸易中常用的计量单位可概括为以下几种：

1. 长度单位(Length)

主要包括：

公制——公里(即千米，Kilometer)、米(Meter)等；

英制和美制——码(Yard)、英尺(Foot)、英寸(Inch)等。

这些计量单位之间的换算关系为：

1 公里＝1 000 米

1 米＝1.094 码＝3.280 8 英尺＝39.37 英寸

在金属绳索、绸缎、布匹等类商品的交易中，一般要使用长度单位说明商品的数量。

2. 重量单位(Weight)

主要包括：

公制——公吨(Metric Ton)、公斤(即千克，Kilogram)、克(Gram)等；

英制和美制——长吨(Long Ton，即英吨)、短吨(Short Ton，即美吨)、磅(Pound)、盎司(Ounce)等。

这些计量单位之间的换算关系为：

1 公吨＝0.984 2 长吨＝1.102 3 短吨

1 公斤＝2.204 6 磅＝35.273 6 盎司

1 磅＝16 盎司

在矿砂、钢铁、盐、羊毛及油类等天然产品的交易中经常要使用重量单位。此外，黄金、白银等贵重商品的数量一般要用“克”和“盎司”计量。而钻石之类特别珍贵的商品的数量则常用“克拉”(Carat)来计量。

3. 面积单位(Area)

主要包括：

公制——平方米(Square Meter)等；

英制和美制——平方码(Square Yard)、平方英尺(Square Foot)、平方英寸(Square Inch)等。

它们之间的换算关系为：

1 平方米＝1.195 99 平方码＝10.763 9 平方英尺＝1 550 平方英寸

这些表示面积的计量单位一般出现在皮革、玻璃、地毯等商品的交易中。

4. 容积单位(Volume)

主要包括：

公制——升(Litter)、立方米(Cubic Meter)等；

英制和美制——加仑(Imperial Gallon,英制;U. S. Gallon,美制)、立方码(Cubic Yard)、立方英尺(Cubic Foot)、立方英寸(Cubic Inch)、蒲式耳(Bushel)等。

以上计量单位之间的换算关系如下:

1升=0.22英制加仑=0.264美制加仑

1立方米=1.308立方码=35.314 7立方英尺=61 023.37立方英寸

1英制蒲式耳=1.032 057美制蒲式耳

1英制加仑=277.42立方英寸

1美制加仑=231立方英寸

在国际货物交易中,使用容积单位说明商品数量的情况相对比较少,一般只出现在木材、天然气和化学气体的交易中。但应注意,在一些国家中习惯使用蒲式耳作为某些农产品的计量单位。

5. 个数单位(Number)

个数单位主要包括罗(Gross)、打(Dozen)、件(Piece)、套(Set)、双(Pair)、卷(Roll)、包(Bale)、令(Ream)等。

其换算关系为:

1罗=12打=144件

1令=500张(一般用来表示印刷纸的张数)

个数单位广泛地应用于工业制成品,特别是日用消费品、机械产品及轻工业品的交易中。

第二节 重量的计算

在国际贸易中,有很多货物是按重量计算的,其计算方法主要有以下几种。

一、按毛重计算

毛重(Gross Weight,GW)是指商品本身的重量与内外包装重量之和。在国际贸易中一般很少用毛重作为计算货物总价值的基础,它更多是作为运输部门按重量吨计收运费的依据。但在一些单位价值较低的商品,如粮食、饲料等农副产品的交易中,因其包装价值同商品价值相差不大,有时也以毛重作为计算商品总价的基础。通常将此种方法称为“以毛作净”。

例如:东北红小豆100公吨,单层新麻袋装,以毛作净。

二、按净重计算

净重(Net Weight,NW)是指货物本身的实际重量。在国际货物贸易中,由于净重可以反映成交商品的真实数量,因此凡是按重量成交的商品,绝大多数都按净重计价。如果在合同中没有明确规定交货的数量是按毛重还是按净重计算,习惯上就是按净重计算。净重与毛重之间存在如下关系:

净重=毛重-皮重

这里所说的皮重(Tare)就是商品内外包装的总重量。在实际业务中,根据毛重和皮重就可以计算出商品的净重。

资料卡 7—2　皮重的计算方法

在采用净重计量时,对于如何计算包装重量,国际上有以下几种方法:

(1)按实际皮重计算。实际皮重是指包装物的实际重量。它是对包装物逐件衡量后所得到的重量总和,按这种方法计算,计算结果准确,但比较费时,工作量和费用也较大。

(2)按平均皮重计算。有的商品,包装材料和规格比较统一,衡量其重量时可先抽若干件包装过重,随后加以平均,以平均数作为每件包装的重量,这种方法比较省时省钱。

(3)按习惯皮重计算。较规格化的包装,其重量已被市场公认,因此不必每次都重复衡量,按习惯上公认的皮重乘以总件数即可。譬如装运粮食的机织麻袋,公认重量为 2.5 磅。

(4)按约定皮重计算。即不需经过实际衡量,而以买卖双方事先约定协商的包装重量作为计算的基础。

三、按公量计算

公量即用科学方法测定商品所含的实际水分(如用烤箱、离心机等方法抽去水分),按照标准含水量所求得的重量。适用于水分含量不稳定而经济价格又较高的商品,如生丝、羊毛等商品。

公量=实际重量×(1+标准回潮率)÷(1+实际回潮率)

资料卡 7—3 公量的计算

某公司出口羊毛一批，双方约定标准回潮率为 11%，现有羊毛 105 公吨，经过测定，回潮率为 9%，计算符合双方约定的重量是多少公吨？

答：105×(1+0.11)÷(1+0.09)=105×1.11÷1.09=106.93(公吨)

故符合双方约定的重量是 106.93 公吨。

四、按理论重量计算

理论重量是指对于那些固定尺寸与规格的商品，只要其规格一致，每件商品的重量大体相同，不用逐一过秤，只需按其件数来推算出总的重量。如钢板等有固定尺寸和规格的商品，均可适用此法。

资料卡 7—4 理论重量的计算

已知某种钢板每平方米的理论重量(千克)如下：

厚度(毫米)	重量(千克)
0.2	1.57
0.25	1.963
0.3	2.355

(注：有关数据在五金手册中可以查阅)

现有钢板 500 张，每张长度为 5 000 毫米，宽度为 500 毫米，厚度为 0.25 毫米。试计算这批钢板的理论重量(每平方米等于 1 000 000 平方毫米)。

每张钢板的面积为 5 000×500=2 500 000(平方毫米)=2.5(平方米)

每张钢板的重量为 1.963×2.5=4.907 5(千克)

总重量为 4.907 5×500=2 453.75(千克)

用理论重量计算重量的商品要符合以下条件：(1)每单位(如每张每块)的厚度必须一致；(2)每单位的面积必须一致，即长度、宽度要一致。

五、按法定重量和实物净重计算

有些国家的海关法规定，在征收从量税时商品的重量是按法定重量(Legal Weight)计算的。法定重量是指商品重量加上直接接触商品的包装物料(如销售包装)的重量。而除去这部分重量所表示出来的纯商品重量则称为实物净重(Net Weight)。

案例解析

案例　某公司从澳大利亚进口羊毛10公吨,合同的数量订明:"10公吨"。结果,澳方所交的羊毛实际回潮率竟高达33.3%,使我方吃亏不少。问:本案例中,导致我方吃亏的原因是什么?

解析　本案例中,导致我方吃亏的原因是买卖双方在重量的计算上没有事先约定标准回潮率。对于吸湿力强的商品要按公量计算。

第三节　合同中的数量条款

买卖合同中的数量条款,主要包括成交商品的数量和计量单位,按重量成交的商品,还需订明计算重量的方法。合同中的数量条款举例如下:

例:按重量进行买卖的规定

数量:1 000公吨,3%增减,由买方选择;增减部分按合同价格计算。

Quantity:1 000M/T, More or less3%,at buyers' option; Such excess or deficiency to be settled of contracted price.

数量条款的内容及其繁简,应视商品的特性而定,规定数量条款,需要注意下列事项。

一、正确掌握成交数量

(一)对出口商品成交数量的掌握

对出口商品成交数量的掌握,一般要考虑下列因素:

1. 国外市场的供求情况

当出口商确定向某市场出口商品时,应了解目标市场的需求量和各地对该市场的供给量。有效利用市场供求规律,按国外市场实际需要合理确定成交量,避免大量商品拥挤在同一市场上,造成目标市场该商品供过于求,影响出口企业的经济效益。对于供求平衡或供过于求的市场也应保持一定的销售数量,以稳定客户,保持市场销售渠道畅通,以便在价格有利时,能迅速扩大出口量。

2. 国内货源供应情况

确定出口商品的成交数量时，还应考虑该项商品的国内生产能力。在有生产能力和货源充沛的情况下，可以适当扩大成交量；反之，如货源紧张，则不宜盲目成交，以免给出口企业履约带来困难。

3. 国际市场的价格动态

国际市场价格受诸多因素的影响，某一因素的变化会影响商品的价格。因此，当价格看跌时，如有货源，应争取多成交，快抛售；价格看涨时，不宜急于大量成交，应争取在有利的时机抛售。

4. 国外客户的资信状况和经营能力

出口商品的成交数量应与国外客户的资信状况和能力相适应，对资信不了解的客户和资信欠佳的客户，不宜轻易签订成交数量较大的合同，以尽可能地避免由于进口商资信不好给出口企业带来的损失。

（二）对进口商品数量的掌握

为了合理地确定进口商品的成交数量，一般要考虑下列因素：

1. 国内的实际需要

在洽购进口商品时，应根据国内生产建设和市场的实际需要来确定成交量，避免盲目进口。

2. 国内支付能力

确定进口商品数量，应与国内支付能力相适应，当外汇充裕而国内又有需要时，可以适当扩大进口商品数量；反之，如外汇短缺，而非急需品，则应控制进口成交数量，以免浪费外汇。

3. 市场行情变化

在洽购进口商品时，还应根据国际市场行情变化确定成交数量。当市场行情发生对自己有利的变化时，应尽力争取扩大成交数量；反之，则应适当控制成交数量。

二、注意总数量与包装内含量的关系

合同中的数量条款与包装条款之间有内在联系，两者必须协调一致，否则会给卖方履约带来困难。例如，合同规定："数量：1 000 千克；包装：纸箱包装；每箱净重 30 千克。"如按上述条款执行，卖方将处于困难地位。如果卖方按 1 000 千克总数量交货，每箱净重 30 千克就不能实现；如果按每箱净重 30 千克执行，总数量 1 000 千克就不能实现。如果买方刻意刁难，就会使卖方处于非常不利的地位。

三、数量条款应当用词明确具体，避免使用笼统含糊的措辞

为了便于履行合同和避免引起争议，进出口合同中的数量条款应当明确具体。比如，在规定成交商品数量时，应一并规定该商品的计量单位，对按重量计算的商品，还应规定计算重量的具体方法，如“中国大米 1 000 公吨，麻袋装，以毛作净”。某些商品，如需要规定数量机动幅度时，则机动幅度是多少，由谁来掌握这一机动幅度，以及溢短装部分如何作价，都应在条款中具体订明。

此外，在进出口合同中，一般不宜采用“大约”(About)、“近似”(Circa)、“左右”(Approximate)等带有伸缩性的字眼来约定成交数量。因为，不同国家、不同行业对这类词语的理解不一样，容易引起争议。对于某些难以准确约定数量的商品交易，可在合同中规定数量的机动幅度。

四、合理规定数量机动幅度

数量条款的基本内容是交货的数量和计量单位。按重量计量的商品，还包括计算重量的方法，如毛重、净重等。在磋商交易和签订合同时，一般都规定确定的、不得增减的数量。但有些商品，如粮食、矿砂、化肥和食糖等大宗商品的交易，由于商品特性、货源变化、船舱容量、装载技术和包装等因素的影响，很难在签订合同时准确确定成交量。为了使交货数量具有一定范围内的灵活性和便于履行合同，买卖双方可以在合同中合理规定数量机动幅度(Quantity Allowance)。只要卖方交货数量在约定的增减幅度范围内，就算按合同规定数量交货。规定数量机动幅度的方法一般是规定溢短装条款，即在合同中明确规定卖方在交货时可以溢交或短交合同数量的百分之几。

资料卡 7—5　如何订好数量机动幅度条款

1. 数量机动幅度大小要合适

数量机动幅度的大小，通常都用百分比来表示，如 3%或 5%等。究竟百分比定为多少，要考虑商品特性、行业或贸易习惯以及运输方式等因素。数量机动幅度的规定通常采用两种方法：第一种是只对合同数量规定一个百分比的机动幅度；第二种是除规定合同数量总的机动幅度外，还规定每批分运数量的机动幅度。

2. 机动幅度选择权的规定要合理

在合同中订有机动幅度的情况下，合同履行时要由某方决定在机动幅度内多装或少装。从理论上说，这种决定权可以由买方、卖方或承运人来行使。当

然，由于各方利益不同，所做出的选择也会有差异，因此为了避免在履约时各方争夺溢短装决定权，最好在合同中订明由谁决定多装或少装。海洋运输方式下，溢短装主要考虑船舶的装载能力，因此一般由船方决定，也可考虑到价格条款，由负责安排船只的一方决定。

此外，当成交某种价格波动剧烈的大宗商品时，为了防止卖方或买方利用数量机动幅度条款，根据自身的利益故意增加或减少装船数量，也可在机动幅度条款中加订："此项机动幅度，只是为了适应船舶实际装载量的需要时，才能适用。"

3. 溢短装的计价方法要公平合理

目前，对机动幅度范围内超出或低于合同数量的多装或少装部分一般是按合同价格结算。但是，数量上的溢短装在一定条件下关系到买卖双方的利益。在按合同价计价的条件下，交货时市价下跌，多装就对卖方有利；但如市价上升，多装对买方有利。为了防止有权决定多装或少装的当事人利用行市的变化，有意多装或少装以获取额外的好处，也可在合同中规定，多装或少装的部分按装船时或到货时的市价计算，以体现公平合理原则。

资料卡 7—6 《跟单信用证统一惯例》对数量机动幅度的规定

1. 凡"约""近似""大约"或类似意义的词语用于涉及信用证金额或信用证规定的数量或单价时，应解释为允许有关金额、数量或单价可有 10%的增减。

2. 除非信用证规定货物数量不得增减，只要支取的金额不超过信用证金额，则可有 5%的增减幅度。但当信用证规定的数量按包装单位或以个数计数时，则此增减幅度不适用。

思考题

1. 为什么要在国际货物买卖合同中约定商品的数量？
2. 按品种确定的计量单位有哪些种类？
3. 按数量计算的计量单位有哪些？
4. 在国际贸易中计算重量的方法有哪些？
5. 在采用净重计重时，如何计算包装重量？
6. 规定数量条款有哪些注意事项？

第八章　商品的包装

商品的种类繁多，性质特点和形状各异，因而它们对包装的要求也各不相同，除少数商品难以包装、不值得包装或根本没有包装的必要而采取裸装或散装的方式外，其他绝大多数商品都需要有适当的包装。

第一节　商品包装概述

商品包装是商品生产的继续，凡需要包装的商品，只有通过包装，才算完成生产过程，商品才能进入流通领域和消费领域，才能实现商品的使用价值和价值。

一、包装的含义与作用

（一）包装的含义

商品的包装是为了保护商品在流通过程中品质完好和数量完整所使用的包装材料或包装容器。

（二）包装的作用

常言道“七分产品，三分包装”，包装是生产的继续，是产品的最后一道工序，是商品生产和消费之间的桥梁，在激烈的市场竞争中，商品包装在国际货物买卖中起着极为重要的作用。

1. 保护商品质量安全和数量完整

商品的包装是商品生产过程的延续。大多数商品在买卖前，都必须进行必要的包装，才能实现商品的使用价值，整个生产过程才算完结。随着贸易的发展，商品要大量运往全国各地与世界各地，并需要经过运输、储存和销售等环节。为确保商品在流通过程中的完整性，防止储运过程中的振动和空气氧化、有害气体、温湿度等因素的影响，使商品不受损伤、失散，避免发生化学、物理等质量变化，必须对商品进行科学的包装，以维护商品的价值与使用价值。

2. 便于商品的储存和流通

从出厂到销售，在商品的流通过程中，存在着商品的交接、搬运、堆码和零售等一系列环节。若无商品包装，则必然要增加装运、储存和销售的困难。因此，将商品按一定数量、形状、尺寸、规格、大小相互配套进行包装，并根据商品不同而采用不同的包装材料，有利于商品的清点与计量以及合理地利用运输工具，有利于提高仓储利用率和储藏效果，提高商品的流通效率和降低成本。

3. 促进与扩大商品的销售

优良的包装设计，能美化和宣传商品，提高商品的知名度和在消费者心目中的价值，从而能起到提高商品的竞争力和扩大市场份额的作用。商品的包装在一定程度上反映了一个国家经济、科技和文化艺术水平，并关系到国家在国际市场上的声誉和形象。

按照一些国家的法律解释，如果一方违反了所约定的包装条件，另一方有权提出索赔，甚至可以拒收货物。可见，包装条件是买卖合同中的重要交易条件。因此，我国的出口企业必须高度重视商品的包装工作，努力使我国出口商品的包装达到"科学、经济、牢固、美观、适销"的要求。

二、包装的分类

包装的分类方法有很多。通常人们习惯把包装按其在流通领域中所起作用的不同分为两大类：运输包装和销售包装。此外，还有中性包装与定牌等。专业分类有以下几种方法：

(1)以包装容器形状分类：可分为箱、桶、袋、包、筐、捆、坛、罐、缸、瓶等。

(2)以包装材料分类：可分为木制品、纸制品、金属制品、玻璃制品、陶瓷制品和塑料制品包装等。

(3)以包装货物种类分类：可分为食品、医药、轻工产品、针棉织品、家用电器、机电产品和果菜类包装等。

(4)以安全为目的分类：可分为一般货物包装和危险货物包装等。

(5)按货物是否需要包装可以分为：

①散装。散装是指对商品未加任何包装而直接装运。它主要适用于不容易包装或不值得包装的大宗交易货物，如矿砂、谷物、煤炭等。这类通过散装运输的货物可以节省运费和包装费，从而达到降低交易成本的目的。

②裸装。裸装是指将商品捆扎成捆、堆、束而不用加以额外的包装材料。它主要适用于品质比较稳定，不易受外界条件影响，且形态相似、自成件数，不需包装或只需简单捆扎即可成件的货物，如钢板、铅锭、木材、橡胶等。

③包装。包装是指用适当的包装材料和科学的方法实施包裹、覆盖等处理。在国际货物买卖中,大部分的货物都采用包装方式。

三、包装的选用

(一)包装的设计制作原则

1. 科学经济

科学经济的设计制作可以缩小包装体积,减少包装费用,降低货物成本。

2. 牢固便利

牢固的设计制作有利于保持货物的完好无损,便利的包装有利于各环节人员的操作。

3. 美观适销

美观的设计制作可以吸引顾客的注意力,满足消费者的需求。

(二)选用包装应当注意的问题

(1)选择包装材料及填充物要注意各国的有关规定。

(2)包装的装潢、颜色和文字说明图示等要适应国外消费者的风俗习惯和爱好。

(3)包装的选用要适应不同商品的特性及所采用的运输方式。

(4)销售包装的制作要设置物品条码。

(三)包装体积要与运输相配合

每一种包装方式的采用都需要考虑与运输载体相配合的问题。在国际货物运输中,由于采用纸箱包装的货物占很大比重,因此,纸箱包装设计制作及其与运输载体的配合较为常见,纸箱包装的设计和纸箱体积的确定一般要与运输载体相匹配。

第二节　运输包装和销售包装

包装按其在流通领域中所起作用的不同分为两大类:运输包装和销售包装。

一、运输包装

(一)运输包装的含义

运输包装(Transport Packing)是指将一件或数件货物装入特定包装容器,或用特定方式包扎成件或成箱的包装,又称大包装、外包装(Outer Packing)。运输包装的主要作用在于保护货物,便于装卸、储存、运输、清点等。

(二)运输包装标志

为了在运输过程中便于识别货物和计数,在商品外包装上要刷制一定的包装标志。包装标志主要有运输标志、指示性标志和警告性标志三种。指示性和警告性标志的目的是促使搬运人员及开箱、拆包人员注意，以保障货物和操作人员的安全。

1. 运输标志

运输标志(Shipping Mark)，又称“唛头”。它通常由一个简单的几何图形和一些字母、数字及简单的文字形成，其内容包括：

(1)收发货人名称的英文缩写或代号。

(2)目的港、目的地名称或代号。

(3)件号与批号。

此外，运输标志还可包括原产地、信用证号码、合同号、许可证号和体积与重量等内容。运输标志内容繁简不一，一般由买卖双方商定。运输标志示例如图 8－1 所示。

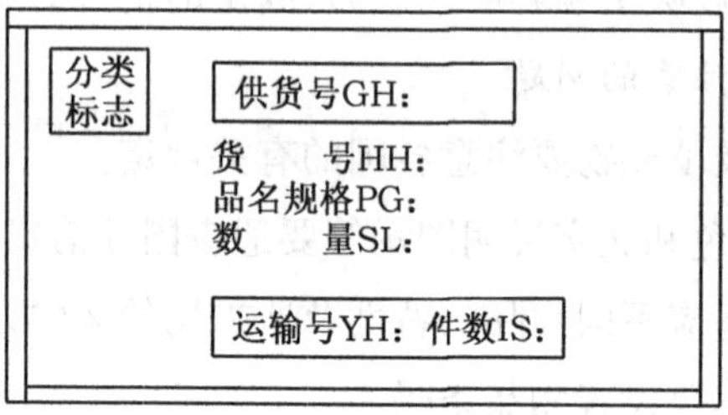

图 8－1 运输标志示例

鉴于运输标志的内容差异较大，有的过于繁杂，不适应货运量增加、运输方式变革和计算机管理的需要，因此，联合国欧洲经济委员会简化国际贸易工作组，在国际标准化组织和国际货物装卸协调协会的支持下，制定了一项运输标志向各国推荐使用。该标准运输标志包括：(1)收货人或买方名称的英文缩写字母或简称。(2)参考号，如运单号、订单号或发票号等。(3)目的地。(4)件号。

至于根据某种需要而须在运输包装上刷写的其他内容，如许可证号等，则不作为运输标志必要组成部分。现列举标准化运输标志实例如下：

ABC	收货人代号
1234	参考号
NEW YORK	目的地
1/25	件数代号

2. 指示性标志

指示性标志(Indicative Mark)是按商品的特性，对容易破碎、残损、变质的商品，用文字说明和用图形做出标志，以便指示有关人员在装卸、搬运和储存过程中需要引起注意的事项。例如，“小心轻放”(Handle With Care)、“请勿用钩”(Use no hook)、

"请勿倒置"(This Side Up)、"防湿"(Keep Dry)等，如用"4"表示该商品只能堆放四层，过高会将下面的商品压坏。指示性标志示例如图 8－2 所示。

图 8－2　指示性标志示例

3. 警告性标志

警告性标志(Warning Mark)又称危险标志，是指在易燃品、爆炸品及有毒品等危险品的运输包装上清楚明显地标明其危险性质的文字说明和图形。它使装卸、运输和保管等环节的有关人员按照商品的特点采用相关防护措施，以保障安全，可以说这种标志带有强制性。例如，爆炸品(Explosive)、易燃品(Flammable)和有毒品(Poison)等。我国颁布了《危险货物包装标志》，此外联合国政府间海事协商组织也规定了一套《国际海运危险品标志》。这套规定在国际上已有许多国家采用，有的国家进口危险品时要求在运输包装上标明该组织规定的危险品标志，否则，不准靠岸卸货。我国在出口危险货物的运输包装上，要求标有我国和国际海运所规定的两套危险品标志。

为了避免由于各国文字不同而造成的识别文字标志的困难，在国际贸易的长期实践过程中，形成了一种各国普遍采用的指示、警告符号，即用简单、醒目、易懂的图样以弥补文字标志的不足。警告性标志示例如图 8－3 所示。

图 8—3 警告性标志示例

二、销售包装

(一)销售包装概述

销售包装(Sales Packing)又称内包装(Inner Packing)、小包装(Small Packing)或直接包装(Immediate Packing),它除了保护商品外还具有美化商品、宣传推广、便于销售和使用等作用。由于国际市场上的激烈竞争及超级市场的发展,出口货物的销售包装显得日益重要,它的好坏直接关系到售价和销路。此外,衬垫物(Filling and Lining Materials)也是包装的重要组成部分,不容忽视。它的作用是防震、防碎、防潮、防锈等。

销售包装应注意做好包装装潢工作,商品包装装潢是指按商品的不同属性、形态、数量和销售意图,设计合理的销售包装的造型、画面和文字说明。造型应力求美观大方、科学合理;画面要突出商品的特点,文字说明主要包括:商标、牌名、品名、产地、数量、规格、成分、用途及使用说明等内容。

目前在国际市场上流行的商品销售包装,按其形式和作用,主要有以下几种:

(1)便于陈列类——如堆叠式包装、挂式包装。

(2)便于识别类——如透明或拉盖式包装、习惯式包装(即传统的包装)。

(3)便于消费者使用类——如软包装、便携式包装、礼品包装等。

为适应国际市场的需要，销售包装应符合以下要求：便于陈列展售；便于商品识别；便于携带使用；有艺术吸引力；符合进口国的法令和习惯爱好。

（二）销售包装的分类

销售包装可采用不同的包装材料和不同的造型结构与式样，这就导致了销售包装的多样性。究竟采用何种销售包装，主要根据商品特性和形状而定。常见的销售包装有下列几种：

（1）挂式包装：有吊带、吊钩、吊孔、网兜等。

（2）堆叠式包装：瓶类、罐类、盆类等。

（3）易开式包装：易拉罐等。

（4）携带式包装：有提手装置等。

（5）透明式包装：可以使消费者直接了解商品的形态和造型，易于识别，以便选购。

（6）喷雾式包装：香水、发胶等。

（7）配套式包装：餐具、茶具等。

（8）礼品式包装：外表美观、讲究，以显示礼品的名贵。

（三）销售包装的标示和说明

在销售包装上，一般都附有装潢画面和文字说明，有的还印有条形码的标志，在设计和制作销售包装时，应一并做好这几方面的工作。

1. 包装的装潢画面

销售包装的装潢画面要美观大方，富有艺术吸引力，并突出商品特点，图案和色彩应适应有关国家的民族习惯和爱好。在设计装潢画面时，应投其所好，以利扩大出口。

2. 包装的文字说明

在销售包装上应有必要的文字说明，如商标、品牌、品名、产地、数量、规格、成分、用途和使用方法等，文字说明要同装潢画面紧密结合、互相衬托、彼此补充，以达到宣传和促销的目的，使用的文字必须简明扼要，并能让销售市场的顾客看懂，必要时也可中外文并用。

在销售包装上使用文字说明或制作标签时，还应注意有关国家的标签管理文件的规定。

3. 条形码

随着国际上电子扫描自动化售货设备的使用日益广泛，“条形码”成为销售包装上不可或缺的标记。

条形码也称物品条码(Product Code)，商品包装上的条形码由一组带有数字的黑白及粗细间隔不等的平行条纹所组成，这是利用光电扫描阅读设备为计算机输入数据的特殊的代码语言。它是商品能够流通于国际市场的一种通用的国际语言，是商品身份证的国际统一编号，是商品进入商店的先决条件。

只要将条形码对准光电扫描器，计算机就能自动地识别条形码的信息，确定品名、品种、数量、生产日期、制造厂商、产地等，并据此在数据库中查询其单价，进行货款计算，打出购货清单，这就有效提高了结算的效益和准确性，也方便了顾客。随着 EAN、UPC 会员在全世界范围内的迅速发展和商店的迅猛增加，许多生产经营出口商品的企业如不采用条形码，就会面临无法销售的危险。

资料卡 8－1 国际上通用的两种条形码

1. 美国、加拿大组织的统一编码委员会的 UPC 码(Universal Product Code)。

2. 国际物品编码委员会的 EAN 码(European Article Number)。

我国于 1988 年 12 月建立了"中国物品编码中心"，并于 1991 年 4 月正式加入国际物品编码协会，该会分配给我国的国别号为"690、691、692"，凡适于使用条形码的商品，特别是出口的商品，都应在商品包装上印刷条形码。

第三节 定牌生产和中性包装

采用定牌生产和中性包装，是国际贸易中的通常做法。

一、定牌生产

定牌(Specific Brand Packages)是指买方要求卖方在出口商品或包装上使用买方指定的商标或牌名的做法。采用定牌，是为了利用买主(包括生产厂家、大百货公司、超级市场和专业商店)的经营能力和他们的企业商誉或名牌商誉，以提高商品售价和扩大销售数量。因此，在我国的出口贸易中，如外商订货数量较大，需求比较稳定，我们也可同意使用定牌生产。但要提防少数国外客户并非该定牌商标的合法使用人的情形(外商企图利用我方制造冒牌商品)。因此，采用定牌生产，应在合同中对有关知识产权明确责任。

二、中性包装

中性包装(Neutral Packing)是指在商品和内外包装上既不注明生产国别、地名和厂名，也不注明原有商标和牌号的商品包装。采用中性包装，有时是为了适应国外市场的特殊需要（如转口销售等），有时是为了打破某些国家和地区人为设置的关税和非关税壁垒对商品的限制等，它是出口厂商加强对外竞销和扩大出口的一种手段。中性包装又有定牌中性和无牌中性之分。

1. 定牌中性包装

定牌中性包装指卖方按买方的要求，在其出售的商品或包装上使用买方指定的商标或牌号，但不注明生产国别的包装。其目的主要是便于树立该商标或牌号在当地市场的声誉或利用其名牌声誉以利销售。

2. 无牌中性包装

无牌中性包装指商品和包装上均不使用任何商标牌名，也不注明生产国别的包装。这种包装主要用于一些尚待进一步加工的半制成品，如缝制服装用的成匹棉布、绸缎等，买主要求出口人在装运出口时不使用任何商标或牌号。其目的主要是避免浪费，降低成本。

企业的产品要出口，就必须按照外贸合同的规定去执行。如果外贸合同规定为"无牌中性包装"，就必须注意，在商品和内外包装上都不应有中文字样，也不能用国内报纸和其他宣传资料作商品的包装物、填充物和衬垫物。如果外贸合同规定为"定牌中性包装"，就应该在商品或包装上附上买方指定的商标和牌号，但不能注明生产国别。

案例解析

案例　菲律宾某公司与上海自行车厂洽谈业务，打算从我国进口"凤凰"自行车1 000辆。但要求我方改用"剑"牌商标，在包装上不得注明"Made in China"字样。请问：我方是否可以接受？在处理此项业务时，应注意什么问题？

解析　这是一笔外商要求采用中性包装的交易，我方一般可以接受。但是在处理该项业务时，首先要了解对方是否具有"剑"牌商标使用权，如果没有，则不能接受。如果我方一时无法判明，则应在合同中写明"若发生工业产权争议，一切后果由买方承担"。

此外，还需考虑我"凤凰"品牌在对方市场的销售情况，如果我方产品已在对方市场树立了良好的信誉，很畅销，则不要接受中性包装条款，否则会影响我方产品的市场地位。

第四节　合同中的包装条款

包装条款是主要贸易条件之一，是国际货物买卖合同的重要内容，买卖双方应在合同中做出明确具体的规定。

一、包装条款的基本内容

一个完整的包装条款应包括内包装的方法、填充物、外包装的种类及方式、对于包装的一般或特殊要求、包装标志以及包装费用。

例：In cartons of 25kg each.

纸箱装，每箱 25 千克。

In gunny bags of 60kg net each.

麻袋装，每袋净重 60 千克。

二、订立包装条款的注意事项

(1)包装条款应明确具体。不宜采用习惯包装等笼统的规定，这种条款缺乏统一的解释，容易引起纠纷，除非贸易双方是长期交往的客户，而且对所交易货物的包装有长期合作的共识。

(2)运输标志(唛头)应写清楚是由卖方提供还是由买方自行设计。在合同中如果没有规定运输标志，则应在合同中订明卖方有权自行决定唛头式样；如果买方提供唛头式样，则应明确提供的时间，以免延误交货期限。

(3)选择包装方式时应考虑商品的特性和使用的运输方式，尽量有利于降低包装成本和节省运输费用。

(4)明确包装由谁供应和包装费用由何方负担。

(5)考虑进口国对包装的有关法令规定和风俗习惯。

资料卡 8—2　一些国家对包装的有关法令规定和风俗习惯

在国际贸易中，由于各国国情不同，以及文化差异的存在，对商品的包装材料、结构、图案及文字标识等要求不同，因此了解这些规定，对我国外贸出口大有裨益。

● 禁用标志图案

德国对进口商品的包装禁用类似纳粹和军团符号的标志。

瑞士以猫头鹰作为死亡的象征。

法国忌讳用核桃和孔雀作图案。

意大利忌讳菊花。

印度忌讳玫瑰花。

● 对容器结构的规定

美国食品与药物管理局规定，所有医疗健身及美容药品都要具备能防止掺假、掺毒等防污能力的包装。

美国环境保护局规定，为了防止儿童误服药品、化工品，凡属于防毒包装条例和消费者安全委员会管辖的产品，必须使用保护儿童安全盖。

美国加利福尼亚、弗吉尼亚等 11 个州以及欧盟负责环境的有关部门规定，可拉离的拉环式易拉罐不能在市场上销售，目前已趋于研制不能拉离的掀扭式、胶带式易拉罐。

欧盟规定，接触食物的氯乙烯容器及材料，其氯乙烯单位的最大容量规定为每千克 1 毫克成品含量，转移到食品中的最大值是每千克 0.01 毫克。

我国香港地区卫生条例规定，固体食物的最高铅含量不得超过 6ppm，液体食物含铅量不得超过 1ppm。

● 使用文种的规定

加拿大政府规定进口商品必须英法文对照。

销往中国香港的食品标签必须用中文，但食品名称及成分须同时用英文注明。

希腊政府正式公布，凡出口到希腊的产品包装上必须要用希腊文字写明公司名称、代理商名称及产品质量、数量等项目。

销往法国的产品装箱单及商业发票须用法文，包括标志说明，不以法文书写的应附译文。

销往阿拉伯地区的食品、饮料，必须用阿拉伯文说明。

● 禁用的包装材料

美国规定，为防止植物病虫害的传播，禁止使用稻草做包装材料，如被海关发现，必须当场销毁，并支付由此产生的一切费用。

新西兰农业检疫所规定，进口商品包装严禁使用以下材料：干草、稻草、麦草、谷壳或糠、生苔物、土壤、泥灰、用过的旧麻袋及其他材料。

菲律宾卫生部和海关规定，凡进口的货物禁止用麻袋和麻袋制品及稻草、草席等材料包装。

澳大利亚防疫局规定，凡用木箱包装（包括托盘木料）的货物进口时，均需提供熏蒸证明。

● 港口规定

沙特阿拉伯港务局规定，所有运往该国港埠的建材类海运包装，凡装集装箱的，必须先组装托盘，以适应堆高机装卸，且每件重量不得超过2吨。

伊朗港口颁布的进口货物包装规定，药品、化工品、食品、茶叶等商品，分别要求以托盘形式，或不少于体积1立方米或重量1吨的集装箱包装。

沙特阿拉伯港口规定，凡运往该港的袋装货物，每袋重量不得超过50千克，否则不提供仓储便利，除非这些袋装货物附有托盘或具有可供机械提货和卸货的悬吊装置。

思考题

1. 商品包装在国际货物买卖中起什么作用？
2. 运输包装分为哪些类型？
3. 何谓运输包装的标志？运输包装的标志包括哪几类？
4. 在设计和制作销售包装时，应做好哪些标示和说明工作？
5. 何谓定牌生产、无牌生产和中性包装？
6. 订立包装条款有哪些注意事项？

第四编　国际贸易术语与商品价格

买卖双方洽谈交易时，最关心的是成交价格。商品的价格往往是交易磋商中的核心内容，因为价格关系到贸易利益在买卖双方之间的分配。价格与其他交易条件又有着密切的关系，买卖双方在其他交易条件上的利益与得失，一般都会反映到商品价格上来。在实践中，国际贸易术语往往用来确定买卖双方的基本义务。其中，包括在贸易中发生的费用、责任和手续、各种风险等由谁承担，这对价格的制定必然会带来直接影响。所谓贸易术语（Trade Terms）又称贸易条件或价格术语，它是用一个简短的概念或英文缩写说明商品的价格构成和买卖双方有关手续、费用、风险及责任的划分界限等问题，从而简化了交易磋商的内容，缩短了成交过程，节省了业务费用。在当今国际贸易实践中，国际贸易术语已成为交易磋商必不可少的交易工具。在国际贸易实务中，合理采用贸易术语，正确运用价格制定方法，选用有利的计价货币，适当采用与价格有关的佣金和折扣，认真订立好合同中的价格条款，对搞好进出口贸易、提高经济效益，具有十分重要的意义。

第九章　国际贸易术语概述

在国际贸易中，卖方的基本义务是提交规定的货物和单据并转移货物的所有权；买方的基本义务是接受货物和单据，并支付货款。但是，贸易中仅仅明确双方的基本义务是不够的。在货物交接过程中，有关风险、各种责任和费用都必须在买卖双方之间加以划分，而这些划分必然会影响商品的价格。在实践中，贸易双方一般通过贸易术语加以确定。因此，掌握贸易术语及其国际惯例，对于明确买卖双方各自承担的风险、责任和费用，以及确定商品的价格，具有重要的意义。

第一节　国际贸易术语的含义与作用

一、国际贸易术语的起源

国际货物买卖是在不同国家之间进行的，较国内贸易复杂得多。国际贸易的特点可以概括为：线长、面广、环节多、风险大。线长是指货物的运输距离长；面广是指交易中要涉及许多方面的工作；环节多是指货物从出口地到进口地要经过多道关卡，办理多道手续。这期间货物遭受自然灾害或意外事故而导致损坏或灭失的风险概率自然要大一些。为了明确交易双方各自所应承担的责任和义务，以下三个方面的问题是订立合同时必不可少的内容。

（一）关于手续的办理

货物从出口地发货人仓库运抵进口地收货人仓库，所涉及的洽租运输工具、装货、卸货、办理货运保险、申领进出口许可证、报关纳税等手续，应由哪一方办理。

（二）关于费用的负担

货物进出口所涉及的诸如运费、装卸费、保险费、仓储费、商检费、各项捐税和运输过程中产生的额外费用，应由哪一方负担。

（三）关于风险的划分

买卖双方对货物的风险责任以什么地方为分界线；货物在运输途中的风险由哪一方承担；货物灭失或损坏由谁向责任方索赔。

为了准确、细致、周全地订立合同，避免争议的发生，买卖双方常常要对上述手续、费用和风险等细节逐项予以洽商，这将耗费大量的时间、精力和费用，从而影响整个交易的进程和贸易的效率和效益。

为此，在国际贸易的长期实践中，人们开始逐渐把一些常用的习惯交易做法定型化，把某些和价格密切相关的贸易条件与价格直接联系在一起，组成若干种固定的报价模式，每一种模式都规定了买卖双方各自所应承担的责任和义务，这就形成了贸易术语。所以，贸易术语的出现可以说是化繁为简的产物，它大大地便利了国际贸易的进行。

二、国际贸易术语的含义

从贸易术语的起源可以看出，贸易术语具有两重性：一方面表示价格构成；另一方面表示交易条件。

（一）表示价格构成

国际贸易商品的价格是由国内价格和国外费用两部分构成的。国内价格通常包括货物的进货价、商品流通费和税金；国外费用通常包括货物自出口地至进口地所需支付的运费、保险费以及其他各类相关费用。

不同的贸易术语代表了不同的交易模式，也就有不同的价格构成。因此，采用不同的贸易术语成交，货物的成交价格是有区别的。例如，按 FOB 术语成交，规定运输、保险均由买方办理，卖方不涉及这两项费用，货物的价格仅由国内价格这部分构成。因此，习惯上就把 FOB 术语成交的货物价格称为“成本价”。而按 CIF 术语成交，规定运输、保险均由卖方在出口国办理，卖方将支付的运费、保险费一并打入货价，则货物的价格构成就为国内价格和国外费用之和，即成本加保险费加运费，又称“保险费运费在内价”。由此可见，买卖双方针对相同的货物达成交易，采用 CIF 术语就比采用 FOB 术语价格来得高，原因是买卖双方费用负担划分有所不同。

由于贸易术语突出体现了其反映价格构成的作用，因此，又称贸易术语为“价格术语”。

（二）表示交易条件

在国际贸易中，买卖双方所承担的义务，会影响商品的价格，贸易术语规定了买卖双方在某些贸易条件中所承担的义务，表明了一定的交易条件。凭每一种贸易术语所签订的货物买卖合同，都有其特定的交易条件。贸易术语在反映价格构成的同时，更重要的是明确了买卖双方当事人在手续、费用和风险方面的责任划分。不同的贸易术语，买卖双方承担的责任是不同的。

由此可见，正是由于贸易术语的两重性所涵盖的“价格构成及交易条件”，买卖双方只要确定以何种贸易术语成交，即可明确彼此在货物交接方面所应承担的责任，从而使复杂的国际贸易在一定程度上得以简化。因此，贸易术语已成为国际货物买卖中不可或缺的专用术语，被国际贸易界从业人员理解接受并广泛使用。

三、贸易术语的作用

贸易术语的作用有很多，主要包括以下几个方面。

（一）有利于买卖双方洽商交易和订立合同

买卖双方在洽商价格时使用了贸易术语，既可以节省交易磋商的时间和费用，又可以简化交易磋商和买卖合同的内容，有利于交易的达成和贸易的发展。

（二）有利于买卖双方核算价格和成本

由于贸易术语表示了商品的价格构成，因此，买卖双方确定成交价格时，必然要考虑采用的贸易术语中包含哪些从属费用，这就有利于买卖双方比价和核算成本。

（三）有利于买卖双方争议的解决

买卖双方商订合同时，如对合同条款的细节内容考虑欠周，往往会致使某些事项未做明确规定，从而导致履约时发生争议，这时可以援引贸易术语的有关国际贸易惯例来处理。因为贸易术语的有关国际惯例已被贸易界广为接受并遵循，成为一种类似行为规范的基本准则。

第二节 有关贸易术语的国际贸易惯例

一、国际贸易惯例的含义与性质

国际贸易惯例是指在国际贸易业务中经过长期反复实践的习惯做法，经由有关国际组织加以编纂整理和解释而形成的。它的范围包括由国际上的组织和团体就国际贸易的某一方面（如支付、运输和价格等）的问题所做的解释或订立的规则。国际贸易惯例本身并不是各国的共同立法，也不是某一个国家的法律，它对贸易双方不具有强制性，它的使用是以当事人的意思自治为基础的，故买卖双方有权在合同中采用惯例的规定，也有权做出与某项惯例不同甚至截然相反的规定。国际贸易惯例虽然不是法律，但它对贸易实践仍具有重要的指导作用。一方面，若交易双方都同意并在合同中明确规定采用某项国际惯例来约束该项交易，那么这项被采用的惯例就对订约双方具有强制力；另一方面，若交易双方对某一问题未做出明确规定，也未注明该合同适用某项惯例，但在合同执行中发生争议，受理该争议案件的司法或仲裁机构仍有可能会引用某一国际贸易惯例来作为判决或裁决的依据。所以，国际贸易惯例虽然不具有强制性,但它对国际贸易实践的指导作用是不容忽视的。

二、有关贸易术语的国际贸易惯例

贸易术语的出现的确给国际贸易带来了很大的便利,但各国对此并没有统一的解释。为了推进国际贸易的发展,某些国际组织和工商团体曾制定了有关国际贸易术语方面的规则、条例,以统一和规范国际贸易交易行为。这些规则和条例虽然并无强制性,但得到了世界上很多国家的认可,并在国际贸易实践中加以运用,逐渐演变为国际性的贸易惯例。目前国际上关于价格术语方面的国际贸易惯例主要有三个。

(一)《1932 年华沙—牛津规则》(Warsaw Oxford Rules 1932,简称 W. O. Rules 1932)

《1932 年华沙—牛津规则》是由国际法协会制定的。该协会于 1928 年在华沙举行会议,制订了有关 CIF 买卖合同的统一规则,共 22 条,称为《1928 年华沙规则》。后经 1930 年纽约会议、1931 年巴黎会议和 1932 年牛津会议修订,定名为《1932 年华沙—牛津规则》,共 21 条。该规则主要说明 CIF 买卖合同的性质和特点,并且具体规定了 CIF 合同中买卖双方所承担的费用、责任与风险。该规则适用的前提是必须在买卖合同中明确表示采用此规则。虽然这一规则现在仍得到国际上的承认,但实际上已很少采用。

(二)《1941 年美国对外贸易定义修订本》(Revised American Foreign Trade Definitions 1941)

1919 年,美国九大商业团体共同制订了《美国出口报价及其缩写条例》,随后即得到世界各国买卖双方的广泛承认和使用。但自该条例出版以后,贸易习惯发生了很大变化,因而在 1940 年举行的第 27 届美国对外贸易会议上强烈要求对它做进一步的修订。1941 年 7 月 31 日,美国商会、美国进出口协会及全国对外贸易协会所组成的联合委员会通过了《1941 年美国对外贸易定义修订本》。该修订本主要对以下六种术语做了解释:

1. 产地交货(EX Point of Origin)

按此术语,所报价格仅适用于原产地交货,卖方同意在规定日期或期限内在双方商定的地点将货物置于买方控制之下。

2. 在运输工具上交货(Free on Board,FOB)

此术语又分为六种解释:

(1)在内陆指定发货地点的指定内陆运输工具上交货。

(2)在内陆指定发货地点的指定内陆运输工具上交货,运费预付到指定的出口地点。

(3)在内陆指定发货地点的指定内陆运输工具上交货,减除至指定地点的运费。

(4)在指定出口地点的指定内陆运输工具上交货。

(5)(指定装运港)船上交货。

(6)进口国指定内陆地点交货。

3. 在运输工具旁交货(Free Along Side,FAS)

按此术语,卖方所报价格包括将货物交到各种运输工具旁边,如果在 FAS 后面加上"Vessel"字样,则表示"船边交货"。

4. 成本加运费(Cost and Freight,CFR)

按此术语,卖方所报价格包括将货物运到指定目的地的运输费用。

5. 成本加保险费、运费(Cost,Insurance and Freight,CIF)

按此术语,卖方所报价格包括货物的成本、海洋运输保险费和将货物运到指定目的地的一切运输费用。

6. 目的港码头交货[EX Dock(Named Port of Importation)]

按此术语,卖方所报价格包括货物的成本和将货物运到指定进口港的码头所需的全部费用,并缴纳进口税。

本定义主要适用于美洲国家,在很多解释上与其他惯例不同,因此,使用本定义或对该地区交易时要慎重,不要轻易使用。

(三)《国际贸易术语解释通则》

在国际贸易的长期实践中,形成了一些价格术语,但各国对同一价格术语往往有不完全相同的解释,这给贸易的顺利进行带来一定的障碍,因此,对国际贸易中普遍采用的价格术语,提供统一的解释就显得非常重要。基于这种情况,国际商会于 1936 年制定了《国际贸易术语解释通则》,后来该通则于 1953 年、1967 年、1976 年和 1980 年先后进行了四次修订和补充。鉴于电子数据交换(EDI)通信方式的广泛运用以及运输技术的变化,国际商会又于 1989 年 11 月通过了《1990 年国际贸易术语解释通则》(以下简称《1990 通则》)。在 20 世纪末,国际商会国际商业惯例委员会广泛征求各方意见,通过调查、研究和讨论,对《1990 通则》再次进行修订,并于 1999 年 9 月公布了《2000 年国际贸易术语解释通则》(以下简称《2000 通则》),于 2000 年 1 月 1 日正式生效。

在《2000 通则》的使用过程中,由于区域经济一体化的发展导致无关税区进一步扩大,运输方式的变革及对运输安全的更多关注直接推动了对《2000 通则》贸易术语的修订。国际商会于 2007 年发起对《2000 通则》进行修订的动议,经过 3 年多的工作,于 2010 年 9 月发布了《2010 年国际贸易术语通则》(以下简称《2010 通则》),并于 2011 年 1 月 1 日起生效。

《2010 通则》11 种贸易术语的分类如表 9—1 所示。

表 9—1　《2010 通则》11 种贸易术语的分类

适合任何运输方式的贸易术语	EXW(Ex Works)	工厂交货
	FCA(Free Carrier)	货交承运人
	CPT(Carrier Paid To)	运费付至
	CIP(Carrier and Insurance Paid To)	运费/保险费付至
	DAT(Delivered at Terminal)	指定运输终端交货
	DAP(Delivered at Place)	指定目的地交货
	DDP(Delivered Duty Paid)	完税后交货
适合海运和内河航运的贸易术语	FAS(Free Alongside Ship)	装运港船边交货
	FOB(Free on Board)	装运港船上交货
	CFR(Cost and Freight)	成本加运费
	CIF(Cost, Insurance and Freight)	成本、保险费加运费

《2010 通则》将每种贸易术语买卖双方各自的责任、风险和费用均用 10 个项目列出，相互对照，一目了然(如表 9—2 所示)。

表 9—2　《2010 通则》贸易术语买卖双方义务对照

A 卖方责任	B 买方责任
A1 卖方的一般责任	B1 买方的一般责任
A2 许可证、授权、安检通关和其他手续	B2 许可证、授权、安检通关和其他手续
A3 运输合同和保险合同	B3 运输合同和保险合同
A4 交货	B4 收取货物
A5 风险转移	B5 风险转移
A6 费用划分	B6 费用划分
A7 通知买方	B7 通知卖方
A8 交货凭证	B8 交货证明
A9 检查、包装和标志	B9 货物检验
A10 协助提供信息及相关费用	B10 协助提供信息及相关费用

2019 年 9 月 10 日，国际商会正式向全球发布了《2020 年国际贸易术语解释通则》(以下简称《2020 通则》)，该规则于 2020 年 1 月 1 日正式生效。《2020 通则》在《2010 通则》的基础上进行了一些修订，包括将 DAT 术语改为 DPU 术语等。但是，由于全球各地企业接受并适应新通则尚需一定时日，并且原有解释通则并没有因为新通则的

出台而废止(合同意思自治原则),因此当前现实中的企业间国际贸易惯用术语多数默认仍然在《2010通则》框架内。

思考题

1. 什么是国际贸易术语?
2. 关于贸易术语的国际惯例有哪几种?
3.《2010通则》中贸易术语有哪些分类标准?

案例分析

法律与国际贸易惯例是有本质不同的,国际贸易惯例本身不是法律,其适用是以当事人的意思自治为基础的。据此有同学认为:既然国际贸易惯例对贸易当事人来说不具有强制约束力,因此是否了解与掌握国际贸易惯例是无关紧要的。

问:这种想法是否正确?为什么?

第十章 《2010 通则》与《2020 通则》的国际贸易术语

《2010 年国际贸易术语解释通则》中共有 11 种价格术语，其中最主要的价格术语是 FOB、CIF、CFR、FCA、CPT、CIP，前 3 种价格术语是国际贸易中最常用的，仅适用于海洋运输和内河运输；后 3 种是根据前 3 种发展而来的，适用于各种运输方式。

第一节 适合于水上运输方式的三种常用贸易术语

本节将就适合于水上运输方式的三种常用贸易术语的含义、买卖双方的义务和责任、风险和费用的划分界限以及在使用中应注意的问题等做较为详细的介绍。

一、FOB

FOB(Free on Board... named port of shipment)——装运港船上交货(……指定装运港)，是指卖方必须在合同规定的装运期内在指定的装运港将货物交至买方指定的船上，并承担货物在装上船之前的一切费用和货物灭失或损坏的风险。FOB 术语的后随地点必须是出口国的装运港，本术语只适用于海洋运输和内河运输。

(一)买卖双方的责任划分

根据《2010 通则》对 FOB 的解释，买卖双方的主要义务如下：

1. 卖方义务

(1)卖方必须在约定的日期或期限内，在指定的装运港，将符合销售合同规定的货物按照该港口的习惯方式交至买方指定的船上，并给予买方说明已按照规定交货的充分通知。所谓“充分”，是指时间上必须及时，内容上必须详尽，一般应以电信方式将装船的具体情况告知买方。

(2)卖方必须自担风险和费用，取得任何出口许可证或其他官方许可，并在需要办理海关手续时，办理出口货物所需的一切海关手续。

(3)卖方必须承担货物在装运港装上船之前的一切与货物有关的费用和货物灭失或损坏的风险。

(4)卖方必须自负费用,向买方提供商业发票和证明货物已交至船上的交货凭证、运输单据或具有同等作用的电子信息。

2. 买方义务

(1)买方必须按照销售合同规定支付价款。

(2)买方必须自负费用,订立从指定的装运港运输货物的合同,并给予卖方有关船名、装船地点和要求交货时间的充分通知。

(3)买方必须自担风险和费用,取得任何进口许可证或其他官方许可,并在需要办理海关手续时,办理货物进口和在必要时从他国过境的一切海关手续。

(4)买方必须承担货物在装运港装上船之后的一切与货物有关的费用和货物灭失或损坏的风险。

(5)买方必须收取卖方按合同规定交付的货物,接受按合同规定提交的交货凭证。

(6)买方为其自身利益考虑,应负责办理保险手续并支付保险费。

概括地说,FOB术语买卖双方的义务和责任可用表10—1说明。

表10—1　　FOB术语买卖双方责任划分一览

卖　方	买　方
交货(按合同规定)、移交单据	付款、接单、提取货物
办理出口清关手续、支付费用	办理进口清关手续、支付费用
	租船订舱、支付运费
	办理保险、支付保险费
承担货物在装运港装上船之前的一切风险	承担货物在装运港装上船之后的一切风险

案例解析

案例　有一份出售一级大米300吨的合同,按FOB条件成交,装船时经公证人检验,符合合同规定的品质条件,卖方在装船后已及时发出装船通知,但航行途中,由于海浪过大,大米被海水浸泡,品质受到影响,当货物到达目的港时,只能按三级大米的价格出售,因而买方要求卖方赔偿损失。问:卖方是否应该赔偿?

解析　在上述情况下,卖方对该项损失不需负任何责任。根据FOB术语,买卖双方以“货物装上船”作为风险界限,货物在装运港装上船以前的风险由卖方承担,装上船以后的风险由买方承担。在本案中,卖方已完全履行了自己的义务,将货在装运港装船时及时发出了装船通知,且装船时大米已经过检验并被证明为合格,船公司开具的也是清洁提单,因此,买方应该视具体情况向承运人或保险公司索赔大米的损失。

(二)使用FOB术语应注意的问题

1. 关于船货衔接问题

在FOB术语下，卖方要在规定的时间和地点完成装运，而运输工具是由买方负责安排的，因此存在一个船货衔接问题，要防止出现“货等船”或“船等货”。如果买方未能按时派船，这包括未经对方同意提前将船派到和延迟派到装运港，那么卖方都有权拒绝交货，由此产生的各种损失均由买方承担。如果买方指派的船只按时到达装运港，而卖方却未能备妥货物，那么责任由卖方承担。

2. 关于装船费用的问题

在装运港的装船费用主要是指与装船有关的一些支出，如平舱费、理舱费、捆扎费、加固费等。以FOB条件买卖时，如果使用班轮运输，由于班轮一般管装管卸，一切费用都包括在运费之内，则装卸费用由支付运费的一方即买方负担。但租船时，船方是否负责装卸由租船合同具体规定，而且在许多合同中，船方不负责装卸，因此需明确买卖双方有关费用的负担。FOB由买方负责签订运输合同并支付运费。因而，在目的港的卸货费用理应由买方负担，而装运港的装船费用通常可以用FOB的变形来加以明确。

(1)FOB班轮条件(FOB Liner Terms)，是指装船费用按班轮条件来办理，即由支付运费的一方(即买方)负担。

(2)FOB并理舱(FOB Stowed，FOBS)，是指卖方负责将货物装入船舱并负担包括理舱费在内的装船费用。

(3)FOB并平舱(FOB Trimmed，FOBT)，是指卖方负责将货物装入船舱并负担包括平舱费在内的装船费用。若买方租用自动平舱船，卖方应退回平舱费用。

(4)FOB吊钩下交货(FOB Under Tackle)，是指卖方将货物运到船舶吊钩所及之处，从货物起吊开始的装船费用由买方负担。由于吊钩下可能在码头，也可能是驳船，而且大件货物涉及岸吊和浮吊的租用，易引起争议，因此，一般不用此变形。

还有如：FOB理舱和/或平舱(FOB Stowed and/or Trimmed)；FOB理舱并加固(FOB Stowed and Secured)；FOB理舱并捆绑(FOB Stowed and Lashed)等。

以上FOB变形只涉及装船费用，风险划分不变。

另外，要注意某些国家的某些港口对FOB有关装船费用的特别解释。例如，FOB Liverpool：除非合同另有规定，卖方需负责将货装到利物浦港口的船上并理好舱。

FOB London：除非合同另有规定，卖方需负责将货物装到伦敦港口的船上，但不负责平舱及理舱费用，风险以货物实际装到船上为界。

因此，在实际业务中，如果采用租船方式且对装船费用未做明确规定的，一定要注意有关国家的习惯做法，以免产生不必要的麻烦。

3.《1941年美国对外贸易定义修订本》对FOB术语的特殊解释

美国对FOB的解释与上述解释有差异，主要表现在以下两个方面：

(1)美国对FOB笼统地揭示为任何一种运输工具上交货。因此，从美国进口货物签订FOB合同时，必须在FOB后加缀“Vessel”(船)字样，并列明装运港名称，才表明卖方在装运港船上交货。

(2)在费用负担上，规定买方要支付卖方协助提供出口单证的费用以及出口税和因出口而产生的其他费用。

案例解析

案例 某公司从美国进口瓷制品5 000件，外商报价为每件10美元FOB Vessel New York，我方如期将金额为50 000美元的即期信用证开抵卖方，但美商要求将信用证金额增加至50 800美元，否则，有关的出口关税及签证费用将由我方另行电汇。问：美商的要求是否合理？为什么？

解析 美商的要求是合理的。根据《1941年美国对外贸易定义修订本》的规定，在FOB Vessel术语下，买方要支付卖方协助提供出口单证的费用以及出口税和因出口产生的其他费用，而我方开出的信用证中未包含此项费用。

二、CFR

CFR(Cost and Freight... named port of destination)——成本加运费(……指定目的港)，是指卖方必须在合同规定的装运期内在装运港将货物交至运往指定目的港的船上，承担货物装上船之前的一切货物灭失或损坏的风险及由于各种事件造成的任何额外费用，并负责租船订舱，支付至目的港的正常运费。CFR术语的后随地点必须是进口国的目的港，本术语只适用于海洋运输和内河运输。

(一)买卖双方的责任划分

根据《2010通则》对CFR的解释，买卖双方的主要义务如下：

1. 卖方义务

(1)签订从指定装运港将货物运往目的港的合同；在买卖合同规定的时间和港口，将合同要求的货物装上船并支付到目的港的运费；装船后及时通知买方。

(2)承担货物在装运港装上船之前的一切费用和风险。

(3)取得出口许可证或者其他官方证明，并办理货物出口所需的一切海关手续。

(4)提交发票，运输单据，或具有相同作用的电子信息。

2. 买方义务

(1)接受卖方提供的有关单据,受领货物,并按合同规定支付货款。

(2)承担货物在装运港装上船之后的一切风险。

(3)取得出口许可证或者其他官方证明,并办理货物出口所需的一切海关手续,支付关税及其他相关费用。

概括地说,CFR 术语买卖双方的责任划分可用表 10—2 说明。

表 10—2　　CFR 术语买卖双方主要责任义务划分一览

卖　方	买　方
交货(按合同规定)、移交单据	付款、接单、提取货物
办理出口清关手续、支付费用	办理进口清关手续、支付费用
租船订舱、支付运费	
	办理保险、支付保险费
承担货物在装运港装上船之前的一切风险	承担货物在装运港装上船之后的一切风险

从表 10—2 可以看出,CFR 与 FOB 贸易术语的不同点就在于办理租船订舱、支付运费这项责任上,CFR 这项责任由卖方承担,FOB 则由买方承担。

(二)使用 CFR 术语应注意的问题

1. 装船通知的重要性

以 CFR 术语成交,必须特别注意的是,卖方在货物装船之后一定要及时向买主发出装船通知,以便买方及时办理投保手续。

2. 卖方的装运义务

以 CFR 术语成交,虽然是卖方负责安排运输,但卖方必须按合同规定期限发运货物,卖方的随意延迟装运或提前装运行为都属违约,买方将有权拒收货物或提出索赔。另外,按照惯例,卖方在安排运输时,只需按照通常的航线和使用通常的船只即可,买方无权对此提出过多要求。

3. 关于卸货费用的承担

在使用租船运输时,如前所述,买卖双方需明确装卸费用的负担,以 CFR 术语成交,由卖方负责签订运输合同和支付运费,故而装运港的装船费用理应由卖方承担,而为了明确以 CFR 术语成交的交易在卸货费上的问题,在买卖双方商订合同时,可以在原术语后附加下列短语,以表明卸货费用由谁负担的具体条件:

(1)CFR 班轮条件(CFR Liner Terms)。由卖方或船方承担货物的卸货费,包括驳船费和码头费。

(2)CFR 卸至岸上(CFR Landed)。由卖方承担将货物卸到岸上的各项有关费用，包括驳船费。

(3)CFR 舱底交货(CFR Ex Ship's Hold)。买方负担货物到达目的港后自船舱起吊直至卸到码头的卸货费用。

案例解析

案例 我方以 CFR 贸易术语与客户签约成交某出口商品一批，我方于 10 月 1 日凌晨 2:00 装船完毕，受载货轮于当日下午起航。因 10 月 1 日为我国法定国庆假日，我方未及时向买方发出装船通知，至 8 日上班时突然收到买方急电，报告说货轮已于 6 日下午 4:00 遇难沉没，货物全部灭失，要求我方赔偿全部损失。问：我方是否该承担责任？

解析 货物损失应由我方承担。因为在 CFR 术语成交的情况下，租船订舱和办理投保手续分别由卖方和买方办理。因此，卖方在装船完毕后应及时向买方发出装运通知，以便买方及时办理投保手续，否则由此产生的风险应由卖方承担。本案中，由于我方未及时发出装运通知，导致买方未能及时办理投保手续，因此我方应承担全部责任。

三、CIF

CIF(Cost, Insurance and Freight... named port of destination)——成本加保险费、运费(……指定目的港)，是指卖方必须在合同规定的装运期内在装运港将货物交至运往指定目的港的船上，承担货物装上船之前的一切货物灭失或损坏的风险及由于各种事件造成的任何额外费用，并负责办理货运保险，支付保险费，以及负责租船订舱，支付从装运港到目的港的正常运费。CFR 术语的后随地点必须是进口国的目的港，本术语只适用于海洋运输和内河运输。

(一)买卖双方的责任划分

根据《2010 通则》对 CIF 的解释，买卖双方的主要义务如下：

1. 卖方义务

(1)卖方必须在约定的日期或期限内，在指定的装运港，将符合销售合同规定的货物交至运往指定目的港的船上，并给予买方已按照规定交货的充分通知，以便买方能够为受领货物而采取通常必要的措施。

(2)卖方必须自担风险和费用，取得任何出口许可证或其他官方许可，并办理出口货物所需的一切海关手续。

(3)卖方必须承担货物在装运港装上船之前的一切货物灭失或损坏的风险以及由

于各种事件造成的任何额外费用。

(4)卖方必须自负费用向买方提供商业发票和证明货物已交至船上的交货凭证、运输单据或具有同等作用的电子信息。

(5)卖方必须自负费用按照通常条件订立运输合同，经由惯常航线，将货物用通常可供运输合同所指货物类型的海轮(或船只)装运至指定目的港。

(6)卖方必须按照合同规定，自负费用取得货物保险，并向买方提供保险单或其他保险凭证，以使买方或任何其他对货物具有保险利益的人有权直接向保险人索赔。

2. 买方义务

(1)买方必须按照销售合同规定支付价款。

(2)买方必须自担风险和费用，取得任何进口许可证或其他官方许可，并在需要办理海关手续时，办理货物进口和在必要时从他国过境的一切海关手续。

(3)买方必须承担货物在装运港装上船之后的一切货物灭失或损坏的风险以及由于各种事件造成的任何额外费用。

(4)买方必须收取卖方按合同规定交付的货物，接受按合同规定提交的交货凭证。

概括地说，CIF 术语买卖双方的责任划分可用表 10－3 说明。

表 10－3　　CIF 术语买卖双方主要责任义务划分一览

卖　方	买　方
交货(按合同规定)、移交单据	付款、接单、提取货物
办理出口清关手续、支付费用	办理进口清关手续、支付费用
租船订舱、支付运费	
办理保险、支付保险费	
承担货物在装运港装上船之前的一切风险	承担货物在装运港装上船之后的一切风险

从表 10－3 可以看出，CIF 与 CFR 贸易术语的不同点就在于办理保险并支付保险费这一项责任，CIF 这项责任由卖方承担，CFR 则由买方承担。

案例解析

案例　某进出口公司以 CIF 伦敦向英国某客商出售供应圣诞节的应节杏仁一批，由于该商品的季节性较强，因此买卖双方在合同中规定：买方须于 9 月底以前将信用证开抵卖方，卖方保证不迟于 12 月 5 日将货物交付买方，否则，买方有权撤销合同。如卖方已结汇，卖方仍需将货款退还买方。问：该合同是否还属于 CIF 合同？为什么？

解析 本案中合同性质已不属于CIF合同。因为:(1)CIF合同是"装运合同",即按此类销售合同成交时,卖方在合同规定的装运期内在装运港将货物交至运往指定目的港的船上,即完成了交货义务,对货物在运输途中发生灭失或损坏的风险以及货物交运后发生的事件所产生的费用,卖方概不承担责任。而本案的合同条款规定卖方必须于12月5日前将货物实际交给买方,这显然已经改变了"装运合同"的性质。(2)CIF是典型的象征性交货,在象征性交货的情况下,卖方凭单交货,买方凭单付款,而本合同条款规定:"如卖方已结汇,卖方仍需将货款退还买方",该条款已改变了"象征性交货"下卖方凭单交货、买方凭单付款的特点。由此可见,本案的合同性质已不属于CIF合同。除非卖方有绝对把握能保证12月5日前到货,否则是绝对不应答应这样的合同条款的。

(二)使用CIF术语时应注意的问题

1. CIF术语属于装运合同

由于CIF术语后面跟的是目的港,因此一直被称作"到岸价",其实这种叫法是不准确的,它容易被人们误解为卖方负责将货物运到目的港并承担到此为止的一切费用和风险,这与CIF本身的含义是相违背的,必须加以注意。

2. 关于保险的有关规定

按CIF术语达成的交易,卖方必须为买方代买保险。买卖双方在订立合同时应该对保险险别、投保加成、保险金额等问题做出明确规定,以防发生争议,如果没有具体规定,按照国际惯例,卖方一般只需投保最低险别,最低保险金额应包括合同规定的价款另加10%(即发票金额的110%)。

3. 关于象征性交货问题

所谓"象征性交货",是针对"实际交货"而言的。象征性交货是指卖方只要按期在约定地点完成装运,并向买方提交合同规定的,包括物权凭证的有关单据,就算完成了交货的义务,而无须保证到货。CIF就是一种典型的象征性交货。

4. 关于租船运输方式下卸货费用的确定问题

以CIF术语成交,如前述的CFR一样,如果采用班轮运输,有关装卸货费用均由班轮公司负责,实际上由支付运费的一方即卖方负担。而在租船运输中,有关装货费用可理解为由支付运费的一方(卖方)负担,卸货费则可用CIF的变形来解决,有关CIF的变形主要有:

(1)CIF班轮条件(CIF Liner Terms),是指卸货费用按班轮条件办理,即由支付运费的一方(卖方)负担。

(2)CIF舱底交货(CIF Ex-ship's Hold),是指买方负担将货物从目的港船舱舱底起吊、卸到码头的费用。

(3)CIF卸到岸上(CIF Landed)，是指货物到达目的港后，包括驳船费在内的卸货费由卖方负担。

(4)CIF吊钩交货(CIF Ex-tackle)，是指卖方负担货物从舱底吊至船边卸离吊钩为止的费用。

案例解析

案例 我国某进出口公司与外商按CIF Landed London条件成交出口一批货物，合同规定，商品的数量为500箱，以信用证方式付款，5月装运。买方按合同规定的开证时间将信用证开抵卖方。货物顺利装运完毕后，卖方在信用证规定的交单期内办好了议付手续并收回货款。不久，卖方收到买方寄来的货物在伦敦港的卸货费和进口报关费的收据，要求我方按收据金额将款项支付给买方。问：我方是否需要支付这笔费用？为什么？

解析 我方应负担卸货费用，但不需要负担进口报关费。因为本案中，我国某进出口公司按"CIF卸至岸上"成交，"卸至岸上"(Landed)，仅表示卖方要负担卸货费；并不改变CIF的交易条件，即进口手续由买方办理，进口报关费由买方负担。因此，我方应负担卸货费而不应负担进口报关费。

FOB、CFR、CIF的异同如表10－4所示。

表10－4 **FOB、CIF、CFR异同点一览**

		卖 方	买 方
相同点		1. 装货，充分通知 2. 出口手续，提供证件 3. 交单	1. 接货 2. 进口手续，提供证件 3. 受单、付款
		4. 都是装运港交货，风险、费用划分一致，都是以货交船上为界 5. 都是凭单交货、凭单付款，属于"装运合同""象征性交货"性质 6. 都仅适合于海洋运输和内河运输	
不同点	FOB		租船订舱、支付运费(F) 办理保险、支付保险费(I)
	CFR	租船订舱、支付运费(F)	办理保险、支付保险费(I)
	CIF	租船订舱、支付运费(F) 办理保险、支付保险费(I)	

第二节 适合于各种运输方式的三种常用贸易术语

本节将就适合于各种运输方式的三种常用贸易术语的含义、买卖双方的义务和责任、风险和费用的划分界限以及在使用中应注意的问题等做较为详细的介绍。

一、FCA

FCA(Free Carrier... named Place)——货交承运人(……指定地),是指卖方必须在合同规定的交货期内在指定地或地点将经出口清关的货物交给买方指定的承运人监管,并承担货物被交由承运人监管为止的一切费用和货物灭失或损坏的风险。本术语适用于各种运输方式。

需要说明的是,交货地点的选择对于在该地点装货和卸货的义务会产生影响。若卖方在其所在地交货,则卖方应负责装货,若卖方在任何其他地点交货,卖方不负责卸货,即当货物在卖方的运输工具上,尚未卸货,而将货物交给买方指定的承运人或其他人或由卖方选定的承运人或其他人处置时,交货即算完成。

(一)买卖双方主要责任义务的划分

根据《2010通则》对FCA的解释,买卖双方的主要义务如下:

1. 卖方义务

(1)卖方必须自担风险和费用,取得任何出口许可证或其他官方许可,并在需要办理海关手续时,办理出口货物所需的一切海关手续。

(2)卖方必须在指定的交货地点,按约定的交货日期或期限内,将货交给买方指定的承运人,并给予买方说明已按照规定交货的充分通知。

(3)卖方必须承担货物被交由承运人监管为止的一切与货物有关的费用和货物灭失或损坏的风险。

(4)卖方必须自负费用向买方提供商业发票和证明货物已交给承运人的交货凭证、运输单据或具有同等作用的电子信息。

2. 买方义务

(1)买方必须自费订立自指定地承运货物的合同,支付运费,并将承运人名称及其他有关信息及时通知卖方。

(2)买方必须承担货物被交由承运人监管之后的一切与货物有关的费用和货物灭失或损坏的风险。

(3)买方必须收取卖方按合同规定交付的货物,接受按合同规定提交的交货凭证或相等的电子信息,并按合同规定支付货款。

(4)买方必须自担风险和费用,取得任何进口许可证或其他官方许可,并在需要办理海关手续时,办理货物进口和在必要时从他国过境的一切海关手续。

(5)买方应对货物在运输途中可能发生的灭失或损坏的风险取得货物保险,订立保险合同,并支付保险费。

概括地说，FCA 术语买卖双方的责任划分可用表 10—5 说明。

表 10—5 FCA 术语买卖双方主要责任划分一览

卖方	买方
交货(按合同规定)、移交单据	付款、接单、提取货物
办理出口清关手续、支付费用	办理进口清关手续、支付费用
	办理运输、支付运费
	办理保险、支付保险费
承担货物交给承运人处置之前的一切风险和费用	承担货物交给承运人处置之后的一切风险和费用

(二)使用 FCA 术语应注意的问题

1. 交货点和风险的转移

由于 FCA 适用于各种运输方式，因此它的交货点需按不同的运输方式和不同的指定交货点而定。总的来说有以下几种：

(1)交货点在卖方所在地，则当货物被装上由买方指定的承运人的收货运输工具上，卖方即完成了交货义务。

(2)交货点在买方所在地，且在卖方的送货工具上(未卸下)，被交由买方指定的承运人处置时，卖方即完成了交货义务。

(3)买方安排运输，FCA 适用于各种运输方式，包括公路、铁路、江河、海洋、航空运输以及多式联运。采用这一交货条件时，买方要自费订立从指定地点启运的运输契约，并及时通知卖方。如果买方有要求，或者根据商业习惯，卖方也可因买方的请求而按通常条件为买方代为订立运输契约，但费用和风险要由买方承担。反之，如卖方不愿意按买方的请求或商业习惯协助买方订立运输合同，也必须及时通知买方，以便买方另做安排。否则，遗漏安排运输，也会引起额外的费用和风险。

2. 集合化的费用负担

由于在 FCA 术语下，卖方要承担完成交货义务之前所发生的一切费用，而采用 FCA 术语时，货物大多做集合化或成组化包装，因此，卖方应注意将货物集合化所需的费用也计算在价格之内。

案例解析

案例 我国某进出口公司向新加坡某贸易公司出口香料 15 公吨，对外报价为每公吨 2 500 美元 FOB 湛江，装运期为 10 月，集装箱装运。我方于 10 月 16 日收到买方的装运通知，为及时装船，公司业务员于 10 月 17 日将货物存于湛江码头仓库，不料货物因当夜仓库发生火灾而全部灭失，以致货物损失由我方承担。问：在该笔业务中，我方若采用FCA术语成交，是否需要承担案中的损失？为什么？

解析 我方若选择FCA术语成交，则可以在货物运至湛江码头时（或之前）将货物交给承运人，不必承担本案中的损失。本案采用集装箱运输，若采用FCA术语成交，比FOB术语成交多以下好处：(1)可以提前转移风险；(2)可以提早取得运输单据；(3)可以提早交单结汇，提高资金的周转率；(4)可以减少卖方的风险责任。这样，我方不但不用承担本案中的风险，还可以提早取得运输单据，提早交单结汇。

二、CPT

CPT(Carriage Paid to... named place of destination)——运费付至（……指定目的地），是指卖方支付货物运至指定目的地的运费，在货物被交由承运人保管时，货物灭失或损坏的风险，以及由于在货物交给承运人后发生的事件而引起的额外费用，即从卖方转移至买方。本术语适用于各种运输方式，包括多式联运。

（一）买卖双方的责任划分

根据《2010通则》对CPT的解释，买卖双方的主要义务如下：

1. 卖方义务

(1)办理出口结关手续，自费订立运输合同，按期将货物交给承运人，以运至指定目的地，并向买方发出货物已交付的充分通知。

(2)承担货物交付承运人以前的一切费用和货物灭失与损坏的一切风险，以及从装运地至目的地的通常运费。

(3)向买方提交约定的单证或相等的电子信息。

(4)在买方自负风险和费用的情况下，按买方要求提供买方安全清关和后续所需的单据和信息。

2. 买方义务

(1)从卖方交付货物时起，承担货物灭失和损坏的一切风险。

(2)支付除通常运费之外的有关货物在运输途中所产生的各项费用和卸货费。

(3)在目的地从承运人那里受领货物，并按合同规定受领单据和支付货款。

(4)自负风险和费用，取得进口许可证和其他官方文件，办理进口报关手续。

(5)在卖方自负风险和费用的情况下，按卖方要求提供卖方运输、出口和安全清关所需的信息。

概括地说，CPT术语买卖双方的主要责任划分可用表10—6说明。

表 10－6 **CPT 术语买卖双方主要责任划分一览**

卖 方	买 方
交货(按合同规定)、移交单据	付款、接单、提取货物
办理出口清关手续、支付费用	办理进口清关手续、支付费用
办理运输、支付运费	
	办理保险、支付保险费
承担货物交给承运人处置之前的一切风险和费用	承担货物交给承运人处置之后的一切风险和费用

(二)使用 CPT 术语应注意的问题

1. 及时向买方发出已交货通知

卖方将货物交给承运人后，应及时向买方发出货已交付的通知，以便买方能及时办理保险及在目的地受领货物。关于这一问题的重要性及其处理方法，可参阅 CFR 术语中的有关阐述。

2. 关于风险划分的界限问题

按照 CPT 术语成交，虽然卖方要负责订立从启运地到指定目的地的运输契约，并支付运费，但是卖方承担的风险并没有延伸至进口国的目的地。按照《2010 通则》的解释，货物自交货地点至目的地的运输途中的风险由买方承担，而不是卖方，卖方只承担货物交给承运人控制之前的风险。

案例解析

案例 我国某公司以 CPT 条件出口一批服装，公司按期将货物交给指定承运人，但运输途中由于天气原因延期了 1 个月，错过了销售季节，买方以此向该公司提出索赔。问：此项损失由谁承担？

解析 买方应承担该项损失。根据 CPT 术语，当卖方在指定交货地点将货物交给承运人处理后风险便转移给买方，即货交承运人后的风险由买方承担。在本案中，卖方已履行了自己的义务，按期将货物交给指定承运人，至于交货后在运输途中因天气原因产生的损失应由买方承担，因此买方无权向出口公司索赔。

三、CIP

CIP(Carriage and Insurance Paid to... named place of destination)——运费、保险费付至(……指定目的地)，是指卖方负责安排运输和投保，并支付相应的运输费用和保险费用，在货物被交由承运人保管时，货物灭失或损坏的风险以及由于在货物交给承运人后发生的事件而引起的额外费用,即从卖方转移至买方。与CPT术语相同,本术语适合于各种运输方式。

(一)买方双方责任的划分

根据《2010通则》对CIP的解释,买卖双方的主要义务如下:

1. 卖方责任

(1)卖方必须自担风险和费用,取得任何出口许可证或其他官方许可,并在需要办理海关手续时,办理出口货物所需的一切海关手续。

(2)卖方必须自费订立将货物运往指定目的地的运输合同,并支付有关运费。

(3)卖方必须在合同规定地点和日期将货物交给承运人,并给予买方已交货的充分通知。

(4)卖方必须承担货物被交由承运人监管为止的一切与货物有关的费用和货物灭失或损坏的风险。

(5)卖方必须对货物在运输途中可能发生的灭失或损坏的风险取得货物保险,订立保险合同,并支付保险费。

(6)卖方必须自负费用向买方提供商业发票和证明货物已交给承运人的交货凭证、运输单据或具有同等作用的电子信息。

2. 买方责任

(1)买方必须承担货物被交由承运人监管之后的一切与货物有关的费用和货物灭失或损坏的风险。

(2)买方必须收取卖方按合同规定交付的货物,并按合同规定支付货款。

(3)买方必须接受按合同规定提交的交货凭证或相等的电子信息。

(4)买方必须自担风险和费用,取得任何进口许可证或其他官方许可,并在需要办理海关手续时,办理货物进口和在必要时从他国过境的一切海关手续。

从上述责任划分可以看出CIP术语有关买卖双方的责任划分,只要将FCA买方责任中第(1)(2)两项责任归在FCA卖方责任中即可。

买卖双方的有关义务和责任可以用表10—7说明。

表10—7 **CIP术语买卖双方责任划分一览**

卖 方	买 方
交货(按合同规定)、移交单据	付款、接单、提取货物
办理出口清关手续、支付费用	办理进口清关手续、支付费用
租船订舱、支付运费办理保险、支付保险费承担货交承运人控制之前的一切风险和费用	承担货交承运人控制之后的一切风险和费用

(二)使用 CIP 术语应注意的问题

1. 卖方办理保险

在 CIP 条件下,如果买卖双方事先未在合同中规定保险险别和保险金额,卖方只需按最低责任的保险险别取得保险,最低保险金额为 CIP 合同价款的 110%,并以合同货币投保。

2. 合理确定价格

与 FCA 相比,CIP 条件下的卖方要承担较多的责任和费用。他要负责办理从交货地至目的地的运输,承担有关的运费;办理货物保险,并支付保险费。因此,卖方在对外报价时,要认真核算成本和价格。

案例解析

案例 我国大连一家公司以 CIP 术语成交向韩国 H 公司出口一批饲料,目的地为韩国釜山。卖方在合同规定时间备妥了货物,并将货物交给了承运人。在办理装运手续时,考虑到运输里程较短,而且在以往的贸易中也不曾发生过意外,因此便没有为货物投保。货物经承运人承运后,顺利运达目的港韩国釜山。卖方得知货物顺利抵达后,便携单据向银行议付,结果遭到了拒付,原因是银行认为单据中缺少保险单,与信用证的付款要求不符。卖方则以货物已经安全抵达,而且货物完全与合同相符,保险单已失去效力为由进行抗辩。问:银行拒付是否有理?为什么?

解析 银行拒付有理。因为采用 CIP 术语成交时,属于象征性交货性质,卖方是凭单交货,买方是凭单付款,只要卖方如期向买方提交了合同规定的全套合格单据,即使货物在运输途中损坏或灭失,买方也必须接受有关单据并履行付款义务;反之,如果卖方提交的单据不符合要求,即使货物完好无损地运达目的地,买方仍有权拒收单据、拒付货款。本案中卖方所交单据不全,银行据此有权拒付。

资料卡 10-1 FCA、CPT、CIP 与 FOB、CFR、CIF 的区别

从 FCA、CPT、CIP 三种价格术语的责任划分可以看出,买卖双方的主要责任依然是运输和保险,同时,这两项责任也是这三种价格术语的差别所在。因此,这三种价格术语买卖双方责任划分的基本原则与 FOB、CFR、CIF 三种术语是基本相同的,但由于它们所适用的运输方式完全不同,因此还是有区别的,具体表现在以下几个方面:

1. 适用的运输方式不同

FOB、CIF、CFR 仅适用于海洋运输和内河运输;而 FCA、CPT、CIP 适用于

任何运输方式和多种运输方式的联运。

2. 交货地点及风险、费用转移界限不同

FOB、CFR、CIF三种术语的交货地点均为出口国装运港，风险和费用的划分则以装运港货装上船为界；FCA、CPT、CIP三种术语的交货地点应视不同的运输方式和不同的约定而定，它可以是出口地的某运输工具上，也可以是承运人的运输站或其他地点，至于风险和费用则于卖方将货物交由承运人处置时转移至买方。

3. 装卸货费用负担不同

FOB、CFR、CIF三种术语，在租船运输情况下，有关装卸货费用必须通过价格术语的变形或合同的具体规定来确定。而FCA、CPT、CIP三种术语由于其风险费用的转移以货交承运人为界，因此就不存在上述问题，装卸货费用均由支付运费的一方承担。

4. 运输单据不同

FOB、CFR、CIF条件下，卖方一般提供已装船海运提单；而FCA、CPT、CIP条件下，卖方提交的运输单据因运输方式的不同而不同，如备运提单、海运单、铁路运单、航空运单、国际多式联运单据等。

5. 运费负担不同

按FOB、CFR、CIF术语，运费主要是指从装运港到目的港的海运运费；而按FCA、CPT、CIP术语，运费则包括从出口国指定地点到进口国指定地点的费用，其中可能涉及一种或多种不同的运输方式，运费也就是一种或几种运输方式的运费之和。

6. 保险的内容不同

FOB、CFR、CIF主要涉及的是海洋货物运输保险；FCA、CPT、CIP则涉及各种运输方式下的货物保险，若涉及多种不同的运输方式，保险费用则为多种不同的运输方式的投保费用之和。

FOB、CFR、CIF与FCA、CPT、CIP的区别如表10—8所示。

表10—8　FOB、CFR、CIF与FCA、CPT、CIP的区别

比较项目	FOB、CFR、CIF	FCA、CPT、CIP
运输方式	海运和内河运输	各种运输方式

续表

比较项目	FOB、CFR、CIF	FCA、CPT、CIP
承运人	船公司	船公司、铁路局、航空公司或多式联运承运人
交货地点	装运港船上	视不同运输方式而定
风险转移界限	装运港货交船上	货交承运人处置后
装卸费用负担	FOB的各种变形以明确装船费用由谁负担 CFR、CIF的各种变形以明确卸货费用由谁负担	FCA卖方负担装船费 CPT、CIP卖方负担卸货费，不存在术语变形
运输单据	已装船清洁提单	提单、海运单、内河运单、铁路运单、航空运单或多式联运单据
术语后随地名	FOB后加注装运港名称 CFR、CIF后加注目的港名称	FCA后加注装运地名称 CPT、CIP后加注目的地名称

第三节 其他五种贸易术语

除了第二节所述六种常用的国际贸易术语外，《2010通则》还包括以下五种贸易术语。

一、EXW

EXW(Ex Works... named place)——工厂交货(……指定地点)，是指卖方将货物从工厂或仓库交付给买方，除非另有规定，卖方不负责将货物装上买方安排的车或船上，也不办理出口报关手续。买方负担自卖方工厂交付后至最终目的地的一切费用和风险。如买方不能直接或间接地办理货物出口报关手续时，则不宜采用此贸易术语。EXW是卖方责任最小的贸易术语。

(一)买卖双方的主要义务

根据《2010通则》对EXW的解释，买卖双方的主要义务如下：

1. 卖方的主要义务

(1)卖方必须按照合同约定的日期或期限，在指定的地点将未置于任何运输车辆上的货物交给买方处置。

(2)卖方必须提供符合销售合同规定的货物和商业发票或有同等作用的电子信息，以及合同可能要求的、证明货物符合合同规定的其他任何凭证。

2. 买方的主要义务

(1)买方必须按照合同规定支付价款。

(2)买方必须自担风险和费用,取得任何出口和进口许可证或其他官方许可,在需要办理海关手续时,并办理货物出口和进口的一切海关手续。

(3)买方负担卖方货物交给买方处置之时起的一切风险和费用。

(4)接受卖方按合同规定交付的货物,接受与合同相符的单据。

概括地说,EXW术语买卖双方的责任划分可用表10—9说明。

表10—9　　EXW术语买卖双方主要责任划分一览

卖　方	买　方
交货(按合同规定)、移交单据	付款、接单、提取货物
	办理出口清关手续、支付费用 办理进口清关手续、支付费用
	租船订舱、支付运费
承担买方处置货物之前的一切风险和费用	承担卖方交货之时起的一切风险和费用

(二)采用EXW术语应注意的问题

(1)EXW贸易术语代表了商品在产地或储存地交货的贸易条件,根据实际交易地点的不同,该术语可变形为工场交货(Ex Factory)、仓库交货(Ex Warehouse)等。

(2)EXW术语下,出口手续由买方负责办理,如果买方不能直接地或间接地办理出口手续,则不应采取此术语。

(3)EXW是《2010通则》所解释的11种贸易术语中,卖方义务最小的贸易术语。EXW由于适合采购物流中的集运要求,目前已使用得日益广泛。

二、FAS

FAS(Free Alongside Ship... named port of shipment)——装运港船边交货(……指定装运港),是指卖方将货物运至指定装运港的船边或驳船内交货,并在需要办理海关手续时,办理货物出口所需的一切海关手续,买方承担自装运港船边(或驳船)起的一切费用和风险。

(一)买卖双方的责任划分

根据《2010通则》对FAS的解释,买卖双方的主要义务如下:

1. 卖方的主要义务

(1)卖方必须在买方指定装运港、在买方指定的装货地点、在约定日期或期限内,按照该港习惯方式将货物交至买方指定的船边,并给予买方充分的通知。

(2)卖方必须自担风险和费用,取得任何出口许可证或其他官方许可,并在需要办理海关手续时,办理货物出口所需的一切海关手续。

(3)负担货物在装运港交至买方指定船边之前的费用和风险。

(4)卖方必须提供符合销售合同规定的货物和商业发票或有同等作用的电子信息,以及合同可能要求的、证明货物符合合同规定的其他任何凭证。

2. 买方的主要义务

(1)买方必须按照销售合同规定支付价款。

(2)买方必须自负费用,订立自指定的装运港运输货物的合同,并给予卖方船名、要求装货地点和要求交货时间的充分通知。

(3)买方必须自担风险和费用,取得任何进口许可证或其他官方许可,并在需要办理海关手续时,办理货物进口和从他国过境所需的一切海关手续。

(4)负担货物在装运港交至买方指定的船边之后的一切费用和风险。

(5)收取卖方按合同规定交付的货物,接受与合同相符的单据。

概括地说,FAS 术语买卖双方的责任划分可用表 10—10 说明。

表 10—10　　FAS 术语买卖双方主要责任划分一览

卖　方	买　方
交货(按合同规定)、移交单据	付款、接单、提取货物
办理出口清关手续、支付费用	办理进口清关手续、支付费用
	租船订舱、支付运费
承担货交船边之前的一切风险和费用	承担货交船边之后的一切风险和费用

(二)采用 FAS 术语应注意的问题

1. 对 FAS 的不同解释

在与北美一些国家交易时,要使用 FAS 且等同于《2000 通则》中 FAS 的含义时,必须在 FAS 后面加上“Vessel”字样,才表示“船边交易”。

2. 关于装运点的选择问题

由于买卖双方风险和费用划分的界限在指定的装运港,港口作业习惯的不同,会导致相关费用的差异。因此,买卖双方应对指定装运港具体的装运点做出明确的规定。若买方没有对具体的装运点做出规定,则卖方有权在指定装运港选择最合适的装运点。

三、DAT

DAT(Delivered at Terminal... named terminal of destination)——运输终端交货(……指定运输终端),是指卖方将货物运至指定目的港或目的地的指定运输终端

(或称运输集散站),并将货物从抵达的运输工具上卸下交由买方处置,即为完成交货。运输终端(或称运输集散站)意味着任何地点,例如码头、仓库、集装箱堆场或公路、铁路、空运货站等。卖方承担货物卸下后完成交货之前的一切风险。

根据《2010通则》对DAT的解释,买卖双方的主要义务如下:

(一)买卖双方的责任划分

1. 卖方的主要义务

(1)卖方必须在约定的日期或者期限内,在指定目的地的运输终端将货物交给买方处置。

(2)卖方必须自担风险和费用,取得出口许可证和其他官方文件,办理出口手续。

(3)卖方必须自付费用,订立运输合同,将货物运至指定的运输终端。

(4)承担货物在指定运输终端卸下后交买方处置之前的费用和风险。

(5)卖方必须提供符合合同规定的货物和商业发票或有同等作用的电子信息。

2. 买方的主要义务

(1)买方必须按照销售合同规定支付价款。

(2)买方必须自担风险和费用,取得进口许可证或其他官方文件,办理进口手续。

(3)买方负担货物在运输终端交买方处置之后的费用和风险。

(4)在卖方按规定交货时受领货物。

概括地说,DAT术语买卖双方责任划分可用表10—11说明。

表10—11　　DAT术语买卖双方责任划分一览

卖　方	买　方
交货、移交单据	付款、接单、提取货物
办理出口清关手续、支付费用	办理进口清关手续、支付费用
订立运输合同、支付费用	
承担货物在指定运输终端卸下后交买方处置之前的费用和风险	承担货物在指定运输终端卸下后交买方处置之后的费用和风险

(二)采用DAT要注意的问题

(1)DAT与《2000通则》的DEQ(目的港码头交货)相近,不同的是DAT涵盖了各种运输方式和范围更广泛的运输终端,而非仅仅局限于水运码头。因此,交易双方应对“指定运输终端”进行精确的规定,以免因说明不清而给履约带来不便。

(2)以DAT术语成交,卖方应当在“指定运输终端”将货物从运输工具上卸下来,并承担卸货费。有的时候,交易双方会有需要由卖方承担将货物由运输终端运至另一地点的需求,且要求由卖方承担风险和费用,在这种情况下,也可使用本术语来签订合同。

四、DAP

DAP(Delivered at place... named place of destination)——指定目的地交货(……指定目的地),是指卖方将货物运至进口国指定目的地,将还在运输工具上可供卸载的货物交由买方处置时,即为交货。卖方承担将货物运往指定目的地的一切风险。买方自行负责从运输工具上卸载货物,并承担可能发生的费用和一切风险。但如运输合同中已包含了在目的地的卸货费用,该费用仍应由卖方承担。

根据《2010通则》对DAP的解释,买卖双方的主要义务如下:

(一)买卖双方的责任划分

1. 卖方的主要义务

(1)卖方必须在约定的日期或期限内,在指定的目的地将在运输工具上尚未卸下的货物交给买方处置。

(2)卖方必须自负风险和费用,取得出口许可证和其他官方文件,办理出口手续。

(3)卖方负责订立运输合同,支付运费,将货物运至指定目的地。

(4)承担货物在目的地交买方处置之前的费用和风险。

(5)提供符合合同规定的货物及商业发票或有同等作用的电子信息。

2. 买方的主要义务

(1)按照销售合同规定支付价款。

(2)买方必须自担风险和费用,取得进口许可证和其他官方文件,办理进口手续。

(3)负担货物在指定地点交买方处置之后的风险和费用。

(4)在买方按规定交货时接受货物。

概括地说,DAP术语买卖双方责任划分可用表10—12说明。

表10—12　　DAP术语买卖双方责任划分一览

卖　方	买　方
交货(按合同规定)、移交单据	付款、接单、提取货物
办理出口清关手续、支付费用	
订立运输合同、支付运费	办理进口清关手续、支付费用
承担货物在指定目的地交买方处置之前的费用与风险	负担货物在指定地点交买方处置之后的费用与风险

(二)采用DAP要注意的问题

(1)买卖双方必须对指定的地点进行精确的规定,如未明确规定或按照惯例也无法确定具体的交货点,则卖方可在目的地选择最适合其交货目的的交货点。

(2)如果卖方订立运输合同支付的运费中包含了卸货费,除非买卖双方另有约定,否则卖方无权向买方索偿。

五、DDP

DDP(Delivered Duty Paid... named place of destination)——进口国完税后交货(……指定目的地),是指卖方将货物运至进口国指定地点,将在交货运输工具上尚未卸下的货物交付给买方,卖方负责办理进口报关手续、支付在需要办理海关手续时在目的地应缴纳的任何进口税费。卖方负担将货物交付给买方前的一切费用和风险。DDP是卖方责任最大的贸易术语,如卖方无法直接或间接地办理进口清关手续,则不宜采用本术语。

(一)买卖双方的主要义务

根据《2010通则》对DDP的解释,买卖双方的主要义务如下:

1. 卖方的主要义务

(1)卖方必须在约定日期或交货期内,在指定的目的地将在交货运输工具上尚未卸下的货物交给买方或买方指定的其他人处置。

(2)卖方必须自担风险和费用,取得任何出口和进口许可证或其他官方许可文件,办理出口和进口手续。

(3)卖方必须自负费用,订立运输合同,将货物运至指定目的地。

(4)负担货物在指定目的地交买方处置之前的费用和风险。

(5)提供符合合同规定的货物和商业发票或有同等作用的电子信息。

2. 买方的主要义务

(1)买方必须按合同规定支付价款。

(2)在卖方按规定交货时,受领货物。

(3)承担货物在指定目的地交由买方处置之后的一切费用和风险。

概括地说,DDP术语买卖双方责任划分可用表10－13说明。

表10－13　　DDP术语买卖双方主要责任划分一览

卖　方	买　方
交货(按合同规定)、移交单据	付款、接单、提取货物
办理出口清关手续、支付费用 办理进口清关手续、支付费用	
租船订舱、支付运费负担货物在指定目的地交买方处置前的费用与风险	承担货物在目的地买方处置之后的一切费用和风险

(二)采用DDP术语应注意的问题

(1)按照《2010通则》的解释,用DDP术语成交,进口手续由卖方办理。如果卖方不能直接或间接地办理进口清关手续,则不应使用此术语。在使用DDP时,如当事人双方希望将进口时所要支付的一些费用(如增值税)从卖方义务中排除,则应在销售合同中写明。

(2)对本术语的选用应充分估量卖方的能力与交易的具体条件。DDP术语是《2010通则》所解释的十一种术语中卖方责任、义务、风险最大的一种,选用本术语前卖方应格外慎重,如不具备能力和条件,应避免使用。

《2010通则》中其他五种贸易术语对比如表10—14所示。

表10—14　《2010通则》中其他五种贸易术语对比

	交货地点	出口手续	进口手续
EXW	出口国工厂	买方	买方
FAS	出口国装运港船边	卖方	买方
DAT	进口国指定运输终端	卖方	买方
DAP	进口国指定地点	卖方	买方
DDP	进口国指定地点	卖方	卖方

《2010通则》中11种贸易术语对比如表10—15所示。

表10—15　《2010通则》中11种贸易术语对比

英文缩写	中文全称	交货地点	风险划分	出口报关	进口报关	适用的运输方式	标价时后注
EXW(Ex Works)	工厂交货	卖方处所	买方处置货物后	买方	买方	任何方式	指定地点
FCA(Free Carrier)	货交承运人	出口国内地、港口	承运人处理货物后	卖方	买方	任何方式	指定地点
CPT(Carrier Paid To)	运费付至指定目的地	出口国内地、港口	承运人处理货物后	卖方	买方	任何方式	指定目的地
CIP(Carrier and Insurance Paid To)	运费、保险费付至指定目的地	出口国内地、港口	承运人处理货物后	卖方	买方	任何方式	指定目的地
DAT(Delivered at Terminal)	指定运输终端交货	进口国指定运输终端	买方在指定运输终端收货后	卖方	买方	任何方式	指定运输终端
DAP(Delivered at Place)	指定目的地交货	进口国指定目的地	买方在指定地点收货后	卖方	买方	任何方式	指定目的地

续表

英文缩写	中文全称	交货地点	风险划分	出口报关	进口报关	适用的运输方式	标价时后注
DDP(Delivered Duty Paid)	指定目的地完税后交货	进口国指定目的地	买方在指定目的地收货后	卖方	卖方	任何方式	指定目的地
FAS(Free Along - side Ship)	装运港船边交货	出口国装运港口	货交船边后	卖方	买方	水上运输	指定装运港
FOB(Free on Board)	装运港船上交货	出口国装运港口	货物装上船	卖方	买方	水上运输	指定装运港
CFR(Cost and Freight)	成本加运费到指定目的港	出口国装运港口	货物装上船	卖方	买方	水上运输	指定目的港
CIF(Cost, Insurance and Freight)	成本加保险加运费到指定目的港	出口国装运港口	货物装上船	卖方	买方	水上运输	指定目的港

第四节 《2020通则》的重点修订内容

相比《2010通则》而言,《2020通则》并没有在大框架上做修改,而主要是修订了一些术语的细节。重点修订内容具体包括:

一、部分术语的更名

《2020通则》将之前的DAT术语更名为DPU(Delivered at Place Unloaded,目的地交货并卸货),并且相应的含义也发生了变化。在《2020通则》的规定下,DPU的交货地点仍旧是目的地,但这个目的地不再限于运输的终点,而可以是任何地方。具体来说,其更强调目的地可以是任何地方而不仅仅是"运输终端",使其外延更宽泛以满足各种用户需求,即用户可能需要在运输终端以外的场所交付货物。但若目的地不是运输终端,卖方需确保在其交货地点可以卸载货物。

二、部分术语顺序的调整

《2020通则》将D组术语中的DAP术语(指定目的地交货)在表格上的次序调整为在DPU术语之前。

三、保险责任的修订

在原有的解释通则框架内,合同使用CIP或CIF术语时,如果双方未在合同中规定应投保的险别，则默认由卖方按惯例投保保费最低的险别；当然，当事人之间也可以协商选择更高级别的承保范围。

《2020 通则》中，对于 CIF 相关投保规定不变，但对于 CIP 术语投保规定改为：默认卖方必须取得符合《协会货物保险条款》中条款(A)承保范围的保险，但当事人可以协商选择更低级别的承保范围。这一修订的原因在于，CIF 往往更多地用于海上大宗商品(如初级产品原料等)贸易；而 CIP 作为多式联运术语，更多地用于制成品，通常制成品的出险概率和经济损失会大于初级产品。

为防止贸易双方由于对同一术语的适用解释通则框架理解差异而产生纠纷，如果合同使用 CIP 术语时，买卖双方最好事先明确界定其适用的通则版本。

四、提单交付责任修订

前面我们在学习 FCA 术语时知道，在当前中小企业贸易的主流运输方式为集装箱海运的大环境下，卖方将集装箱交给承运人而无须等待集装箱装船，即完成了对买方的交货，此时宜使用 FCA 术语而非 FOB 术语；但同时卖方又希望使用信用证这一付款方式，而信用证通常要求出示提单。根据运输合同，承运人只可能在货物实际装船后才会签发装船提单。然而在 FCA 规则下，卖方的交货义务在货物装船前已经完成，因此，卖方交货时尚无法从承运人处获得装船提单。

为了在比较严谨的法理意义上弥补这个漏洞，《2020 通则》在 FCA 术语义务条款中增加了一个附加选项，即：买卖双方可以约定，买方指示其承运人在货物装运后向卖方签发装船提单，卖方随后方有义务向买方(通常通过银行)提交提单。

五、增加贸易方自行运输的选项

《2010 通则》及其之前的通则多假定卖方和买方之间的货物运输将由第三方承运人进行，未考虑到由卖方或买方自行负责运输的情况。

《2020 通则》中则考虑到卖方和买方之间的货物运输不涉及第三方承运人的情形。因此，在 D 组规则(DAP、DPU 及 DDP)中，允许卖方使用自己的运输工具。同样，在 FCA(货交承运人)中，买方也可以使用自己的运输工具收货并运输至买方场所。

六、在运输责任及费用划分条款中增加安保要求

《2010 通则》中，各规则的 A(2)/B(2)条款及 A(10)/B(10)条款中仅简单提及了安保要求。随着运输安全要求(例如，进口国和出口国官方部门及港口方面对集装箱进行强制性检查)越来越普遍，《2020 通则》将与之相关的安保要求更加明确地规定在

各个术语的运输合同条款及出口清关条款中；因安保要求增加的成本，也在买卖双方的费用划分条款中做了更明确的规定。

表 10—16 为《2020 通则》11 种贸易术语交货地点和部分费用承担对照表。

表 10—16　　《2020 通则》11 种贸易术语交货地点和部分费用承担对照表

<table>
<tr><th>性质</th><th>术语名称</th><th>交货地点</th><th>保费</th><th>运费</th><th>装货费</th><th>卸货费</th></tr>
<tr><td>实际交货、
发货合同</td><td>EXW 工厂交货</td><td>商品所在地</td><td>买方（自愿）</td><td>买方</td><td>买方</td><td>买方</td></tr>
<tr><td rowspan="3">象征性交货、
运费未付、
装运合同</td><td>FCA 货交承运人</td><td>出口国指定地点</td><td rowspan="3">买方
（自愿）</td><td rowspan="3">买方</td><td>卖方</td><td rowspan="3">买方</td></tr>
<tr><td>FAS 船边交货</td><td>装运港船边</td><td>买方</td></tr>
<tr><td>FOB 船上交货</td><td>装运港船上</td><td>卖方或买方</td></tr>
<tr><td rowspan="4">象征性交货、
运费已付、
装运合同</td><td>CIF 成本、
保费加运费</td><td>装运港船上</td><td>卖方</td><td>卖方</td><td>卖方</td><td>买方</td></tr>
<tr><td>CFR 成本加运费</td><td>装运港船上</td><td rowspan="2">买方（自愿）</td><td rowspan="2">卖方</td><td rowspan="2">卖方</td><td rowspan="2">买方</td></tr>
<tr><td>CPT 运费付至</td><td rowspan="2">出口国指定地点</td></tr>
<tr><td>CIP 运费
保费付至</td><td>卖方</td><td>卖方</td><td>卖方</td><td>买方</td></tr>
<tr><td rowspan="3">实际交货、
到达合同</td><td>DAP 目的
地交货</td><td rowspan="3">进口国指定地点</td><td>卖方</td><td>卖方</td><td>卖方</td><td>买方</td></tr>
<tr><td>DPU 目的地
交货并卸货</td><td>卖方</td><td>卖方</td><td>卖方</td><td>卖方</td></tr>
<tr><td>DDP 完税后
交货</td><td>卖方</td><td>卖方</td><td>卖方</td><td>买方</td></tr>
</table>

思考题

1. 试写出《2010 通则》中 11 种贸易术语的中英文全称和英文缩写。
2. FOB、CIF 两种贸易术语的使用分别应注意哪些事项？
3. 试列表比较 FOB、CFR 和 CIF 这三种贸易术语的异同点。
4. 举例说明贸易术语变形的意义和作用。
5. FCA、CPT、CIP 与 FOB、CFR、CIF 有哪些区别？

案例分析

1. 我方与荷兰某客商以 CIF 条件达成一笔交易，合同规定以信用证方式支付。卖方收到买方开来的信用证后，及时办理了装运手续，并制作好一整套结汇单据。在卖方准备到银行办理议付手续时，收到买方来电，得知载货船只在航海运输途中遭遇意外事故，大部分货物受损。据此，买方表示将等到具体货损情况确定以后，才同意银行向卖方支付货款。问：卖方可否及时收回货款？为什么？买方应如何处理此事？

2. 我国某进出口公司甲公司与澳大利亚乙公司签订了出口大豆合同，采用的贸易术语为FCA，集装箱装运，装运期为4月。甲公司于3月31日收到乙公司的装运通知，为及时装船，甲公司于4月1日将货物交给承运人存于上海码头仓库。当天晚上货物因仓库发生火灾全部灭失。问：甲公司是否应承担损失？为什么？

3. 我国某进出口公司对日本某客户发盘，供应棉织浴巾4 000打，每打CIF大阪80美元，装运港为中国大连；现日商要求我方改报FOB大连价。问：我出口公司对价格应如何调整？如果最后按FOB条件签订合同，买卖双方在所承担的责任、费用和风险方面有什么区别？

4. 我国某贸易公司按照FAS条件从加拿大进口一批木材，在装运完成后，国外卖方来电通知我方付款赎单，并要求支付装船时的驳船费。问：对卖方的要求，我方应如何处理？

5. 法国出口商向荷兰进口商出口80 000件餐厅用纸巾，合同约定采用DDP术语，交货地点在荷兰的鹿特丹，交货时间为2019年10月11日。卖方备好货后，通过公路运输将货物于10月11日运抵鹿特丹交货地点。在卸货费用上，双方发生了争执，买方坚持由卖方承担卸货费用。问：买方的要求是否合理？为什么？

第十一章　国际贸易中的价格条款

在交易磋商中，价格自始至终是买卖双方最为关心的问题，价格条件当然是买卖合同中最主要的一项交易条件。价格不仅关系到贸易利益在买卖双方之间的分配，还与其他交易条件有着密切的关系。在贸易实践中，合理运用价格制定方法，选用有利的计价货币，适当采用与价格有关的佣金和折扣，正确制定进出口商品价格和订立合同中的价格条款，对做好进出口贸易、提高经济效益，具有十分重要的意义。

第一节　国际贸易报价

一、国际贸易报价的形式

在国际贸易中，贸易商通常使用单价。单价一般由四项内容组成：计量单位、单位价格金额、计价货币和贸易术语。例如：

计量单位	单位价格金额	计价货币	贸易术语
公吨	200	美元	CIF 纽约

二、贸易术语的选用

在国际贸易中，可供买卖双方选用的价格术语有很多，由于各种价格术语都有其特定的含义，不同的价格术语，买卖双方所承担的责任、义务、风险也不同，价格术语选择正确与否直接关系到买卖双方的经济利益，因此，它是双方都十分重视的问题之一。在我国的对外贸易中，选用贸易术语时，一般要综合考虑以下几个因素：

(一)选用价格术语必须体现我国的对外政策

我们必须按照平等互利的原则在双方自愿的基础上选择价格术语。选择双方熟悉的，对买卖双方都较为便利的价格术语，如 FOB、CIF、CFR 三种价格术语，已成为各国商人经常使用的价格术语。且双方风险的划分界限是以货物装上船为界，这有利于双方履行合同。

（二）选择价格术语时应考虑本国保险业和运输业的情况

出口时争取使用 CIF 术语，这将有利于促进我国保险业和运输业的发展，也有助于我方做好船货衔接，按时履行合同。

（三）必须考虑国外港口的装卸条件和港口惯例

各国港口装卸条件不同，装卸费和运费水平也不一样，并且某些港口还有一些习惯做法，交易中往往难以把握。如果我们进口时，国外装运港的条件较差，费用较高，则力争采用 CIF 或 CFR 术语；出口时，如果目的港条件较差，费用较高，我方应力争用 FOB 术语成交。

（四）适合所使用的运输方式

按照贸易术语的国际惯例，每种贸易术语都有其所适用的运输方式。FOB、CFR 和 CIF 术语只适用于海洋运输和内河运输，而不适用于空运、铁路和公路运输。如果合同规定用空运、铁路或公路运送货物，则应选用 FCA、CPT 或 CIP 术语。在出口货物中，如果货物是以集装箱运输或多式联运方式运输的，不采用 FCA、CPT 和 CIP 术语而仍使用 FOB、CFR 或 CIF，则会存在增加我方风险、从货交承运人延伸到货物装上船的缺点。

（五）选用价格术语时应考虑海上风险程度

在国际贸易中，出口人一般都不愿意用目的地交货类的价格术语，如 DAT（或 DPU）、DAP、DDP；进口人一般不愿意用出口国内陆交货的价格术语，如 EXW。这主要是由于对国外情况不了解，谁都不愿冒此风险。

（六）有利于资金的融通和周转

如果以远期信用证或托收远期方式支付，则采用 CIF 或 CFR 条件对买方有利，因为这两种贸易术语的运费和保险费由卖方负担。卖方支出这两笔费用后，买方的付款却是远期的，这样，买方得到了资金融通。如果采用即期信用证或托收即期支付，在运费、保险费所占成本比较大时，选择 FOB 对买方是有利的。因为在 FOB 术语下，一般是运费到付，买方可以减少开证金额和费用。此外，在出口时，卖方采用 CIF 或 CFR 术语可以及时装运货物，加速收汇；而如果采用 FOB 方式，买方船舶延期到达，将影响卖方获取提单的时间，从而影响卖方的资金周转。

（七）安全收汇或安全收货

在贸易术语的选用方面，涉及如何保障出口收汇和进口收货问题。在出口业务中，一般要求采用 CIF 术语而不是 FOB 术语是有安全方面考虑的因素在内的。如果采用 FOB 术语，买方租船订舱，有可能与承运人勾结，越过向银行赎单的正常渠道，向承运人无单提货，随后采用破产的手段，骗取货物。同样，在进口业务中，一般要求采用 FOB 术语而不是 CIF 或 CFR 术语也是有其意义的。在 CIF 或 CFR 术语下，因为由国外卖方租船或订舱，如果国外卖方所安排的船只不当，或与船方勾结出具假提单，将使进口方收不到货。

（八）灵活掌握实际需要

当国外买方在向我国购买大宗商品时，为了可以在运价和保险费上得到优惠，而要求自行租船装运货物和办理保险，适当地，我方出口企业也可采用 FOB 术语。有些国家为了扶持本国保险事业的发展，规定其进口贸易必须在本国投保，在此情况下，可以同意使用 FOB 术语以示合作。在进口业务中，如果我方进口的货物数量不多，也可采用 CIF 术语进行成交。

三、不同贸易术语之间的单位价格金额的改报及换算

在国际贸易中，有时候卖方报出某种贸易术语下的价格，而买方希望要求改报其他贸易术语下的价格，如将 CIF 价改报为 FOB 价。一般来说，在保证出口方销售收入不变的情况下，报 CIF 价与报 FOB 价所要考虑的因素是出口方要支付运费和保险费，因此，扣除这两种费用就是 FOB 价。现将最常用的 FOB、CIF 和 CFR 三种贸易术语价格之间及正在推广使用的 FCA、CPT 和 CIP 三种贸易术语之间的换算方法及公式介绍如下：

（1）CIF 价换算为 FOB 价：

FOB 价＝CIF 价－I（保险费）－F（运费）

（2）CIF 价换算为 CFR 价：

CFR 价＝CIF 价－I（保险费）

（3）FOB 价换算为 CIF 价：

$$\text{CIF 价}=\frac{\text{FOB 价}+\text{F（运费）}}{1-\text{保险费率}\times(1+\text{投保加成率})}$$

（4）FOB 价换算为 CFR 价：

CFR 价＝FOB 价＋F（运费）

（5）CFR 价换算为 FOB 价：

FOB 价＝ CFR 价－F（运费）

（6）CFR 价换算为 CIF 价：

$$\text{CIF 价}=\frac{\text{CFR 价}}{1-\text{保险费率}\times(1+\text{投保加成率})}$$

（7）FCA 价换算为 CPT 价：

CPT 价＝FCA 价＋F（运费）

（8）FCA 价换算为 CIP 价：

$$\text{CIP 价}=\frac{\text{FCA 价}+\text{F(运费)}}{1-\text{保险费率}\times(1+\text{投保加成率})}$$

(9)CIP 价换算为 FCA 价：

FCA 价＝CIP 价－I(保险费)－F(运费)

(10)CIP 价换算为 CPT 价：

CPT 价＝CIP 价－I(保险费)

(11)CPT 价换算为 CIP 价：

$$\text{CIP 价}=\frac{\text{CPT 价}}{1-\text{保险费率}\times(1+\text{投保加成率})}$$

(12)CPT 价换算为 FCA 价：

FCA 价＝ CPT 价－F(运费)

资料卡 11－1　CIF 术语改报 FOB 术语

我某公司对外报价每公吨 1 000 美元，CIF 新加坡。外商来电要求改报 FOB 价中国口岸，已知保险费率为 0.85%，按发票金额的 110%投保，国际运费每公吨 75 美元，在保持出口净收入不变的情况下，我方应如何报价？

解：FOB 价＝CIF 价－I(保险费)－F(运费)

＝1 000－1 000×1.1×0.85%－75

＝915.65(美元)

答：我方应报价每公吨 915.65 美元 FOB 中国口岸。

第二节　佣金与折扣

在磋商交易和计算价格时，有时会涉及佣金和折扣。正确掌握和运用佣金及折扣，可以达到扩大销售、增加经济效益的目的。

一、佣金

(一)佣金的含义及表示方法

佣金(Commission)又称手续费(Brokerage)，是买方(或由他委托第三者采购)或卖方(或由他委托第三者推销)付给“第三者”的报酬。佣金分“明佣”和“暗佣”两种，在价格中体现的佣金为明佣，在价格中看不出含佣，但实际上含佣的为暗佣，两者通称为含佣价。

含佣价可以用文字表示，例如：

每箱 25 美元 CFR 鹿特丹包含佣金 2%

USD25 per case CFR Rotterdam including 2% commission

含佣价也可在贸易术语后面加注“佣金”的英文缩写字母“C”并注明佣金的百分比来表示，例如：

每箱 25 美元 CFRC2%鹿特丹

USD25 per case CFRC2% Rotterdam

暗佣表面上与净价没有区别，除非买卖双方事先另有约定，如果有关价格对是否含佣未做表示，通常应理解为不含佣的价格。不含佣金的价格称为“净价”，即卖方可照价全数收款，不另支付佣金。有时为了明确起见，一般在净价的贸易术语后加“Net”字样。例如：

每箱 25 美元 CFR 鹿特丹净价

US$25 per case CFR Rotterdam Net

（二）佣金的计算方法

佣金计算有关公式及应用。在实际业务中，一般按成交额为计算佣金的基数，用公式表示：

佣金＝含佣价×佣金率

由此又可得出两个公式：

净价＝含佣价×（1－佣金率）

含佣价＝净价÷（1－佣金率）

具体到某一贸易术语：

$$\text{FOB 含佣价}=\frac{\text{FOB 净价}}{1-\text{佣金率}}$$

$$\text{CFR 含佣价}=\frac{\text{CFR 净价}}{1-\text{佣金率}}$$

$$\text{CIF 含佣价}=\frac{\text{CIF 净价}}{1-\text{佣金率}}$$

但 CIF 有其特殊性，所以上述 CIF 含佣价的公式也可以表示为：

$$\text{CIF 含佣价}=\frac{\text{CFR 净价}}{1-\text{佣金率}-(1+\text{投保加成率})\times\text{保险费率}}$$

资料卡 11－2　净价改报佣金价的计算

某商品 CFR 价 2 000 元，试改为 CFRC4%价，并保持卖方的净收入不变。

解:含佣价＝净价÷（1－佣金率）

＝2 000÷（1－4％）

＝2 083.33(美元)

资料卡 11－3 调整含佣价佣金率的计算

已知 CFRC3 为 1 200 美元,保持卖方净收入不变,试改报为 CFRC5％。

解:先把 CFRC3％价改为 CFR 价

佣金＝含佣价×佣金率＝1 200×3％＝36(美元)

CFR 价＝CFRC3％价－佣金＝1 200－36＝1 164(美元)

再把 CFR 价改为 CFRC5％

因为 $\text{CFR 含佣价}=\dfrac{\text{CFR 净价}}{1-\text{佣金率}}$

所以 $\text{CFRC}5\%=\dfrac{\text{CFR 净价}}{1-5\%}=1\ 225.26$(美元)

资料卡 11－4 综合计算

某公司向中国香港客户报水果罐头 200 箱,每箱 132.6 港元 CIF 香港,客户要求改报 CFR 香港含 5％佣金价。假定保险费相当于 CIF 价的 2％,在保持原报价格不变的情况下,试求:(1) CFRC5％香港价应报多少?(2)出口 200 箱应付给客户多少佣金?(3)某公司出口 200 箱可收回多少外汇?

分析:CFR＝CIF－保险费＝132.6－132.6×2％＝129.95(港元)

$\text{CFR 含佣价}=\dfrac{\text{CFR 净价}}{1-\text{佣金率}}=129.95\div(1-5\%)=136.79$(港元)

总佣金额＝(含佣价－净价)×数量

＝(136.79－129.95)×200＝1 368(港元)

可收回的外汇＝CFR 价×数量＝129.95×200＝25 990(港元)

二、折扣

(一)折扣的含义及表示方法

折扣(Discount)是指卖方按原价给予买方一定百分比的减让，一般由卖方在付款时预先扣除。国际贸易中常用的折扣形式有品质折扣、数量折扣、季节折扣、现金折扣、特别折扣等。

在合同中，通常用文字说明的方法来表示折扣，例如：

每公吨 2 500 港元 CIF 香港减 2%折扣

HK＄2 500per M/T CIF Hong Kong less 2% Discount

与佣金一样，如果有关价格对折扣未做表示，通常应理解为不给折扣的价格。有时为明确起见，特别加列“净价”字样。例如：

每公吨 2 500 港元 CIF 香港净价

HK＄2 500per M/T CIF Hong Kong Net

(二)折扣的计算方法

折扣＝金额×折扣率

折实售价＝原价×(1－折扣率)

资料卡 11－5　折扣的计算

某出口商品对外报价为 FOB 上海价每打 50 美元，含 3%折扣，如出口该商品 1 000 打，试计算其折扣额和实收外汇各为多少？

解：折扣＝含折扣总金额×折扣率

＝1 000×50×3%＝1 500(美元)

折实售价＝原价×(1－折扣率)＝50× (1－3%) ＝48.5(美元)

实收外汇＝1 000×50－1 500＝48 500(美元)

答：折扣额为 1 500 美元，实收外汇为 48 500 美元。

第三节　计价货币的选择及风险防范

在国际贸易中，买卖双方使用何种货币主要依据双方自愿选择，在选用货币时应根据国家的方针政策、外汇市场的变动,以及使用的货币本身可否兑换、是否稳定等因素综合考虑而决定。

一、计价货币的选择

计价货币的选择,一般有三种情况:使用卖方国家货币,使用买方国家货币,使用第三国货币。对任何一方来说,使用本国货币,承担的风险较小,但如果使用外币则可能要承担外汇汇率变动所带来的风险,因为当今国际金融市场普遍实行浮动汇率制,汇率上下浮动是必然的,任何一方都有可能因汇率浮动而造成损失。

如果我国与对方国家之间有贸易支付协定,则应使用协定中的货币。如我国与一些发展中国家订有贸易支付协定,协定货币为瑞士法郎。如果我国与对方国家无支付协定,一般应选用“可兑换性货币”,即可以在国际外汇市场上自由买卖的货币,也称自由外汇。

可兑换性货币根据币值是否稳定,也有软硬之分。所谓硬货币,是指币值比较稳定且呈上浮趋势;软货币是指币值比较疲软且呈下浮趋势。我国出口商品原则上应选用硬货币,而进口商品原则上应争取用软货币支付。当然在选用货币问题上,我们还是应遵循平等互利的原则,双方协商,按照促进出口或进口交易的实际情况,全盘考虑,灵活机动。

二、货币风险的防范

目前国际金融业务已相当发达,为货币风险的防范提供了多种途径。结合我国的实际情况,比较实用和简单易行的方法主要有以下几种:

1. 选择适当的货币

选择何种货币计价和结算是产生外汇风险的开始,我们应在选择货币时就尽量避免产生外汇风险。

(1)争取以本币作为结算货币。

(2)进口选择软货币,出口选择硬货币。

理论上进口选择软货币,出口选择硬货币,经营者可以从中获利,但应注意的是,货币的软硬是相对而言的,且有一定的时间性。在某一时期是软货币,而到了另一时期可能会变成硬货币,这种变化是难以预料的,因此,经营者在正确选择货币之后还应在有利时机通过金融交易将汇率固定下来,才能达到最终避免外汇风险的目的。

(3)如果出口时使用了“软币”,应相应提高报价;进口时使用“硬币”,应相应压价。

(4)进口选择高利率货币,出口选择低利率货币。

(5)以多种外币软硬搭配报价。

2. 通过金融交易进行保值

金融交易是指通过银行做外汇买卖，以减少外汇变动所带来的风险。目前银行为进出口商提供的用于保值的外汇交易主要有即期、远期和期权交易。

3. 通过业务分散化来减少汇率风险

经营者可通过业务分散化，如在扩大出口业务的同时兼营进口业务、进出口国别地区分散、增加高附加值产品出口以及资产和负债货币币种分散化等措施来减少汇率变动的风险。

4. 通过支付时间的“提前错后”减少汇率风险

在进口业务操作中，如企业预计外币对本币汇率将上升时，则应设法加速支付货款的时间，这样，在外币正式升值前，企业就能以较少的本币换成外币支付货款，这称为“提前”。在出口业务操作中，如一出口商预计本币的汇率将上升时，他就设法将收款期限延长，诸如以承兑交单(D/A)或远期信用证方式代替原先的付款交单(D/P)或即期信用证方式下办理出口。这样，待外汇汇率正式上升时，企业按新的汇价结算，每一单位外币，就可换到比原先多的本币，这就是所谓的“错后”。

除此之外，还有不少减少外汇风险的方法，如订立黄金保值条款、特别提款权保值条款等。由于这些内容属于国际金融范围，这里不做介绍。

资料卡 11—6　多种外币搭配报价法

其方式主要有两种：一是软硬搭配。交易双方对报价僵持不下时，可考虑提出“软币和硬币实行搭配的方案”，使软币和硬币各占一半，或以合理的比例混合而成。二是“一篮子货币”报价。这是比较稳妥的办法。因为货币的软硬是相对的，且是不断变化的，由几种货币或若干货币组成的“一篮子货币”(如特别提款权、欧元等)，其最大的优点在于比价比较稳定，即使国际外汇市场发生剧烈变动，其组成货币的强弱地位也可相互抵消。

思考题

1. 国际贸易中的单价一般由哪四项内容构成？请举例说明。
2. 在国际贸易中有哪几种计价办法？如何运用？
3. 在对外报价中，如何使用贸易术语？
4. 在选择使用计价货币时，如何防范货币风险？

5. 佣金和折扣的含义分别是什么？

6. 佣金的表示方法有哪两种？举例说明。

7. 折扣可以如何表示？举例说明。

8. 我国某出口商品每千克 300 美元 CFRC2%纽约。请计算 CFR 净价和佣金各为多少？如果对方将佣金增加到 3%，我方可同意，但出口净收入不能减少，请问 CFRC3%应如何报价？

9. 某出口商品对外报价为 FOB 上海价每件 50 美元，含 3%折扣，试计算其实售价是多少？

第五编　国际贸易货物的交付

国际贸易货物的交付离不开国际货物运输和保险。国际货物运输是随着国际贸易的发生而发展的，它是国际贸易的一个重要组成部分。国际货物运输不同于国内运输，它具有线长、面广、中间环节多、情况复杂多变和风险大等特点。为了多快好省地完成进出口货物运输任务，必须合理地选用各种运输方式，订好买卖合同中的各项装运条款，正确缮制和运用各种运输单据，并掌握与此相关的运输基本知识。

由于国际贸易中的商品从卖方转到买方手中，往往需要长时间、远距离的运输，并且在整个运输过程中，又要经过多次装卸、存储、搬运，商品难免会遇到这样或那样的风险而遭受损失。为了保障货物遭到损失后能得到一定的经济补偿，买方或卖方一般都在货物装运之前向保险公司投保货物运输险。国际货物运输保险的种类很多，其中包括海运货物保险、陆运货物保险、空运货物保险和邮运货物保险。通过本编的学习，将有助于您了解货物运输保险的基本知识；熟悉不同运输方式下的货运保险条款；掌握办理货物运输保险的基本做法。

第十二章　国际货物运输

国际货物运输是国际贸易中必不可少的一个环节。为了按时、按质、按量完成国际货物的运输任务，买卖双方在订立国际货物买卖合同时，都需要合理选定运输方式。选择合适的运输方式，对买卖双方都是一个重要问题，它不仅关系到货物的安全和费用的高低，还关系到货物运送速度的快慢以及货物的销售和使用等问题。因此，在选择运输方式时，必须根据货物的特点、数量、费用、运输距离、风险程度、运输能力、装卸地点、气候等因素以及国际政治形势、运输技术等情况综合考虑。

国际货物运输方式包括海洋运输、铁路运输、航空运输、公路运输、邮包运输、管道运输、大陆桥运输以及由各种运输方式组合而成的国际多式联运等。

第一节　海洋运输方式

江海运输分为海洋运输和内河运输两类，由于海洋运输通航能力大，而且船舶运载能力也大，运价却相对低廉，因此海洋运输已经成为国际贸易中最主要的运输方式。

一、海洋运输概述

海洋运输，是指利用海轮在各国港口之间，通过一定的航区和航线进行货物运输的一种方式。海上运输是历史悠久的国际货物运送方式。由于国际贸易在世界范围内进行商品交换，因此说地理条件决定了海上运输的重要作用。目前国际货物总运量中 2/3 以上的货物运输是利用海上运输完成的，因此，它是国际货物运输中最主要的运输方式。海洋运输之所以被广泛采用，是因为与其他国际货物运输方式相比，其具有以下明显的优点：

1. 运载量大

随着造船技术的不断发展和日臻完善，船舶正朝着大型化发展。目前远洋运输多为万吨级巨轮，其运载能力远远大于铁路运输和公路运输。

2. 通过能力强

海上运输是利用四通八达的天然航道在海上运输，它不受道路限制，如遇政治、经济、贸易及自然等条件的变化，可随时改选最有利的航线。

3. 运费低

海上运输所通过的航道均系天然形成，加上运量大、航程远，分摊到每吨货物的运费成本就很少，单位运费约为铁路运费的 1/5，公路运费的 1/10，航空运费的 1/30。相对于陆空运输来说，海洋运输费用较低，因此可降低商品成本。

当然海洋运输也存在不足，主要是海洋运输的速度相对较慢，一般多在每小时 10～20 海里，如要提高航行速度，则燃料的消耗将增大。且海洋运输受气候和自然条件的影响很大，如河流航道和一些港口受季节影响较大：冬季结冰，枯水期水位变低，难以保证全年通航。受运输条件的限制，海洋运输的安全性和准确性相对较差。

根据海洋运输船舶的经营方式不同，海洋运输可分为班轮运输（Liner Transport）和租船运输（Charter Transport）。

二、班轮运输

（一）班轮运输的含义和特点

班轮运输又称定期船运输，是指船舶按固定的航线、港口以及事先公布的船期表航行，并按事先公布的费率收取运费来从事客货运输业务。它主要用于零星成交、批次较多、到港分散的货物运输。对于停靠的港口，无论货物数量多少，一般都可以接受托运。

资料卡 12—1 班轮运输的特点

1.“四固定”。即固定船期、固定航线、固定停靠港口和相对固定的运费费率。班轮公司为了使货主掌握班轮抵达和驶离各停靠港口的日期，一般都将预先制定的一定时间内的船期表印发给有关货主或在报刊上公布。

2.“一负责”。即货物由班轮公司负责配载和装卸，班轮运费包括货物在装运港的装货费、在目的港的卸货费以及从装运港至目的港的运输费用和附加费用。班轮公司和托运人双方不计滞期费和速遣费。

3. 班轮公司和货主一般不订立书面合同，双方的权利、义务和责任豁免以船方签发的提单条款为依据。

4. 承运货物比较灵活，不论数量、品种，只要有舱位就可以接受。尤其对国际贸易中的杂货、零星货的运输更为适宜。

5. 一般是在码头仓库交货，对货主十分便利。

6. 同一航线上的船型相似并保持一定的航班密度。这可保证商品既不脱销，又不集中到货，适应均衡供应市场的需要，使商品能以合理的价格卖出。

班轮运输的当事人是班轮承运人和托运人。承运人是班轮运输合同中提供船舶并负责运输的一方，托运人是提供货物并委托承运人运输的一方。有时，在运输中还涉及双方的代理人——船舶代理人和货运代理人。

班轮承运人和托运人责任与风险的划分一般以船舷为界。承运人的基本义务是在一定期限内将货物完好无损地运到约定的地点，交给收货人；托运人的基本义务是按约定的时间准备好要托运的货物，以保证船舶能够连续作业，并及时支付有关费用。

（二）班轮运费

1. 班轮运价与运费

班轮运价是班轮公司为运输货物向货主收取的单位货物的价格，也就是班轮公司为运输单位货物所消耗的人力、物力以及为运输货物所支付的有关方面的费用。

影响班轮运价的主要是运输成本、货物本身的价值和特性、运输量大小、航程的距离、燃油的价格和船员的工资水平以及航运市场供求关系的变化等。班轮运价一般由班轮公司通过定期公布的运价本得以体现。运价本，也称运价表，是班轮公司承运货物向托运人据以收取费用的费率表的汇总，一般有等级费率表和列名费率表两种不同的形式。

班轮运费是承运人完成货运任务后向托运人收取的报酬。运费等于运价与运量之积，可表示为：

$$F=fQ$$

式中：F 为运费，f 为运价，Q 为运量。

2. 班轮运费构成

班轮运费一般由基本运费和附加运费构成，即：

$$班轮运费 = 基本运费 + \sum_{i=1}^{n} 附加运费\, i$$

基本运费是从装运港到目的港的基本费用，它构成班轮运费的主体。它根据基本运价(Basic Freight Rate)和计费吨计算出来。基本运价按航线上基本港之间的运价给出，是计算班轮基本运费的基础。基本运价的主要因素是按照成本定价原则确定的，影响运价的主要是各种成本支出，包括船舶的折旧、燃油费、修理费、港口使用费(如装卸费、吨税和港口停泊等费用)、管理费、船员工资等。基本运价形式多样，如普通货物运价、个别货物运价、等级运价、协议运价、集装箱运价等。

附加运费是由于有些货物需要特殊处理，或者由于有突发事件或客观情况变化等原因，船方根据不同情况为了弥补在运输中额外开支或费用而加收的费用。

资料卡 12—2 班轮运费中的附加费

1. 燃油附加费

这是由于燃油价格上涨而加收的费用，是一项主要的附加费，几乎所有的航线都有这种附加费。它的计算多用基本运费乘以燃油附加费率的方法。

2. 港口附加费

这是由于一些港口设施差，装卸效率低或港口使用费过高而增加了承运人的运输成本，承运人为了弥补这些损失而加收的附加费。

3. 港口拥挤附加费

这是由于港口拥挤，船舶抵港后需长时间等泊，为弥补船期损失而收取的附加费。

4. 绕航附加费

这是由于某些原因船舶不能按正常航线而必须绕道航行，从而增加开支而加收的附加费。当航线恢复正常，该项费用即取消。

5. 货币贬值附加费

这是由于国际金融市场汇率发生变化，为弥补支付运费的货币贬值造成的经济损失而收取的费用。

6. 转船附加费

对于那些运往非挂靠港口、数量没有达到直航要求或者目的港口不在班轮航线上的需要在中途港转运的货物而加收的费用。需注意的是：转船附加费应为基本运费加上燃油附加费后再乘以转船附加费率。

7. 直航附加费

这是托运人要求承运人将其托运的货物从装货港，不经过转船而直接运抵航线上某一非基本港时所增收的附加费。该非基本港本来班轮是不去挂靠的，但如果在班轮的航线上，港口条件适合停泊，特别是装载的货物达到一定重量，比如有的班轮公司规定商品在 400 公吨以上，有的规定在 1 000 公吨以上，船舶是可以挂靠的，但要缴纳一定数量的费用，这种费用就称为直航附加费。

8. 选港附加费

由于买卖双方贸易的需要，在货物托运时还不能确定具体卸货港，需要在两个或两个以上的卸货港中选择，为此而加收的费用。一般要求货方在货物抵达第一个卸货港48小时前告知船方选择。

9. 变更卸货港附加费

这是由于某种原因，货方要求改变原来规定的卸货港，从而加收的费用。如改卸的港口运价低于原卸港口的运价，则已收运费不予退还。

10. 超长附加费

一件货物的毛重或长度超过规定重量（一般规定为3公吨）或长度（一般规定为9米），视为超重货物或超长货物。由于这类货物装卸和配载比较困难，故需要增加开支，为此而增收的费用就是超重、超长附加费。

11. 洗舱费。船舶运输散装油类货物时，装前要洗刷船舶使之符合装运条件，有的还要经过检验部门验收并出具证明，因此租船人要缴纳一定的费用。

资料卡12—3　班轮运费的计算

某公司出口大型发电机，毛重为7公吨，采用班轮运输至汉堡，基本运费为每运费吨300美元，另收超重附加费每运费吨30美元，燃油附加费为20%，试计算托运人应付的运费为多少美元？

班轮运费 $F=300\times7\times(1+20\%)+30\times7=2\,520+210=2\,730$（美元）

3. 班轮运费的计收标准

根据商品种类的不同，一般可采用下面几种标准：

(1)按货物的毛重计收，即重量吨，在运价表中用“W”表示，一般以1公吨为计算单位，吨以下取两位小数，也有按长吨或短吨计算的。

(2)按货物的体积计收，即尺码吨，在运价表中用“M”表示，一般以1立方米为计算单位，也有按40立方英尺为1尺码吨计算的。

(3)按货物的毛重或体积计收。在运价表中用“W/M”表示，由船公司选择其中收费较高的一种计收运费。按惯例，凡1重量吨货物其体积超过1立方米或40立方英尺即按体积收费；反之，1重量吨货物其体积不足1立方米或40立方英尺，即按重量计收。

(4)按货物的价格计收运费，也称从价运费。在运价表中用“Ad Val”或“A. V.”表示。一般按货物的FOB价格的百分比计算运费。

(5)按货物重量或体积或价值三者中选最高的一种计收，在运价表中，以“W/M

or A. V. "来表示。也有按货物重量或体积计收，然后再加收一定百分比的从价运费，在运价表中以"W/M plus A. V. "表示。

(6)按货物重量或尺码选择其高者，再加上从价运费计收。运价表中以"W/M plus Ad Val"表示。

(7)按货物的件数计收，适用于包装固定且包装内的数量、重量、体积固定不变的货物。如汽车、火车头按辆计费；活牲畜(如牛、羊等)论头计费。

(8)临时议定运价(Open Rate)。即由货主与船公司临时协商议定，适用于大宗低值货物，如粮食、豆类、煤炭、矿砂等。

(9)起码费率(Minimum Rate)。它是指按每一提单上所列的重量或体积所计算出的运费，尚未达到运价表中规定的最低运费额时，则按最低运费计收。

应当注意，如果不同商品混装在同一包装内，则全部运费按其中较高者计收。同一票商品如包装不同，其计算标准及等级也不同。托运人应按不同包装分列毛重及体积，才能分别计收运费，否则全部货物均按较高者收取运费。另外，同一提单内如有两种或两种以上不同货物，托运人应分别列出不同货物的毛重或体积，否则全部货物均将按较高者收取运费。

资料卡 12—4 对于"W/M"的理解

已知：一批货物体积为每箱长 45 厘米，宽 40 厘米，高 25 厘米，每箱毛重 35 千克，计费标准为 W/M。问：这里每运费吨的计费标准是什么？

解析：计算每箱体积：M＝0.45×0.40×0.25＝0.045(立方米)

计算积载系数：也就是每公吨货物在正常堆装时实际所占的容积，单位为立方米/公吨。

0.045/0.035＝1.29＞1

所以，按照货物的体积计算运费吨。

4. 班轮运费的计算步骤

班轮运费的计算可遵循下列程序和步骤：

(1)据货物的英文名称，从运费表的货物分级表中，按字母顺序查出货物的计费等级和计收运费的标准。

(2)从航线费率表中查出有关货物的基本费率以及各项需支付的附加费率。

(3)该货物的基本费率和附加费率之和即每一运费吨的单位运价。

(4)用该货物的计费重量吨或尺码吨乘以单位运价即得出总运费额。

5. 班轮运费计算公式

班轮运费的计算公式为：

$$F=F_b+\sum S$$

式中：F 为运费总额，F_b 为基本运费总额，S 为某一项附加费（$\sum S$：各项附加费的总和）。

基本运费是所运货物的计费吨与基本运费的乘积，即：

$$F_b=fQ$$

式中：f 为基本运价，Q 为计费吨。

附加运费是各项附加费的总和。各项附加费按基本运费的一定百分比计算时，附加费的总额应为：

$$\sum S=(s_1+s_2+\cdots+s_n)\cdot F_b=(s_1+s_2+\cdots+s_n)\cdot fQ$$

式中：$s_1,s_2,\cdots,s_n$ 分别为某一项附加费率，因此，运费总额的计算公式为：

$$\begin{aligned}F&=F_b+\sum S=fQ+(s_1+s_2+\cdots+s_n)\cdot fQ\\&=(1+s_1+s_2+\cdots+s_n)\cdot fQ\end{aligned}$$

资料卡 12—5　班轮运费的计算(2)

上海运往肯尼亚蒙巴萨港口门锁一批计 100 箱，每箱体积为 20 厘米×30 厘米×40 厘米，毛重为 25 千克。当时燃油附加费为 30%，蒙巴萨港口拥挤附加费为 10%。门锁属于小五金类，计收标准是 W/M，等级为 10 级，基本运费为每运费吨 443.0 港元，请计算应付运费是多少？

解析：该批货物的每箱毛重 25 千克，即 0.025 公吨；

每箱货物的体积为 20 厘米×30 厘米×40 厘米，即 0.024 立方米，0.025＞0.024，所以该批货物是按重量计收运费的。

该批货物的总重量：25×100÷1 000＝2.5（公吨）

基本运费总额＝基本运价×计费吨＝443.0×2.5＝1 107.5（港元）

燃油附加费＝443.0×30%×2.5＝332.25（港元）

港口拥挤附加费＝443.0×10%×2.5＝110.75（港元）

运费总额＝基本运费总额＋各项附加费的总额

＝1 107.5＋332.25＋110.75

＝1 550.5（港元）

答：应付运费 1 550.5 港元。

资料卡 12—6 计算基本运费注意点

第一，若不同商品混装在同一包装内，则全部运费按其中较高者收取。

第二，同一票货物若包装不同，其计费等级和标准也不同。除非货运人按不同包装分列毛重和体积，否则全部货物均按较高者计收运费。

第三，若同一提单内有两种以上的货名，如果托运人未列明不同货名的毛重和体积，则全部货物均按较高者计收运费。

三、租船运输

租船运输是指租船人向船东租赁船舶用于货物的运输。在租船运输业务中，航期、航线、运价、港口等均不固定，装卸费及船期延误按租船合同规定划分和计算。双方的权利、义务和责任豁免按租船合同的规定执行。

租船运输分为定程租船（Voyage Charter）和定期租船（Time Charter）两类。除上述两种租船方式外，还有光船租船(Bare Boat Charter)，又称“净船期租船”，属于定期租船的一种。船舶所有人只提供一艘空船，一切人员配备及运营维修的费用均由承租人负担，实际上属于单纯的财产租赁。另有一种称航次期租(Time Charter on Trip Basis，TCT)。它是以完成一个航次运输为目的，按完成航次所花的时间和约定的租金率计算租金的方式。

应当注意，大宗商品进出口贸易采用租船运输时，除了应正确分析运费占进出口商品总成本的比例外，还应预测国际航运市场运费的行市发展趋势，以选择适当的贸易术语。

（一）定期租船

定期租船是指由船舶所有人将船舶出租给承租人，供其使用一定时期，承租人向船东给付租金的租船运输方式。租期可长可短，短则数月，长则数年。

其特点如下：

(1)船货双方的权利和义务在其租船合同中订明。

(2)租赁期间，船舶的经营管理由承租人负责。

(3)船方提供适航的船舶，船员薪金、伙食等费用以及保持船舶具有适航价值而产生的有关费用，均由船方负担。

(4)船舶经营过程中产生的燃料费、港口费、装卸费和垫舱物料费等项开支，均应由租船人负担。

(5)定期租船的租金，一般是按租期每月每季载重吨若干金额计算。

(6)不计滞期费和速遣费。

（二）定程租船

定程租船又称航次租船，是指由船舶所有人负责提供船舶，在指定港口之间进行一个航次或数个航次，承运指定货物的租船运输，包括单航次租船；来回航次租船；连续航次租船；连续来回程航次等方式。与定期租船相比，定程租船具有以下特点：

（1）船舶的经营管理由船方负责。

（2）船方除对船舶航行、驾驶、管理负责外，还应对货物运输负责。

（3）在使用多次的情况下，运费按所运货物计算。

（4）租船双方的责任和义务以租船合同为准。

（5）规定一定的装卸期限或装卸率，计算滞期费和速遣费。

资料卡 12—7　滞期费和速遣费的计算

外轮在天津新港每一晴天工作日装卸袋装瓜子的标准为 1 000M/T。现有一艘登记吨为 20 000 的轮船，按晴天工作节假日除外的标准装运瓜子 7 200M/T 出口。具体装运情况如下：

日期	工作时间	实际工作时间
8 月 18 日	14:00～24:00	10 小时
8 月 19 日	0:00～24:00	24 小时
8 月 20 日	0:00～24:00（下雨 10 小时）	14 小时

试计算速遣费或滞期费（速遣费为每一登记吨为人民币 0.14 元，滞期费为每一登记吨为人民币 0.28 元）。

解：

装运期限：7 200÷1 000＝7.2（天）

实际装运天数：（10＋24＋14）÷24＝2（天）

节约天数：7.2－2＝5.2（天）

应收速遣费：20 000×0.14×5.2＝14 560（元）

答：应收速遣费人民币 14 560 元。

相对于定期租船来说，出口商使用更多的是定程租船，主要用于运输批量较大的大宗初级产品，如粮食、油料、矿产品和工业原料。定程租船的运输费用主要是定程租船运费，有时还包括装卸费、速遣费和滞期费，通常都在租船合同中订明。在定程租船运输中，如果由于租船人的原因，致使未能在租船合同规定的时间内完成装船或者卸货，致使船舶留港时间增加，会增加船东港口费用的负担和遭受船期损失，此时，租船人应当按照实际滞延的时间向船东支付补偿金，即滞期费。如果由于租船人的原因，使得装船或者卸货提前完成，船舶早日离港可以节约船东对港口费用的负担并使其获得船期利益，因此，对所节约的时间，船东要给予租船人一定的奖励，即速遣费。在租船合同中，经常通过国际用语说明由承运人和船东关于货物装卸费用相应的承担责任。具体如表12—1所示。

表12—1 船货双方关于货物装卸费用划分的固定用语

固定用语	简 称	含 义
Liner Terms (Gross Terms)	班轮条件	船方负责装货和卸货,租金中包括装卸费
Free Out	F. O.	船方管装不管卸,租金中包括装货费不包括卸货费
Free In	F. I.	船方管卸不管装,租金中包括卸货费不包括装货费
Free In and Out	F. I. O.	船方不负责装卸,租金中不包括装卸费
Free In and Out, Stowed and Trimed	F. I. O. S. T.	船方不负责装卸,也不负责理仓和平仓,租金中不含有关费用

(三)租船运输合同及其主要内容

租船合同,是指租船人按一定的条件向船东租用船舶或船舶的部分舱位,双方就相互间的权利和义务所达成的合同。

租船合同的主要条款是:船租双方当事人的名称、货物的名称、货量、装卸港口、船舶的受载日和解约日、船名、船籍、运费和装卸费用、装卸期限、滞期费和速遣费等。此外,租船合同还有一些专门性条款,如租船人责任终止条款、船东责任条款、共同海损清算条款等。

第二节 海洋运输单据

海洋运输单据是承运人收到承运货物后签发给托运人的证明文件,主要包括两种:海运提单和海运单。

一、海运提单

海运提单,简称提单(Bill of Lading,B/L),是指用以证明海上货物运输合同和货物已经由承运人接受或者装船,以及承运人保证据以交付货物的单据。

(一)提单的性质及作用

提单的性质和作用表现为三个方面:

(1)提单是货物收据,表示提单签发人已经收到了提单所列货物。

(2)提单是运输协议的证明,在班轮运输中,提单列明了承运人与托运人相互之间的权利和义务。

(3)提单是物权凭证,收货人或提单的合法持有人,有权向承运人提取提单上列明的货物。它可以在船舶到达该货物应运抵的目的港之前办理转让手续,或凭以向银行办理抵押贷款手续。

(二)提单的内容

一般情况下,提单包括正面和背面条款。

1. 提单正面条款

(1)托运人提供并填写部分,包括托运人、收货人、被通知人、货名及件数、标志及件数、重量和体积等。

(2)承运人印就与填写部分,常见的印就内容有:外表状况良好条款、内容不知条款及承认接受条款。

2. 提单背面条款

提单背面条款主要是规定承运人与货方之间的权利、义务和责任豁免,是双方处理争议时的主要法律依据。

提单样张如图 12—1 所示。

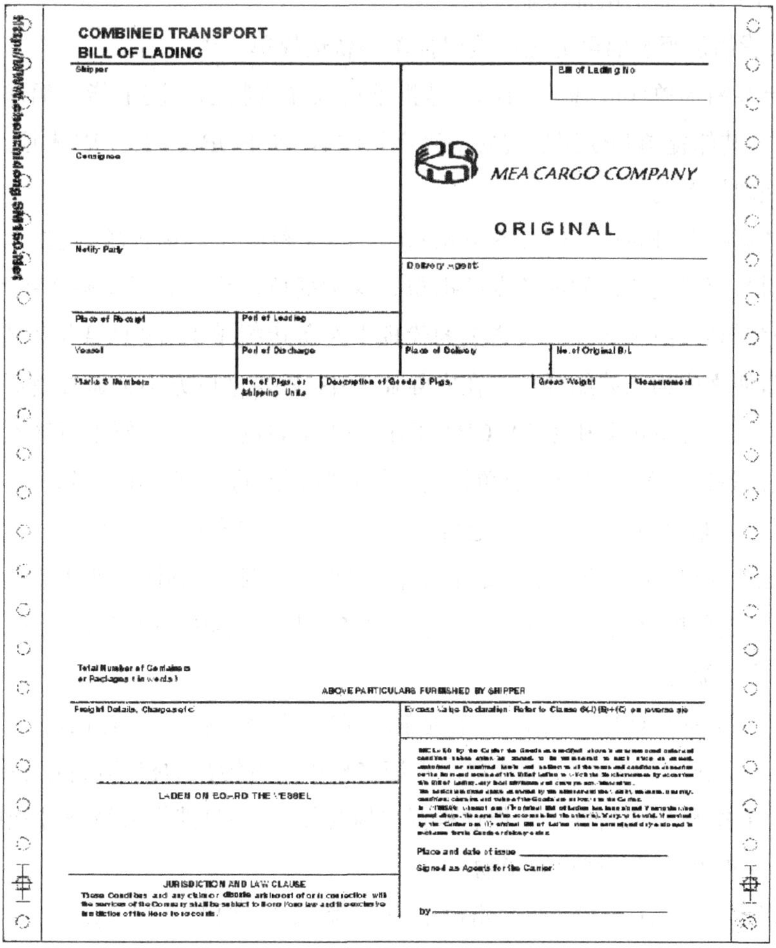
COMBINED TRANSPORT
BILL OF LADING

Shipper

Bill of Lading No

Consignee

MEA CARGO COMPANY

ORIGINAL

Notify Party

Delivery Agent

Place of Receipt	Port of Loading		
Vessel	Port of Discharge	Place of Delivery	No. of Original B/L

Marks & Numbers	No. of Pkgs. or Shipping Units	Description of Goods & Pkgs.	Gross Weight	Measurement

Total Number of Containers or Packages (in words)

ABOVE PARTICULARS FURNISHED BY SHIPPER

Freight Details, Charges etc.

Excess Value Declaration: Refer to Clause 6(4)(B)+(C) on reverse side

LADEN ON BOARD THE VESSEL

Place and date of issue

Signed as Agents for the Carrier

by

JURISDICTION AND LAW CLAUSE

图 12—1 提单样张

（三）提单的种类

常见的提单主要有以下几类：

1. 按提单上有无不良批注分为清洁提单和不清洁提单

（1）清洁提单（Clean B/L）是指货物装船时“表面状况良好”，承运人在提单上未加任何有关货物受损或包装存在缺陷的不良批注。

（2）不清洁提单（Unclean B/L）是指承运人在提单上加有货物受损或包装存在瑕疵等“货物表面状况不良”的批注。

在进出口业务中，通常都要求卖方提供“清洁提单”。尤其是在信用证支付方式下，银行对运输单据的要求更为严格。《跟单信用证统一惯例》第600号出版物（UCP600）第32条A款规定，清洁运输单据是指单据上并无明确声称货物及（或）包装有缺陷的条文或批注。B款规定，除非信用证上明确规定可以接受上述条款或批注，否则银行将拒收载有这类条款或批注的运输单据。此条款表明，银行将不接受不清洁运输单据，除非信用证特别授权。

2. 按货物是否装船可分为已装船提单和备运提单

（1）已装船提单（On Board B/L）是指承运人在货物已经装上指定船舶后所签发的提单。已装船提单和使用的贸易术语密切结合，如FOB、CFR、CIF术语，肯定需要提供“已装船提单”。

（2）备运提单（Received for Shipment B/L）又称收讫待运提单，是指承运人已收到托运货物，等待装船期间所签发的提单。这种提单可作为正式运输单据使用，也可以在货物装船后，由承运人或其指定的代理人在备运提单上，注明船名及装船日期并签名证实，使之成为已装船提单。在实际业务中，只要进口方不强调货物必须装船才能取得提单，卖方就可采用FCA、CPT、CIP等术语，这样卖方只要把货物交给承运人就可将包括备运提单在内的所有单据送交银行押汇或将单据寄出收款。

3. 按提单收货人的不同分为记名提单、不记名提单和指示提单

（1）记名提单（Straight B/L）是指提单的“收货人”栏内具体写明了收货人名称的提单。由于这种提单只能由提单上指定的收货人提取货物，不能转让给第三者，因此记名提单不能流通。

（2）不记名提单（Open B/L）是指提单的“收货人”栏内不写具体的收货人名称，而仅写“To Bearer”（交持单人）的提单。不记名提单是可转让的提单，转让手续简便，无须做任何背书，仅凭交付即可。但这种提单风险较大，一旦遗失或被盗，提单持有人即可凭手中的提单向船公司提取货物。

（3）指示提单（Order B/L）是指提单的“收货人”栏内填上“To Order of ××”（凭××人指示），或“To Order”（凭指示）字样的提单。这种抬头的提单可以转让，但需

要作“背书”手续。发出指示的人不同则背书人不同。如为“To Order of Shipper”，转让时应由“托运人”背书；如为“To Order of ××Bank”，转让时应由该指定的“银行”背书；如为“To Order of Consignee”，则由“收货人”背书。对于收货人栏为“To Order”，习惯上称为“空白抬头”的提单，虽然未列明具体的“指示人”，根据业务惯例，转让时由“托运人”背书。

4. 按运输方式可分直达提单、转船提单和联运提单

(1)直达提单(Direct B/L)是指承运人签发的，货物从装货港装船后，中途不经过转船而直接运抵卸货港的提单。

(2)转船提单(Transhipment B/L)是指在装货港装货的船舶不直接驶达货物的目的港，而要在中途港换装其他船舶运抵目的港，由承运人为这种货物运输所签发的提单。

(3)多式联运提单(Combined Transport B/L)是指货物由海路、内河、铁路、公路和航空等两种以上不同运输工具共同完成全程运输时所签发的提单，这种提单主要用于集装箱运输。

5. 按运费支付方式分为运费预付提单和运费到付提单

(1)运费预付提单(Freight Prepaid B/L)是指承运人在卖方支付运费的情况下签发的提单。

(2)运费到付提单(Freight to Collect B/L)是指承运人在装货港签发的提单，待货到目的港后，由收货人与承运人结算运费的提单。

6. 按船舶营运方式的不同分为班轮提单和租船提单

(1)班轮提单(Liner B/L)是指班轮公司承运货物后所签发给托运人的提单。

(2)租船提单(Charter Party B/L)是指承运人根据租船合同而签发的提单。这种提单受租船合同条款的约束。

7. 按提单的使用效力分为正本提单和副本提单

(1)正本提单(Original B/L)是指在法律上和商业上都公认有效的提单，这种提单上一般由承运人、船长或其代理人签名盖章并注明签发日期。正本提单上必须标明“正本”(Original)字样。

(2)副本提单(Copy B/L)是指提单上没有承运人、船长或其代理人签名盖章而仅作为工作上参考之用的提单。

8. 其他种类提单

(1)虚假提单。有一类提单被认定为属托运人与承运人的合谋欺诈行为，在这种情况下，收货人可以“伪造提单”为由拒绝提货，并可向法院起诉，扣留船舶，要求赔偿。这种提单我们称之为虚假提单，承运人出具这样的提单，将承担较大风险，即使承运人

与托运人事前签署保证性文件，但由于这种文件本身不合法，不受法律保护，托运人随时可以摆脱责任。

(2)电子提单。电子提单是一种利用 EDI 系统转让海运途中货物所有权的程序。电子提单采用现代电子通信网络(EDI 技术)传递单据，较传统的文件传递节省了时间和费用。

采用电子提单这种提货方式，货物所有人在转让物权时应通知承运人，经承运人确认后由承运人通知被转让人，经被转让人确认后，承运人便销毁前手货物持有人的密码，然后向被转让人发出一个新的密码。

(3)舱面货提单。也称甲板提单，这种提单银行一般不愿接受。因为货置舱面受损的可能性很大，且承运人对其风险不负赔偿责任。在发生共同海损时，这种风险损失也得不到分摊。因此，托运人必须加保甲板险(也称舱面险)方可解决可能发生的风险损失问题。舱面提单上应注明“在舱面”字样，对于活动物、危险品和体积过大的货物，只能装在甲板上运输，这时出具的提单为舱面提单。

(4)运输代理行提单。这种提单是指运输代理人签发的提单，它只是运输代理人收到托运货物的收据，而不是可以转让的物权凭证。因此，银行一般不接受这种提单。除非信用证另有授权，银行将只接受运输代理行出具的表面上载有以下两项注明之一的运输单据：①作为承运人或多式运输经营人的运输行的名称并由其签署；②承运人或多式运输经营人的名称，并由作为承运人或多式运输经营人的具名代理人的运输行签署。

(5)过期提单。是指由于出口商在取得提单后未能及时到银行议付的提单。因不及时而过期，形成过期提单，也称滞期提单。过期提单是商业习惯的一种提单，但它在运输合同下并不是无效提单，提单持有人仍可凭其要求承运人交付货物。

资料卡 12－8 倒签提单和预借提单

倒签提单(Antedated B/L)是指货物实际装船完毕的日期迟于合同或信用证规定的最迟装运日，为使提单日期符合合同或信用证规定，托运人要求承运人在提单上倒填装船日期的提单。

预借提单(Advanced B/L)是指货物尚未装船，而信用证的有效期已到(一般为双到期信用证)，托运人为做到“及时交单”，且“单证相符”，而要求承运人预先借出提单，依此签发的提单。

需要提出的是，“倒签提单”和“预借提单”，均需托运人提供担保函才能获得，英、美、法等国对担保函不承认，亚洲、欧洲一些国家认为只要未损害第三者利益，便不属非法，不过仍应严加控制。

二、海运单

(一)海运单的产生

自1500年提单问世后，海运中货物权利的转移就一直是通过提单的转让来实现的，提单成了国际海运的唯一运输单据。但是，近500多年的实践足以将利用提单在目的港交货的不便和风险全部表露出来。

其一，如按正本提单放货，当货到而提单未到收货地，或者收货人还未经承兑或付款取得正本时，就会出现因货等提单而引起延迟卸货或码头拥挤现象。

其二，由于海运提单是所载货物的物权凭证，取得提单的人就有权支配该货物，如果第三者非法得到或捡到提单，就可以取货，因此提单对收货人来说存在一定的风险。

要解决这两个问题，就要在不必使用提单的情况下，尽量使用海运单(Sea Waybill)，使货物一到目的港，就能及时卸交。1990年6月，在国际海事委员会第34届大会上，全票通过了《1990年国际海事委员会海运单统一规则》。

(二)海运单的性质

海运单是发货人和承运人之间的货物运输合同的凭证。

海运单是一种物流单证，不是货物的物权凭证，故不得转让。

(三)海运单的作用

海运单主要有以下三种作用：

(1)承运人收到由其照管的货物的收据证明。

(2)承运人与托运人之间订立海上货物运输合同的证明。

(3)在解决经济纠纷时作为货物担保的基础。

(四)海运单的使用

海运单作为契约证明，应根据承托双方一致同意的条件来签发。但是，如经托运人请求，也可以签发两份或两份以上正本。运输契约的海运单通常只签发一份正本。

海运单流转的程序是：租船公司签发运单给托运人；租船公司在船舶到达卸货港前约一个星期向海运单上标明的具体收货人发出到货通知；收货人签署完到货通知，并退还给船代理；船代理据以签发提货单给收货人；船抵港后，收货人凭提货单提货。

资料卡 12—9　提单与海运单的区别

提单是货物的象征，提单的合法持有人有权凭提单正本要求承运人交付货物。在国际市场上，指示提单和不记名提单的持有人可以转让提单，或是凭提单向银行办理质押贷款。提单的转让一般通过背书来完成，包括记名背书与空白背书两种方式。记名背书即在提单背面批注“Endorsed to ×××”或“Deliver to ×××”，再由背书人签字盖章；空白背书由背书人在提单背面签字盖章，不另做其他任何记载。海上货运单，简称海运单，仅仅具有提单的前两个属性，它不是物权凭证，不能流通转让，承运人将货物交付给其所载明的收货人。当前，由于提货方便，费用节省，便于防止假单据欺诈，而且利于电子数据交换系统的使用，海运单的使用范围逐渐扩大，但提单仍然是最主要的海运单据。

第三节　国际现代运输方式

一、集装箱运输方式

集装箱又称“货柜”“货箱”。集装箱是一种容器，能反复使用，即具有一定的强度和刚度的专供周转使用并便于机械操作和运输的大型货物容器，因其外形像一只箱子，又可集装成组货物，故称集装箱。

集装箱运输(Container Transport)即以集装箱作为运输单位进行货物运输，它适用于公路、铁路、海洋、航空等多种运输方式。目前，它已成为国际上普遍采用的一种重要的运输方式。

(一)集装箱运输的优点

(1)在全程运输中，可以将集装箱从一种运输工具直接方便地换装到另一种运输工具，而无须接触或移动箱内所装货物。

(2)货物从发货人的工厂或仓库装箱后，可经由海陆空不同运输方式一直运至收货人的工厂或仓库，实现“门到门”运输而中途无须开箱倒载和检验。

(3)集装箱由具有专门设备的运输工具装运，装卸速度快，效率高，质量有保证，能减少货损货差。

(4)节省各项费用，降低货运成本，据国际航运界报道，集装箱运费要比普通件杂货运费低 5%～6%。

(5)节省货物运输的包装,简化理货手续。集装箱箱体作为一种能反复使用的运输设备,不但能起到保护货物的作用,还能降低货物运输时的包装费用。

(6)可露天作业,露天存放,不怕风雨,节省仓库。

因此现代运输中集装箱被广泛使用。

(二)集装箱运输货物的交接方式

集装箱的交接方式应在运输单据上予以说明。国际上通用的表示方法为:

1. 整箱交/整箱收

集装箱的具体交接地点有以下四种情况:

(1)“门到门”——在发货人的工厂或者仓库整箱交货,承运人负责运至收货人的工厂或仓库整箱交收货人。

(2)“场到场”——发货人在启运地或装箱港的集装箱堆场整箱交货,承运人负责运至目的地或卸箱港堆场整箱交收货人。

(3)“门至场”——在发货人的工厂或者仓库整箱交货,承运人负责运至目的地或卸箱港堆场整箱交收货人。

(4)“场至门”——发货人在启运地或装箱港的集装箱堆场整箱交货,承运人负责运至收货人的工厂或仓库整箱交收货人。

2. 拼箱交/拆箱收

该具体交接方式只有一种情况,为“站到站”。

“站到站”——发货人将货物运往启运地或装箱港的集装箱货运站,货运站将货物拼装后交承运人,承运人负责运至目的地或卸箱港的集装箱货运站拆箱,当地货运站按件拨交各个有关收货人。

3. 整箱交/拆箱收

该具体交接地点有以下两种情况:

(1)“门到站”——在发货人的工厂或者仓库整箱交货,承运人负责运至目的地或卸货港的货运站,货运站拆箱按件拨交各个有关收货人。

(2)“场到站”——发货人在启运地或装箱港的集装箱堆场整箱交货,承运人负责运至目的地或卸货港的集装箱货运站,货运站负责拆箱拨交各个有关收货人。

4.“拼箱交/整箱收”

该具体交接地点也有两种情况:

(1)“站到门”——发货人在启运地或装箱港的集装箱货运站按件交货,货运站拼箱,然后由承运人负责运至目的地收货人工厂或仓库整箱交货。

(2)“站到场”——发货人在启运地或装箱港的集装箱货运站按件交货,货运站拼箱,然后,承运人负责运至目的地或卸箱港的集装箱堆场,整箱交收货人。

二、航空运输方式

航空运输(Air Transport)是一种现代化的运输方式,它是利用飞机通过空中航线来进行的。与海运、陆路运输相比,航空运输速度快,故适用于运送易腐商品、鲜活商品和各种急需物资。目前,我国空运日益发展,进口采用空运的主要有电脑、成套设备中的精密部件、电子产品等;出口商品主要有丝绸、纺织品、海产品、水果、蔬菜等。

(一)航空运输的特点

航空运输有其他运输方式无法比拟的优越性,其特点如下:

1. 有较快的运送速度

航空运输其航线不受地形条件限制,故运送速度快。在"时间就是金钱"的今天,航空运输已成为国际市场上商品竞争强有力的手段。

2. 可节省包装、保险、利息等费用

航空运输由于速度快、货物周转期短,存货可相应减少,资金回收较为迅速,从而大大节省利息费用。此外,航空货运中货损、货差情况较少,包装材料相对简化,可降低包装费和保险费。

3. 安全、准确

航空管理制度较为完善,货物破损率较低,如使用空运集装箱运送,则更为安全。

4. 适于鲜活、易腐和季节性货物的运送

鲜活易腐货物对时间要求高,如果运输时间过长,则会使货物丧失其原有使用价值。对季节性货物,则要求在季节到来之前运到市场,否则过期将无法销售,以致货物滞存仓库,增加费用。

5. 航空运输费用较高,运量有限

与其他运输方式相比,其缺点在于运费较高,且运量有限,多在运送急需、贵重、时令鲜活产品时采用。

在空运方式下,航空公司一般只负责空中运输,货物在始发机场交给航空公司之前的接货、报关等以及货到目的地接货、送货等业务均由航空货运公司办理,并负担其间的一切风险和费用。航空货运公司可以是货主或航空公司的代理,也可以是双重代理。在我国,这样的机构是中国对外贸易运输总公司。

(二)航空运输的方式

根据运输货物的不同需要,航空运输方式主要有班机运输、包机运输、集中托运和航空快递业务。

1. 班机运输

班机是指定期开航的,具有固定航线、固定始发站、目的站和途经站的运输飞机。

通常，班机运输采用客货混合型飞机，但也有些较大的航空公司在一些航线上另辟有使用全货机的货运航班。采用班机运输方式，收货人和发货人都能确切掌握起运和到达时间，非常有利于市场急需货物、贵重货物及技术资料的运输。

2. 包机运输

包机运输是指租机人租用整架飞机运送货物的运输方式。其中，租机人可能是一个发货人或航空货运代理公司，也可能是几家航空货运代理公司或发货人联合包租。即分为整架包机或部分包机，前者适用于运送大批量货物，运费比班机低；后者适用于多个发货人，但货物到达站是同一地点的货物运输。

3. 集中托运

集中托运是指航空货运代理公司把若干单独发运的货物组成一整批，向航空公司办理托运，用一份总运单将货物集中发运到同一到站，或者运到某一预定的到站，由航空货运代理公司在那里的代理人收货、报关、分拨后交给实际收货人。集中托运的运价比国际空运协会公布的班机运价低7%～10%，因此发货人比较愿意将货物交给航空货运公司安排。

4. 航空快递业务

它可分为：机场到机场、桌到桌、派专人送。航空快件传送是目前国际航空运输中最快捷的运输方式。它不同于航空邮寄和航空货运，它由一个专门经营该项业务的公司和航空公司合作，通常为航空货运代理公司或航空速递公司，派专人以最快的速度在货主、机场、用户之间运输和交接货物。该项业务是在国际上两个空运代理公司之间通过航空公司进行的，主要用于运送样品、资料等轻便急需的货物。

资料卡12—10　集中托运的好处

空运货物三批，重量分别为10千克、20千克和35千克，如分批托运，各需付多少运费？如三批集中托运，又应付多少运费？（设起码运费每批为65美元，45千克以下每千克为3美元，45千克以上每千克为2.5美元）

解：分批托运：

3×10＝30（美元）不足起码运费则按65美元付费

3×20＝60（美元）不足起码运费则按65美元付费

3×35＝105（美元）

三批总共要付运费：65＋65＋105＝235（美元）

如果三批集中托运，则：2.5×（10＋20＋35）＝162.5（美元）

答：如果分批托运，分别付65美元、65美元、105美元，共235美元。如果集中托运,应付运费 162.5 美元。

(三)航空运单

在航空运输中,航空公司或者航空货运代理公司作为承运人签发航空运单作为其接受货物的依据以及与托运人之间运输合同的证明,可凭以办理议付结汇。但它不是物权凭证,不能凭以提货,不能背书转让,货到目的地后,收货人凭承运人发出的到货通知书提货。

航空运单依据签发人不同分为主运单和分运单。前者是航空公司签发的,后者是航空货运代理公司签发的,它们在内容、法律效力上都基本相同。

资料卡 12－11 航空运单与海运提单的区别

航空运单与海运提单的作用不完全一样。提单在法律上是一种物权凭证,而航空运单在法律上不是物权凭证,它只是表示签署承运合同的证据和承运人接受货物的证明。海运提单正本即使签发多份,其中任何一份都可以作为货物所有权的凭证,持有其中一份正本提单的人就有权向承运人凭其提取货物。航空运单虽然也签发三份正本,但第一份正本由航空公司留存;第二份正本随机转交给收货人;第三本正本交给发货人。收货人提货并不是凭卖方随同信用证项下其他单据一起转交的第三份正本运单,而是在货物到达目的地时,承运人凭运单上所规定的收货人名称将随机带去的第二份正本运单通知收货人提货。

三、国际多式联运

国际多式联运(International Multimodal Transport)又称国际联合运输,是在集装箱运输的基础上产生和发展起来、有机结合各种单一运输方式的一种国际性的连贯运输方式。国际多式联运是指“按照多式联运合同,以至少两种不同的运输方式,由多式联运经营人将货物从一国境内接管货物的地点运至另一国境内指定地点交付的货物运输”。

随着集装箱运输软硬件成套技术趋于成熟,到 20 世纪 80 年代集装箱运输已进入国际多式联运时代。国际多式联运利用集装箱通过采用海、陆、空等两种以上的运输手段,完成国家间的连贯货物运输。开展国际多式联运是实现“门到门”运输的有效途径。

(一)国际多式联运的特征与优点

构成国际多式联运必须具备以下特征或基本条件:

1. 必须具有一份多式联运合同

该运输合同是多式联运经营人与托运人之间权利、义务、责任与豁免的合同关系和运输性质的确定依据,也是区别多式联运与一般货物运输方式的主要依据。

2. 必须使用一份全程多式联运单据

该单证应满足不同运输方式的需要,并按单一运费率计收全程运费。根据托运人的要求,它可以做成可转让的,也可以做成不可转让的。

3. 必须是至少两种不同运输方式的连续运输

如为海/海、铁/铁、空/空联运,虽为两程运输,但不属于多式联运。这是一般联运与多式联运的一个重要区别。在单一运输方式下的短途汽车接送也不属于多式联运。

4. 必须是国际货物运输

这不仅是区别于国内货物运输,主要是涉及国际运输法规的适用问题。

5. 必须由一个多式联运经营人对货物运输的全程负责

多式联运经营人是指其本人或者通过其代表订立多式联运合同的人,负有履行联运合同的义务,他不是托运人的代理,也不是实际承担运输方的代理。他可为实际承运人,办理全部或者部分运输,也可以是无船承运人,将全程运输交由各运输段实际承运人来履行。

6. 必须是全程单一的运费费率

运费一次收取,包括运输成本(各段运杂费的总和)、经营管理费和合理利润。

7. 必须是跨越国境的国家间的货物运输

这是区别国内运输和国际运输的限制条件。

(二)国际多式联运的运输组织形式与陆桥运输

国际多式联运严格规定必须采用两种或两种以上的运输方式进行联运,因此这种运输组织形式可综合利用各种运输方式的优点,充分体现社会化大生产大交通的特点。目前主要的组织形式是海陆联运、陆桥运输、海空联运等,其中海陆联运是国际多式联运的主要组织形式。

在国际多式联运中,陆桥运输(Land Bridge Service)起着非常重要的作用。所谓陆桥运输,是指采用集装箱专用列车或卡车,把横贯大陆的铁路或公路作为中间"桥梁",使大陆两端的集装箱海运航线与专用列车或卡车连接起来的一种连贯运输方式。严格地讲,陆桥运输是一种海陆联运形式。

陆桥运输是远东—欧洲国际多式联运的主要形式,线路有西伯利亚大陆桥和北美大陆桥。北美大陆桥现在已经萎缩了。西伯利亚大陆桥横跨欧洲和亚洲，故称欧亚大陆桥，又称第一条欧亚大陆桥。目前，我国已开展的国际多式联运路线主要包括我国内地经海运往返日本内地、美国内地、非洲内地、西欧内地、澳大利亚内地等联运线以及经蒙古或前苏联地区至伊朗和往返西欧、北欧各国的西伯利亚大陆桥运输线。

新亚欧大陆桥或称第二条欧亚大陆桥，于 1990 年全线贯通，1992 年 12 月正式开通。新亚欧大陆桥是太平洋西岸港口与欧洲最大港口的陆上最近通道。北线全长 1.08 万公里，在我国境内有 4 134 公里。南线还可以从阿拉木图继续南下，经塔什干到达土库曼斯坦，濒临里海航运，再到伊朗境内，从而把西亚诸国和东亚、东南亚连接起来。

新亚欧大陆桥具有重大经济意义，新欧亚大陆桥的开通，对我国对外贸易铁路货物运输的发展和该陆桥沿线地区的经济发展起到了重要的推动作用。并且由于该条陆桥横贯欧亚大陆中部，辐射 20 多个国家和地区，将世界上最大的几个集装箱港口（如新加坡、中国香港、神户、釜山、鹿特丹等）有机地联系起来，因此，它对远东乃至太平洋西岸各国地区到中亚和欧洲的国际货物运输产生了很大的吸引力。与西伯利亚大陆桥相比较，新欧亚大陆桥的运输距离缩短了 2 000 多公里，运输时间减少了，运输费用节省了，加上东部港口（连云港）无封冻期，船舶可以全年营运，因此新欧亚大陆桥具有更大的优越性。

目前，利用陆桥运输的主要有美国、韩国、日本、哈萨克斯坦和中国香港等国家和地区，通过连云港上大陆桥运往中亚国家及欧美有关国家的过境集装箱越来越多。2017 年，日均开行过境班列 1.3 列，共完成 4.69 万标准箱。

四、其他运输方式

在货物启运地或者目的地为非港口时，除非采用航空运输，一般都采用国内铁路运输或者国内公路运输与海洋运输相结合的方式。

（一）铁路运输

铁路运输是现代运输业的主要运输方式之一。在国际货物运输中，铁路运输具有运载量大、运行速度快、成本低、运输准确性和连续性强、受气候自然条件影响小等特点和优势。因此，在国际贸易中，铁路运输在国际货运中的地位仅次于海洋运输。其特点有：它一般不受气候条件影响，可终年正常运行，而且速度较快，运量较大，具有高度的连续性，风险小，手续简单。铁路运输在我国国民经济中占有重要地位，在我国对外贸易中更是起着非同一般的作用。

通过铁路把欧亚大陆连成一片，从而为发展我国与其他亚洲国家、欧洲各国之间的经济贸易关系提供了十分有利的条件。我国与朝鲜、蒙古、越南等国家或组织的进出口货物，绝大部分是通过铁路来运输的。在我国与东欧、西欧、北欧和中东地区一些国家之间，也可以采用国际铁路运单，它既代表货物的所有权，又是中国香港收货人的提货证明，也是货运双方的运输契约和承运人的货物收据。

资料卡 12—12　打造中欧物流新通道

中欧班列是指中国开往欧洲的快速货物班列，适合装运集装箱的货运编组列车。中欧班列运行线包括西、中、东 3 条通道：西部通道由我国中西部经阿拉山口（霍尔果斯）出境，中部通道由我国华北地区经二连浩特出境，东部通道由我国东南部沿海地区经满洲里（绥芬河）出境。各条线路班列开行情况如下：

1. 中欧班列（重庆—杜伊斯堡）。从重庆团结村站始发，由阿拉山口出境，途经哈萨克斯坦、俄罗斯、白俄罗斯、波兰至德国杜伊斯堡站，全程约 11 000 公里，运行时间约 15 天。货源主要是本地生产的 IT 产品，2014 年已开始吸引周边地区出口至欧洲的其他货源。首列于 2011 年 3 月 19 日开行。

2. 中欧班列（成都—罗兹）。从成都城厢站始发，由阿拉山口出境，途经哈萨克斯坦、俄罗斯、白俄罗斯，至波兰罗兹站，全程 9 965 公里，运行时间约 14 天。货源主要是本地生产的 IT 产品及其他出口货物。首列于 2013 年 4 月 26 日开行。

3. 中欧班列（郑州—汉堡）。从郑州圃田站始发，由阿拉山口出境，途经哈萨克斯坦、俄罗斯、白俄罗斯、波兰至德国汉堡站，全程 10 245 公里，运行时间约 15 天。货源主要来自河南、山东、浙江、福建等中东部省市。货品种类包括轮胎、高档服装、文体用品、工艺品等。首列于 2013 年 7 月 18 日开行。

4. 中欧班列（苏州—华沙）。从苏州始发，由满洲里出境，途经俄罗斯、白俄罗斯至波兰华沙站，全程 11 200 公里，运行时间约 15 天。货源为苏州本地及周边的笔记本电脑、平板电脑、液晶显示屏、硬盘、芯片等 IT 产品。首列于 2013 年 9 月 29 日开行。

5. 中欧班列（武汉—捷克、波兰）。从武汉吴家山站始发，由阿拉山口出境，途经哈萨克斯坦、俄罗斯、白俄罗斯到达波兰、捷克等国家的相关城市，全程 10 700 公里左右，运行时间约 15 天。货源主要是武汉生产的笔记本电脑等消费电子产品，以及周边地区的其他货物。首列于 2012 年 10 月 24 日开行。

6. 中欧班列（长沙—杜伊斯堡）。始发站在长沙霞凝货场，具体实行“一主两辅”运行路线。“一主”为长沙至德国杜伊斯堡，通过新疆阿拉山口出境，途经哈萨克斯坦、俄罗斯、白俄罗斯、波兰、德国，全程 11 808 公里，运行时间 18 天，

2012年10月30日首发。“两辅”一是经新疆霍尔果斯出境，最终抵达乌兹别克斯坦的塔什干，全程6 146公里，运行时间11天；“两辅”另一条经二连浩特（或满洲里）出境后，到达俄罗斯莫斯科，全程8 047公里（或10 090公里），运行时间13天（或15天）。

7. 中欧班列（义乌—马德里）。从义乌铁路西站到西班牙马德里，通过新疆阿拉山口口岸出境，途经哈萨克斯坦、俄罗斯、白俄罗斯、波兰、德国、法国、西班牙，全程13 052公里，运行时间约21天。首列于2014年11月18日开行，是目前中国史上行程最长、途经城市和国家最多、境外铁路换轨次数最多的火车专列。

8. 中欧班列（哈尔滨—俄罗斯）。班列全程运行6 578公里，经滨洲铁路1 004公里到达满洲里口岸站出境，再经俄罗斯西伯利亚大铁路5 574公里到达比克良站。通过铁路国际货物班列运输货物，黑龙江省到达俄罗斯中部地区比空运可节省运费3/4左右，较普通零散运输，运到时间可缩短2/3以上，运费可节省25%以上。首列于2015年2月28日开行。

9. 中欧班列（西安—鹿特丹）“长安号”国际货运班列总体规划为“一干两支”，其中“一干”为西安—鹿特丹，全长9 850公里，“两支”是西安—莫斯科，全长7 251公里，以及西安—哈萨克斯坦（阿拉木图，全长3 866公里，运行时间6天；热姆，全长5 027公里，运行时间10天）。2013年11月28日开行。

自2011年开行以来，中欧班列累计开行数量逐年上升，2020年累计开行1.24万列，同比增长50%；累计运送货物113.5万标准箱，同比增长56%，综合重箱率达98.4%。中欧班列正牵引丝绸之路经济带驶入经济共荣、贸易互补、民心相通的快车道。

有业内人士分析指出，以往内陆地区在国际产业分工中位于末端，只能“等”，等“发达国家—中国沿海地区—内地”的梯度转移。而有了中欧班列，意味着内地可以“抢”，利用价格只有空运1/5、时间只有海运1/3的优势，汇聚全球资源，打造全球产业高地。

（二）公路运输

公路运输又称汽车运输，是一种现代化的运输方式。它不仅可以直接承担跨国货物运输，而且也是车站、港口和机场集散进出口货物的重要手段。公路运输具有机动灵活、速度快和方便等特点，尤其是在实现“门到门”运输中，更离不开公路运输。公路运输在我国对外贸易中占有重要地位。我国同许多周边国家有公路相通，我国同这些国家的进出口货物，可以经由国境的公路运输来完成。此外，内地对香港和澳门的部分货物进出境运输也是通过公路运输完成的。

（三）邮政运输

邮政运输又称邮件运输，是一种最简便的运输方式，包括普通邮包和航空邮包两种。

国际邮政运输具有国际多式联运和“门到门”运输的性质，托运人只需向邮局办理一次托运手续，一次付清邮资并取得邮包收据即可。邮件在国家间的传递由各国的邮政部门负责办理，邮件到达目的地后，收件人即可凭当地邮局到件通知和身份证明提取邮件。根据万国公约，各国对邮政包裹的重量和体积有严格的限制，如每件包裹重量不得超过 20 千克等。另外邮费也较昂贵，因此邮件运输适合运送小型仪器、机器零件、金银首饰以及样品、图纸、文件等贵重零星物品。目前国际特快专递（EMS）的业务发展十分迅速。

我国与很多国家签订有邮政包裹协议和邮电协议，对这些国家的邮运，可按照协议规定办理。我国参加了万国邮政联盟（Universal Postal Union，简称“邮联”）。邮联的宗旨是组成一个国家间的邮政领域，相互交换邮件；组织和改善国际邮政业务，有利于国际合作的发展；推广先进经验，给予会员国邮政技术援助。按邮联的要求我国邮政部门在办理对外寄送邮包时，每件重量不得超过 20 千克，长度不得超过 150 厘米。

邮政业务一般由国家办理。在国际上，各国邮政之间订有协定和公约，并形成全球性的邮政运输网，从而使邮政包裹的传递畅通无阻、四通八达。

第四节 买卖合同中的装运条款

国际货物买卖合同中的装运条款通常包括装运时间、装运港（或发货地）和目的港（或目的地）、分批装运和转运等内容。有的合同还视交易需要列明运输方式、选派运输工具以及有关费用负担等事项。

一、交货时间

在国际贸易中，存在着“交货”和“装运”两种不同的用语，因此，也就有“交货时间”和“装运时间”两种不同的提法。但就严格的意义而言，“交货”与“装运”各有其不同的概念。

按照各国法律，凡规定有装运时间的买卖合同，卖方必须按照规定时间装运货物，如果提前或延迟，均构成违约，买方有权拒收货物，解除合同，同时提出损害赔偿要求。事实上，是否按时交付或装运货物直接影响到买方能否及时取得货物，以满足其使用或转售的需要。而且就卖方来说，达成交易后，备货、安排运输、办理各项手续，也都需要一定的时间。所以，交货时间对买卖双方都是一个重要问题，通常均须在买卖合同中做出明确规定。按照《联合国国际货物销售合同公约》第 33 条规定，如买卖合同未就交货时间做出规定，则卖方应在合理时间内交货。

但是，在实际业务中，各种因素复杂多变，有时还会产生一些难以预料的情形，因此，交货时间一般是规定一个期限，而不是某个具体日期。期限有长有短，可以是 2 周、3 周或 1 个月内交货，也可以是 2 个月、1 个季度或更长一些时间。目前常用的有以下几种规定方法。

（一）装运时间的规定方法

1. 规定具体的装运时间

（1）规定在某月内装运。例如，1 月装运。按此规定，全部成交货物可在 1 月 1 日至 1 月 31 日这一期限内的任何一天装运。

（2）规定在某月月底或以前装运。例如，6 月底或以前装运，即自订立合同之日起，最迟不超过 6 月 30 日装运。

（3）规定在某月某日或以前装运。例如，7 月 15 日或以前装运，即自订立合同之日起，最迟不超过 7 月 15 日装运。

（4）跨月装运，即规定在某 2 个月、3 个月或几个月内装运。例如，1、2 月装运或 1、2、3 月装运，即指货物可分别在 1 月 1 日至 2 月 28 日止或 1 月 1 日至 3 月 31 日止这一期限内的任何一天装运。

以上四种方法，都明确规定了具体的期限，在国际贸易中应用较广。这样的规定，卖方可有一定时间备货和安排运输，买方也可预先做好支付货款和接货的准备。

2. 规定收到信用证后若干天装运

对某些外汇管制较严的国家和地区，或专为买方制造的特定商品，为了防止买方不按时履行合同而造成损失，也可采用规定在收到信用证后一定时间内装运。例如，收到信用证后 30 天内装运。

由于交货期是以买方开出信用证为前提，如买方拖延或拒绝开证则卖方就很被动，因而一般还应同时规定开到信用证的期限。例如，买方必须不迟于（某月某日）将信用证开到卖方。

3. 收到信汇、电汇和票汇后若干天装运

采用汇付方式收款时可使用这种方法。

4. 笼统规定近期装运

在买方急需而卖方又备有现货的情况下，也有采用近期交货术语。例如，立即装运，即期装运，尽快装运。

由于对近期交货术语的含义解释，在各国、各地和各行业中并不完全相同，因此，除买卖双方对它们的解释已有一致的理解者外，应尽量避免使用。《跟单信用证统一惯例》第600号出版物在关于装运日期一般用语解释的第46条中用专款做出明确规定："不应使用诸如'迅速''立即''尽可能快'及类似词语，如使用这类词语，银行将不予置理。"

(二)规定装运时间应注意的问题

规定交货或装运时间必须明确具体，同时为了保证按时履行合同义务，又必须根据需要和可能而定。在实践中，一般应结合以下情况考虑决定：

1. 货源情况

货源是履行出口合同的基础，在出口业务中规定交货时间必须与库存品种的规格和数量相适应。对尚待生产的货物，要考虑生产安排的可能性和生产周期长短。对于大宗交易的商品，如粮、油、矿砂、煤炭等，因交货数量大，一般以采取跨月交货条款为宜。

2. 运输情况

合同规定由我方负责安排运输时，对交货时间的规定，要考虑我国与有关国家间的运输能力、航线、港口条件等情况：对有直达船和航次较多的港口，装运期可短一些；对无直达船或较偏僻的港口，以及虽有直达船但航次较少的港口，装运期要规定得长一些。对某些国家、地区，还要尽量避开冰冻期或雨季。必要时还应规定分批装运条款。如雨季不宜装烟叶及散装粉状商品，夏季不宜装运沥青、牛羊油脂(如无冷藏设备)。

3. 市场情况

规定装运期要与国外市场需求的季节性相适应，特别是节日供应商品和临时特殊需要的商品，为了加强出口货物的竞争力和卖得合适的价格，应力争赶上销售季节装运；还要适当考虑航程的远近等因素，对进口商品应根据国内需要和国外市场供应情况规定装运期。

4. 商品情况

规定装运期，应考虑商品本身的性质和特点以及商品的加工、包装、检验和国内运输等条件。

资料卡 12－13　“交货”和“装运”的区别

“装运”的原意是指将货物交由船方运往约定目的地的行为，即一般实务中所称的装船；而“交货”则是指卖方自愿将其对货物的占有权转移给买方的行为。在涉及运输的买卖合同中，卖方把货物交给承运人或在转运或联运情况下交给第二承运人以运交给买方，也是交货。现代国际贸易中若使用《2010 通则》中的 FCA、FAS、FOB、CIF、CFR、CPT 和 CIP 贸易术语，则使用这类术语的货物买卖合同为装运合同。在这类交易中，卖方在装运港或启运地将货物装上运输工具或交付给承运人或第一承运人以运交买方就算完成交货义务。在此情况下，“交货”和“装运”是一致的。因而在实务中，往往也把这两个词混合起来使用，“交货时间”与“装运时间”成为同义词。国际商会《跟单信用证统一惯例》的历次版本对此也做了相应规定。例如第 600 号出版物就在第 46 条 a 款中明确指出：“除非信用证另有规定，用于规定最早及最迟装运日期的‘装运’一词，将被理解为‘装船’‘发运’‘收妥待运’‘邮局收据日期’‘收货日期’等及类似词语，还包括在信用证要求多式运输单据下的‘接受监管’。”但是，应当指出，在使用 FCA、FAS、FOB、CIF、CFR、CPT 和 CIP 术语的装运合同项下，货物交给“承运人”的“交货”，在运输单据转让以前，特别是在 CIF、CFR 等通过海洋运输的情况下，货物的所有权并未转移到买方手中，所以，这种“交货”只是“推定交货”。就这个意义而言，“交货”与“装运”又有所不同。因此，即使是“装运合同”，也不宜任意混用，在买卖合同中规定履行交货的时间条款，似以使用“装运时间”为宜，以免引起误解。

二、装运港（发货地）和目的港（目的地）

（一）装运港或发货地

货物的交付地点和交付时间一样，也是随合同所采用的不同贸易术语而有所不同。在采用 FCA、FAS、FOB、CIF、CFR、CPT 和 CIP 贸易术语的装运合同中，当卖方按合同规定在约定的装运港将货物装上开往目的港的船舶或在约定地点将货物交给承运人或第一承运人以运交买方就算完成了交货义务，因此，在采用这类条件的货物买卖合同中通常都应明确规定装运港或发货地。

一般来说，装运港或发货地是由卖方根据便利货物装运出口的条件提出，经买方同意后确定的。在出口业务中，一笔交易合同通常只规定一个装运港或发货地，但在货物数量较大而货源又分散在几处的情况下，可以规定几个装运港或发货地。例如，天津和上海；天津/上海/大连。如成交时具体装运港或发货地不能确定，也可规定中国口岸。

在出口业务中，装运港或发货地一般应选择接近货源所在地的港口或城市。同时要考虑国内的运输条件和费用水平；对以 FOB 条件达成而由买方派船装运的合同，还应考虑装运港口的水深并应与买方来船的大小相适应。

（二）目的港或目的地

为便于安排运输，CIF、CFR 合同均需规定目的港。而在 CIP、CPT 合同中，则需规定目的地。以 FOB、FCA 条件订立的出口合同虽由买方安排运输，但为防止买方把货物运往政策上不允许的国家或地区，或者我方与该国或地区的其他客户订有包销或独家代理协议的，或者有其他业务经营上的原因（例如不同地区的做法不同），为防止产生与政策或专营权相抵触或不符我方经营意图的情事，也需要明确规定目的港或目的地，在必要时，还可在合同中明确做出只能销往何处，或不能销往何处的规定。在实践中，目的港或目的地通常由买方提出，经卖方同意后确定。

（三）装运港和目的港的规定方法

(1)通常，装运港和目的港分别规定一个。例如：装运港——上海；目的港——东京。

(2)实际业务需要时，可以分别规定两个或两个以上的港口。

(3)有的国外进口商在与我方洽谈交易时，还不便确定卸货地点，为了尽可能适应其业务需要，最大限度地简化提货转售手续，节省费用，有时要求采用规定“选择港”的办法，以便装船后选定其中某港口卸货。规定选择港是国际贸易中的习惯做法，在出口业务中，可根据国外客户的实际需要和我方运输可能，考虑接受。但核算售价需按运费最高的港口为基础，选择港必须以同一航线班轮的寄航港为限，并应明确选港附加费由买方负担，规定“选择港”的港口数目不得超过 3 个。

（四）在确定目的港或目的地时应予重视的问题

(1)必须明确具体，一般不要使用“欧洲主要港口”“非洲主要港口”等笼统的规定方法。因为国际上对此并无统一解释，而且不同港口或地点的装卸条件，运杂费用也可能有极大差别；有的港口可能不是班轮经常停靠的港口，专门派船可能有困难，或者在经济上划不来。有的目的地可能不具备运输条件或设施很差，或者费用过于昂贵；因而有可能造成经济损失，甚至引起履约困难与不必要的纠纷和争议。

(2)合同规定以海上运输方式交运的交易，货物运往的目的港无直达班轮或航次很少的，合同中应规定允许转运的条款，如“允许转运（转船）”。

(3)目的港必须是船舶可以安全停泊的港口。应没有战争或武装冲突，否则，可能租船、订舱都会发生问题,会导致承运人拒绝承运,保险公司拒绝承保。

(4)对内陆国家的贸易,而又采用 CIF 或 CFR 条件的,一般应选择距离该国最近的、我们能够安排船舶的港口为目的港。在采用多式联合运输情况下,除非联运承运人确能接受全程运输,一般也不可接受以内陆城市为目的地。

(5)在规定目的港时,还应注意重名问题。世界各国城市重名的很多。例如维多利亚(Victoria)港,全世界共有 12 个;的黎波里(Tripoli)在地中海的两个沿海岸国家利比亚和黎巴嫩就各有 1 个;悉尼(Sydney)在澳大利亚和加拿大也各有 1 个;波特兰(Portland)、波士顿(Boston)在美国和其他国家都有同名港。因此,为了防止误解,发生错装错运,凡有重名的港口或城市应加注国名,在同一国家有同名港或城市的,则还须加注其在所在国的方位。

三、分批装运和转运

分批装运(Partial Shipment)和转运(Transhipment)直接关系到买卖双方的利益。因此往往是进出口合同中的重要内容,需要在交易磋商时即予确定。

(一)分批装运

分批装运又称分期装运,是一个合同项下的货物先后分若干期或若干次装运。在国际贸易中,凡数量较大,或受货源、运输条件、市场销售或资金的条件所限,有必要分期分批装运到货者,均应在买卖合同中规定分批装运条款。如为减少提货手续,节省费用,在进口业务中要求国外出口人一次装运货物的,则应在进口合同中规定不准分批装运条款。一般来说,允许分批装运和转运对卖方来说比较主动(明确规定分期数量者除外),根据国际商会《跟单信用证统一惯例》规定,除非信用证做相反规定,可准许分批装运。但是,如果信用证规定不准分批装运,卖方就无权分批装运。因此为防止误解,如需要分批装运的出口交易,应在买卖合同中对允许分批装运做出明确规定。规定允许分批装运的方法主要有两种:一是原则规定允许分批装运,对于分批的时间、批次和数量均不做规定;二是在规定分批装运条款时具体列明分批的期限和数量。前者对卖方比较主动,可根据客观条件和业务需要灵活掌握,后者对卖方的约束较大。

值得注意的是,根据《跟单信用证统一惯例》规定,“运输单据表面上注明同一运输工具、同一航次、同一目的地的多次装运,即使其表面上注明不同的装运日期及或不同的装运港,将不视作分批装运”。

(二)转运

转运是指自装货港或发运地或接受监督地到卸货港或目的地的运输过程中,货物从一运输工具卸下,再装上同一运输方式的另一运输工具,或在不同运输方式运输情况下,货物从一种运输工具卸下,再装上另一种运输工具的行为。

货物在中途转运，容易受损和散失，延迟到达目的地的时间，但在无直达运输工具的情况下，转运就不可避免。因此，就有必要在买卖合同中规定是否允许转运，有时还要规定在何地和以何种方式转运的条款。但是，随着运输工具的不断改进和大型化，集装箱船、滚装船、母子船的不断涌现，以及各种新的运输方式的广泛运用，转运在实际业务中几乎已成为经常发生的现象，并成为能被各国贸易界人士接受的事实。例如，国际商会于 1993 年修订的《跟单信用证统一惯例》对转运的规定，就较以往版本的规定进行了淡化。按新规定，装于海运中集装箱、装在滚装船上的拖车、母子船上的驳船项下的转运不被视作转运；海运以外的其他各种运输方式下的转运，也均不被视作转运。

新规定在各种运输单据的条款中均分别明确：即使信用证不准转运，银行可接受表明转运或将予转运的运输单据，只要有关运输单据包括全程运输。简言之，按此规定，信用证中不规定是否可以转船，则视为“准许转船”。

资料卡 12—14 是否分批装运或转运的表示方法

1. without transhipment 不允许转运

2. transshipment at Shanghai allowed 允许在上海转运

3. partial shipments are (not) permitted (不)允许分运

4. partial/prorate shipments are permitted 允许分运/按比例装运

5. transhipment are permitted at any port against, through B/L 凭联运提单允许在任何港口转运

四、其他条款

在国际货物买卖合同中，除了规定上述装运条款以外，还规定装船通知条款、装卸时间、装卸率、滞期速遣费条款，对美国贸易时还规定了 OCP 条款等。以下将简单介绍一下这些条款。

(一)装船通知

装船通知是装运条款中一项重要的内容。它可以明确买卖双方的责任，共同协作完成好运输工具与货物的衔接工作，并按时办理货物运输保险。特别是以 CFR 成交时，装运通知具有很重要的意义。

(二)装卸时间、装卸率等条款

通常在定程租船的大宗买卖合同中，会规定装卸时间、装卸率、滞期速遣费条款，

这是一种奖惩条款。

1. 装卸时间

装卸时间是指允许完成装卸任务所约定的时间。装卸时间的规定可有以下几种方法：

(1)按连续日(Running Days; Consecutive Days)计算。所谓连续日是指午夜0:00后连续24小时的时间。即便是星期日、节假日或雪雨日也不扣除。这对租船人十分不利，所以很少使用。

(2)按晴天工作日(Weather Working Days)计算。即按正常的工作日，除去周日、节假日或者由于天气因素(如风、雪、雷、雾、冰雹等)影响不能进行装卸工作的时间。

(3)按工作日(Working Days)计算。即按港口习惯，周日和节假日除外。

(4)按连续24小时晴天工作日(Weather Working Days of 24 Hours)计算。

除此之外，有时还有按“港口习惯速度尽快装卸”规定办理的，这种方法容易产生争议，尽量少用。

2. 装卸率

装卸率(Load/Discharge Rate)是指每日装卸货物的数量。装卸率的高低关系到运费的水平，并且会影响到货价，所以必须从各个港口实际情况出发，掌握实事求是的原则。

思考题

1. 什么是班轮运输和租船运输？分别简述其特点。
2. 各种提单的区别和各自的作用是什么？
3. 何谓“集装箱运输”和“大陆桥运输”？这两种运输方式各有哪些主要优点？
4. 海运单和海运提单的区别是什么？

第十三章　国际货物运输保险

国际贸易中货物往往需要经过长途运输，在运输、装卸和存储过程中，货物有可能遇到各种风险和遭受各种损失。为了保障货物在遭受损失时能得到经济上的补偿，买方或卖方就需要办理货物的运输保险。

国际货物运输保险是指保险人与被保险人订立保险合同，在被保险人交付约定的保险费后，保险人根据保险合同的规定，对被保险货物遭遇承保责任范围内的风险而受到损失时，按保险金额及损失程度，承担赔偿责任，它属于财产保险的范畴。

由于保险涉及买卖双方在货物发生风险损失时各自的切身利益，因此订立保险条款也就成了合同条款中的一个重要组成部分。为了有效办理货物的运输保险，并使买卖合同中的保险条款规定合理，我们必须深入了解和认真研究有关货运保险方面的问题。

第一节　海上货物运输保险的内容

世界上的保险业务一般分为财产保险、责任保险、信用保险和人身保险四类。货物运输保险属于财产保险，财产保险是以物质财富以及同它有关系的利益作为标的物的一种保险。

一、保险的基本原则

投保人和保险人在签订保险合同时，应遵循一定的原则。

（一）可保利益原则

可保利益又称保险利益，是指投保人或被保险人在保险标的上因具有某种利害关系而享有的为法律所承认、可以投保的经济利益。

在保险合同中，被保险人要求保险人给予保障的并不是保险标的本身（如货物、房屋等），而是被保险人对保险标的所享有的经济利益。换言之，保险合同的标的或保险合同的客体是可保利益，而不是保险标的本身。

可保利益在海上保险中具体体现为被保险人对海上保险标的(如船舶、货物、运费、预期利润等)所享有的所有权或所承担的经济风险和责任。海上保险中的被保险人可因船舶、货物安全到达而获益,也可因保险标的损毁或灭失而蒙受经济上的损失或负有经济责任。

可保利益原则是保险的基本原则之一,是指投保人或被保险人必须对保险标的具有可保利益,才能同保险人订立有效的保险合同,如果投保人或被保险人对保险标的没有可保利益,则他们同保险人所签订的保险合同是非法的、无效的合同。

国际货物运输保险同其他保险一样,要求被保险人必须对保险标的具有保险利益,但需要指出的是:国际货运保险并不要求被保险人在投保时便具有保险利益,它只要求在保险标的发生损失时必须具有保险利益。这是由国际贸易的特点决定的。例如,在使用FCA、FOB、CFR、CPT条件达成交易时,由买方办理保险,但货物风险的转移是以货物在装运港装上船在出口国发货地或装运地交给承运人为界。显然,货物在装上船或交付承运人风险转移之前,买方并无保险利益。若硬性规定投保人在投保时就必须具有保险利益,则无法按上述贸易术语达成合同。因此,在国际货运保险中,投保人在投保时并不要求一定要具有保险利益,只要有预期的保险利益也可允许投保。

(二)最大诚信原则

保险的最大诚信原则来源于海上保险。海上保险人在签订保险合同时,往往远离船、货所在地,对保险标的一般不做实际察看,仅凭投保人的说明来承保,因此特别强调投保人在做说明时要绝对诚实、实事求是。在诚信的基础上所订立的契约才是有效的。若一方欺骗另一方,则另一方可宣布契约无效。这一条原则主要是针对被保险人的。但是,如果投保人在不知情的情况下,对于遭受损失的货物进行投保,只要投保人能举证确实不明情况,保险公司也应赔偿。

(三)损失补偿原则

损失补偿原则是指当保险标的发生保险责任范围内的损失时,保险人应按照保险合同条款的规定履行赔偿责任,但保险人的赔偿金额不能超过保险单的保险金额或被保险人遭受的实际损失,保险人的赔偿不应使被保人获得额外的经济利益。所以当保险标的发生保险责任范围内的损失时,保险人在对被保人理赔时应遵循以下几点原则:

1. 赔偿金额不能超过保险金额,也不能超过实际损失。

2. 被保险人必须对保险标的具有可保利益,同时赔偿金额也以被保险人在保险标的中所具有的保险利益金额为限。

3. 被保险人不能通过保险赔偿而得到额外利益。即保险的赔偿是使被保险人在遭受损失后,经过补偿能恢复到他在受损前的经济状态,而不应使被保险人通过补偿而获得额外利益。

(四)近因原则

近因原则是保险理赔工作必须遵循的一项基本原则,也是在保险标的发生损失时,用来确定保险标的所受损失是否能获得保险赔偿的一项重要依据。

近因原则是指保险人只对承保风险与保险标的损失之间有直接因果关系的损失负赔偿责任,而对保险责任范围外的风险造成的保险标的损失,不承担赔偿责任。

在实际业务中,造成损失的原因是多种多样的,而一般可从以下两个方面分析:

(1)只有一个单独的损失原因,且又在保险人的承保范围内,这一原因就是损失的近因,保险人应负责赔偿。

(2)如果造成损失的原因是两个或两个以上,就应做具体分析:(1)造成损失的多个原因都在保险人的承保范围内,保险人应负责赔偿。(2)如果多个损失原因,既有承保范围内的,又有承保范围外的,则需区别对待。如前面的原因是承保范围内的,而后面的原因是承保范围外的,但它与前面的原因之间有必然的关系,则前面的原因是近因,保险人要负责赔偿。如前面的原因不在承保范围内,后面的原因在承保范围内且后面的原因是前面的原因的必然结果,那么前面的原因不是近因,保险人不需负责赔偿。

(五)利益转让的原则

利益转让是指将保险标的利益,从一方转到另一方手中。在货物运输保险中,利益的转让一般都通过转让保险单的形式来实现。保险利益一经转让,转让人所持有的以他为利益方的保险单权利也同时让给受让人。由于运输货物的流通性很大,保险单可办理转让手续而无须得到保险公司的同意,无疑大大便利了贸易各方。

(六)重复保险的分摊原则

如果被保险人以同一保险标的物向两家或两家以上的保险公司投保了相同的风险,在保险期限相同的情况下,其保险金额的总和超过该保险标的可保价值,称为重复保险。在重复保险的情况下,当保险标的发生损失时,为了防止被保险人获得双重赔偿,根据保险赔偿原则,将保险标的的损失在各保险人之间进行分摊。

案例解析

案例 我某出口公司按CIF条件向某国出口一批海绵,向中国人民财产保险公司投了一切险,并规定用信用证方式支付,我出口公司交货并完成了议付。第二天,客户来电称,装货的海轮在海上失火,货物全部烧毁,并要求我公司出面向中国人民财产保险公司索赔,否则要求我公司退回全部货款。问:对客户的要求我公司应如何处理?

为什么？

解析 对客户的要求我公司不应理赔，理由：以 CIF 条件成交，风险划分以货物在装运港装上船为界，其后的风险由买方负责，货物在运输途中灭失，应由买方向保险公司索赔。

二、海运保险的承保范围

在国际货物运输保险中，保险人是按照不同险别包括的风险所造成的损失和费用来承担赔偿责任的。在保险业务中，风险、损失、费用和险别之间有着密切的联系。

（一）风险

风险的分类如图 13－1 所示。

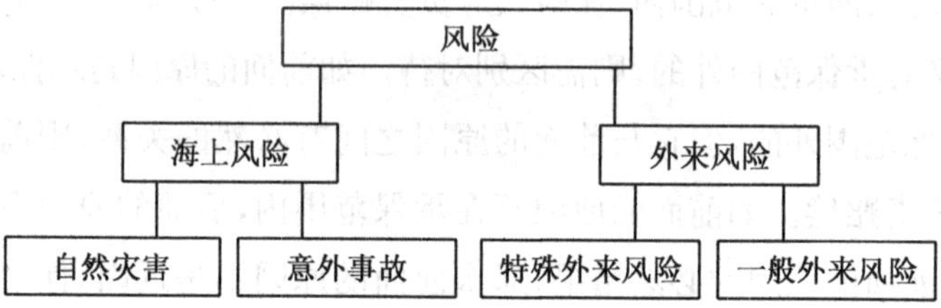

图 13－1 风险的种类

1. 海上风险

海上风险又称海难，是指海上发生的自然灾害和意外事故。

（1）自然灾害。自然灾害是指由于自然界变异而产生的具有破坏力的现象，它不以人的意志为转移，如雷电、暴风雨、海啸、地震、洪水等。

（2）意外事故。意外事故是指由于偶然的难以预料的原因造成的事故，如船舶搁浅、触礁、沉没、互撞或遇流冰或其他固体物体，如与码头碰撞以及失火、爆炸等原因造成的事故。

按照国际保险市场的一般解释，海上风险并非局限于海上发生的灾害和事故。那些与海上航行有关的发生在陆上或海陆、海河或驳船相连接之处的灾害和事故，例如，地震、洪水、火灾等，也属海上风险。对货物原有的缺陷、发货人的故意损失、商品的特性、货物的自然损耗以及运输延迟等原因导致的损失不包括在海上风险内。

2. 外来风险

外来风险是指由于海上风险以外的其他外来原因引起的风险，包括一般外来风险和特殊外来风险。一般外来风险包括偷窃、雨淋、短量、渗漏、破碎、串味、受潮、受热、钩损和锈损等。特殊外来风险包括战争、罢工、拒收、交货不到等。

(二)损失

损失的分类如图 13—2 所示。

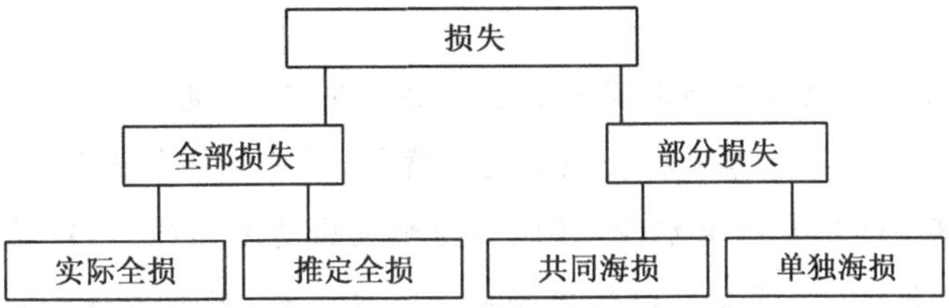

图 13—2 损失的分类

1. 全部损失

被保险货物在运输过程中遭遇风险而导致货物实际全部灭失或构成推定全部灭失即为全部损失,简称全损,它分为实际全损和推定全损两种。

(1)实际全损。实际全损又称为绝对全损,它是指被保险货物完全灭失或已失去使用价值或原有用途。例如,100 立方米的棉花发生火灾全部烧成灰烬,水泥被水浸泡后结成硬块。

构成保险标的的实际全损有以下四种情况:①被保险货物的实体已经完全灭失。②被保险货物遭受严重损害,已丧失原有用途和价值,无法复原。③被保险人对被保险货物的所有权已无可挽回地被完全剥夺。④载货船舶失踪并达到一定期限(6 个月)仍杳无音讯。例如,船货全部沉入海底,船只被盗,货物被占;货物被海水浸湿,已完全失去使用价值等均可视为实际全损。

(2)推定全损。推定全损是指货物发生保险事故后,实际全损已经不可避免,或者为了避免发生实际全损所需支付的费用与继续将货物运抵目的地的费用之和超过保险价值。在这种情况下,被保险人可以要求保险人按投保金额予以全部赔偿。但残损的货物必须交由保险人处理。这种做法称为"委付"。

所谓委付,指被保险人在保险标的物处在推定全损状态时,将货物的一切权利、义务都转给保险人,然后要求保险人按全损给予赔偿的一种做法。委付的条件是:要将被保险货物全部进行委付,并不得附带任何条件。委付经保险人同意之后才能生效,但保险人应当在合理的时间内将接受委付或不接受委付的决定通知被保险人。委付一经保险人接受,不得撤回。当被保险人要求做推定全损赔偿时,必须向保险人发出"委付通知",经保险人同意后才能做全部损失处理。

例如,汽车运往销售地销售,每辆售价为 10 000 美元。途中船舶遇险,导致货物遭受严重损失。如要修复汽车,所需修理费用,再加上继续运往目的地费用,每辆车将超过 10 000 美元。此时,被保险人有权要求保险公司按投保金额予以全部赔偿,并将残损汽车交保险公司处理。

案例解析

案例　某货轮在海上航行时有一船舱突然发生火灾，危及船货的共同安全，于是船长下令灌水将火扑灭。事后检查该船舱的货物，原装在该舱内的 800 包棉花，除被烧毁部分外，剩下部分有严重水渍，只能作为纸浆出售给造纸厂，得价占原货价值的 30%，即损失货价 70%；原装在该舱内尚有 300 包大米，经检查这 300 包大米只有水渍损失，而无烧毁或热熏的损失，经晒干处理后，作为次米出售，得价占原价的 60%。按照上述情况，棉花损失价值占原价的 70%，大米损失价值占原价的 40%。这两种情况的损失是否都属于部分损失？为什么？

解析　按照保险业务的习惯，对上述棉花的损失则认为是全部损失，而对大米的损失则认为是部分损失。当然这种划分不是因为前者的损失超过 50%，而后者没有超过。在保险业务中，全部损失还可分为实际全损和推定全损。下列三种情况都可视为实际全损：(1)货物的实际灭失；(2)货物虽然没有实际灭失，但已完全失去使用价值；(3)货物既没有实际灭失，也没有完全失去使用价值，但货物原来的用途已完全改变，即已改变为其他用途。例如，货物全部沉入海底，无法打捞属于第一种情况；又如，水泥被水浸泡后结成硬块属于第二种情况；而本例中的棉花就属于第三种情况，受到严重水渍的棉花，虽然可作为纸浆，削价出售给纸厂，仍有造纸的使用价值，但作为棉花原来具有的纺纱织布等用途已完全丧失。因此，尽管货主可以收回 30%的价值，但在保险业务中则视作全部损失。

案例解析

案例　有一被保货物——精密仪器一台，货价为 15 000 美元，运载该货的海轮在航行中同另一海轮发生互撞事故，由于船身的剧烈振动，而使该台仪器遭到损坏。事后经专家鉴定，认为该台仪器如修复原状，则需修理费用 16 000 美元，如拆卸为零件出售，尚可收回 5 000 美元。试分析在上述情况下，这台受损仪器应属何种损失，保险公司又应如何处理这一损失案件？

解析　这台受损仪器应属于推定全损。因为修理费用加上运至目的地的费用，超过该货在目的地的价值。保险公司对于发生推定全损的货物，除按保单的规定给予赔款外，被保险人应将该货物委付给保险公司，即将该货的权益转让给保险公司，并由被保险人签署权利转让书作为证据，从而使保险公司在赔付货款以后，能够自行处理该货的残余部分，并享有该货有关其他权益。

2. 部分损失

部分损失是指货物的损失没有达到上述全部损失的程度。按损失产生的原因不同,部分损失又可分为共同海损(General Average,G. A.)与单独海损(Particular Average,P. A.)两种。

(1)共同海损。共同海损是指载货的船舶在海运途中遇到灾害、事故,威胁到船货的共同安全,为了解除这种威胁,维护船货的安全或者使航程得以继续完成,由船方有意识地、合理地采取措施所做出的某些特殊牺牲(如抛货)或支出某些额外费用(如雇用拖轮拖拉搁浅的船舶)。

构成共同海损必须具备以下条件:

第一,船方在采取紧急措施时,必须确有危及船货的共同危险存在,且风险是不可避免地发生的,而不是主观臆测。

第二,共同海损的危险必须是危及船货各方的共同安全的,采取的措施是为了解除船货的共同危险。若是仅为维护船舶一方或货物一方的利益而采取措施所造成的损失,则不能视为共同海损。

第三,共同海损的牺牲必须是有意识的、合理的行为所致,其支出的费用是额外的,且做出的牺牲和支出的费用是有效果的。

第四,共同海损的损失必须是共同海损措施的直接结果,即损失是由解除危险的措施造成的,而不是由风险本身造成的。

共同海损的牺牲和费用支出都是为了使船舶、货物和运费免于损失,因而应该由全体受益方,即船方、货方、运费收入方按最后获救的价值多寡,共同按比例分摊,这种分摊称为共同海损分摊。然后各方再向各自的保险人索赔,共同海损分摊涉及的因素比较多,一般均由专门的海损理算机构进行理算。

案例解析

案例 有一载货海轮在航行中不幸触礁,船身左侧出现裂口,大量海水涌进,舱内部分货物遭浸泡。船长不得不将船就近驶上浅滩,进行排水,修补裂口。接着为了起浮又将部分笨重货物抛入海中。问这一连串损失都是单独海损吗?假设共同海损共为 8 万美元。问各有关方面应如何进行分摊?(设船舶价值为 100 万美元,船上载有甲、乙、丙三家货物,分别为 50 万美元、30 万美元、8 万美元,待收运费为 2 万美元)

解析 这一连串损失不都是单独海损。在上述损失中只有船体撞裂和部分货物遭浸泡属于单独海损。将船只驶上浅滩以及由此而产生的一系列损失均属于共同海损。

确定共同海损分摊有两个原则：(1)分摊应以实际遭受的合理损失或额外支付的费用为准；(2)经分摊后，应使遭受损失的一方与未遭受损失的其他关系方处于均等地位。

因此，对上述8万美元不论受损的各方或未受损的各方均应按原标的物价值比例分摊。现将分摊结果列表如下：

有关各方	标的物价值（万美元）	分摊比例（%）	分摊金额（万美元）
船方	100	52.64	4.212
货方：甲	50	26.31	2.104
乙	30	15.79	1.263
丙	8	4.21	0.337
运费方	2	1.05	0.084
合　计	190	100	8.00

(2)单独海损。单独海损是指被保险货物受损后，尚未达到全部损失程度，仅为部分损失，而这部分损失不属于共同海损，它只涉及船舶或货物所有人单方面的利益损失，并不涉及其他方；同时仅指保险标的本身的损失，不包括由此而引起的费用损失。例如，载货船舶在海上航行遇到风浪，海水入舱造成部分货物受损；又如某公司装运100箱货物出口，在运输途中，有10箱货被船上水管流出的热水浸泡损坏，类似这样的损失可称为单独海损。

资料卡13—1　共同海损和单独海损的区别和联系

共同海损与单独海损的区别主要表现为：

1. 在损失的构成上，共同海损既包括货物牺牲，又包括因采取共同海损措施而引起的费用损失；单独海损仅指货物本身的损失，不包括费用项目。

2. 在致损原因上，共同海损是为了解除或减轻承保风险而人为采取合理措施造成的；而单独海损是由承保风险直接造成的船货损失。

3. 在损失的承担上，共同海损的损失是由受益各方按获救财产价值的大小比例分摊；而单独海损的损失由受损方自己承担。

共同海损和单独海损之间的联系表现为：

一般而言，单独海损先发生，进而引起共同海损，在采取共同海损措施之前的部分损失，一般被列为单独海损。

（三）海上费用

海上风险不仅会造成海运货物的损失，还会产生费用方面的损失，即为抢救受损货物，防止损失进一步扩大而形成的费用，这部分费用就是海上费用，它一般也由保险人支付。海上费用包括施救费用和救助费用。

1. 施救费用

施救费用是指被保险货物在遭遇承保责任范围内的灾害事故时，被保险人或其代理人、雇佣人或受让人，为了避免或减少货物损失，采取各种抢救措施所支出的合理费用。

我国和世界各国的保险法规或保险条款一般都规定：保险人对被保险人所支付的施救费用应承担赔偿责任，赔偿金额以不超过该批货物的保险金额为限。

我国《海商法》第240条规定："被保险人为防止或者减少根据合同可以得到赔偿的损失而支出的合理费用，应当由保险人在保险标的赔偿之外另行支付。"

构成施救费用的条件：

(1)对保险标的进行施救必须是被保险人或其代理人或受让人，其目的是为了减少标的物遭受的损失，其他人采取此项措施必须是受被保险人的委托，否则不视为施救费用。

(2)保险标的遭受的损失必须是保单承保风险造成的。否则，被保险人对其进行抢救所支出的费用，保险人不予承担责任。

(3)施救费用的支出必须是合理的。

2. 救助费用

救助费用是指被保险货物遭受承保范围内的灾害事故时，由保险人和被保险人以外的第三者采取救助措施并获成功，由被救方付给救助方的一种报酬。救助费用一般都可列为共同海损的费用项目，因为通常它是在船货各方遭遇共同危难的情况下，为了共同安全由其他船舶前来救助而支出的费用。

在海上救助中，救助人与被救助人之间明确双方的权利与义务，一般都在救助开始之前或在求救的过程中订立救助合同(口头的或书面的)。

长期以来，在国际海上救助中普遍采用的救助合同格式是英国的以"无效果、无报酬"为原则的"劳合社救助合同标准格式"。在1980年的劳合社救助合同格式中，对"无效果、无报酬"的原则做了一些例外的规定：对于遇难的油船，救助人只要没有过失，即便救助无效，也可以获得合理的报酬。此外，在联合国国际海事组织1989年4月主持召开外交会议上通过的《1989年国际救助公约》中，对救助报酬的问题也做了若干新的规定。大意如下：如果救助人对危及环境的船货所进行的救助没有效果，按规定虽然得不到救助报酬，但救助人对其在救助中所支出的费用，有权要求被救船舶船东给予特别补偿。

在我国，中国贸促会海事仲裁委员会也制定有“海上救助契约格式”，这个格式所采用的也是“无效果、无报酬”的原则。

资料卡 13—2 施救费用与救助费用的区别

施救费用与救助费用的区别主要有以下四点：

1. 采取行为的主体不同。施救是由被保险人及其代理人等采取的行为，而救助是保险人和被保险人以外的第三者采取的行为。

2. 给付报酬的原则不同。施救费用是施救不论有无效果，都予赔偿，而救助则是“无效果、无报酬”。

3. 保险人的赔偿责任不同，施救费用可在保险货物本身的保额以外，再赔一个保额；而保险人对救助费用的赔偿责任是以不超过获救财产的价值为限，亦即救助费用与保险货物本身损失的赔偿金额二者相加，不得超过货物的保额。

4. 救助行为一般总是与共同海损联系在一起，而施救行为则并非如此。

第二节 我国海洋货物运输保险险别与条款

中国保险条款(China Insurance Clause, C. I. C)是中国人民财产保险公司根据我国保险业务的实际需要，并参照国际保险市场的惯例制定的。根据运输方式的不同，中国保险条款又可分为海洋货物运输保险条款、陆运货物保险条款、航空货物运输保险条款、邮包货物运输保险条款等；对某些特殊的商品，还配备有海运冷藏货物、陆运冷藏货物、海运散装桐油及活牲畜、家禽的海陆空运输保险条款；以及适用于上述各种运输方式货物保险的各种附加险条款。这里我们重点介绍海洋货物运输保险条款。

保险险别的分类如图 13—3 所示。

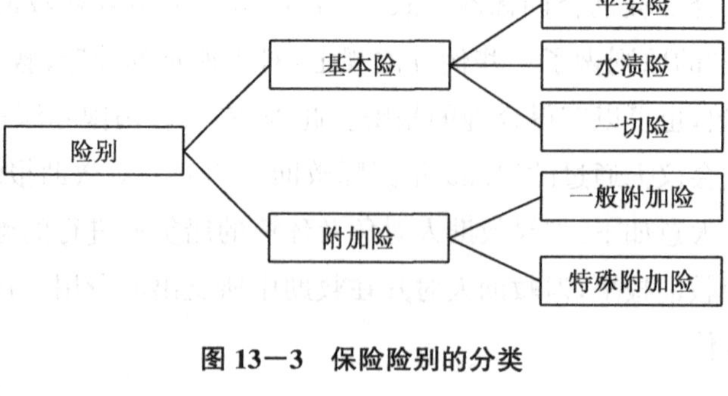

图 13—3 保险险别的分类

一、承保责任范围

货物运输保险的险别，按照能否单独投保，可以分为基本险和附加险。基本险可以单独投保，附加险不能独立投保，只有在投保某一种基本险的基础上才能加保附加险。

(一)基本险

基本险又称主险。我国海洋货物运输保险条款包括三种基本险别，即平安险(Free From Particular Average，F. P. A)、水渍险(With Particular Average，W. P. A)和一切险(All Risk)。

1. 平安险的承保责任范围

(1)被保险货物在运输途中由于恶劣气候、雷电、海啸、地震、洪水自然灾害造成整批货物的实际全损或推定全损。

(2)由于运输工具遭受搁浅、触礁、沉没、互撞、与流冰或其他物体碰撞以及失火、爆炸等意外事故造成货物的全部或部分损失。

(3)在运输工具已经发生搁浅、触礁、沉没、焚毁等意外事故的情况下，货物在此前后又在海上遭受恶劣气候、雷电、海啸等自然灾害所造成的部分损失。

(4)在装卸或转运时由于一件或数件整件货物落海造成的全部或部分损失。

(5)被保险人对遭受承保责任内危险的货物采取抢救、防止或减少货损的措施而支付的合理费用，但以不超过该批被救货物的保险金额为限。

(6)运输工具遭遇海难后，在避难港由于卸货所引起的损失，以及在中途港、避难港由于卸货、存仓以及运送货物所产生的特别费用。

(7)共同海损的牺牲、分摊和救助费用。

(8)运输合同订有“船舶互撞责任”条款，根据该条款规定应由货方偿还船方的损失。

2. 水渍险的承保责任范围

(1)平安险所承保的全部责任。

(2)被保险货物在运输途中，由于恶劣气候、雷电、海啸、地震、洪水等自然灾害所造成的部分损失。

3. 一切险的承保责任范围

其承保责任范围是除包括上列平安险和水渍险的各种责任外，还负责被保险货物在运输途中由于一般外来风险所造成的全部或部分损失，如偷窃、钩损、碰损、受潮受热、淡水雨淋、短量和包装破裂等。可见，一切险是承担赔偿责任最大的险别。

上述三种基本险别，被保险人可以从中选择一种投保。险别不同，保险责任范围不同。一切险的保险范围和责任最大，水渍险次之，平安险则相对最小，因此其保险费率也相应由高到低。

（二）附加险

中国保险条款中的附加险有一般附加险和特殊附加险两大类。

1. 一般附加险

一般附加险所承保的是由于一般外来风险所造成的全部或者部分损失，共有 11 个险别：

（1）偷窃、提货不着险。承保在保险有效期内，被保险货物被偷窃，以及货物运抵目的地后，货物的整件未交的损失。

（2）淡水雨淋险。承保货物在运输中由于淡水、雨水以及冰雪融化所造成的损失。海上货运保险中的淡水包括船上淡水舱水管漏水、冰雾融化以及舱汗等。

（3）短量险。承保保险货物数量短少和重量的损失。通常指袋装或散装货的重量短少，但不包括正常的途耗。保险公司必须查清外包装是否发生异常现象，如破口、破袋、扯缝等。如属散装货物，往往以装船重量和卸船重量之间的差额作为计算短量的依据。

（4）混杂、沾污险。承保被保险货物在运输过程中，因混进了杂质或被污染所造成的损失。

（5）渗漏险。承保流质、半流质、油类等货物，由于容器损坏而引起的渗漏损失；或因液体外流而引起的用液体浸泡的货物的变质、腐烂所致的损失。

（6）碰损、破碎险。承保货物在运输过程中因振动、碰撞、受压造成的碰损和破碎损失。

（7）串味险。承保货物在运输过程中因受其他带异味货物的影响而造成的串味损失。例如，茶叶、香料、药材等在运输过程中受到一起堆放的毛皮、樟脑等异味的影响使品质受到损失。

（8）钩损险。承保袋装、捆装货物在装卸或搬运过程中由于操作不当，使用手钩、吊钩等工具将货物的包装钩坏所造成的损失，并对包装进行修补或调换所支付的费用负责赔偿。

（9）受潮、受热险。承保货物在运输过程中由于气温突然变化或船上通风设备失灵，使船舱内的水蒸气凝结而引起的货物受潮或由于温度增高使货物发生变质的损失。

（10）包装破裂险。承保因为包装破裂造成物资的短少、沾污等损失。此外，对于因保险货物运输过程中转运安全需要而产生的候补包装、调换包装所支付的费用，则保险公司也应负责。

(11)锈损险。承保金属或金属类货物在运输过程中因生锈造成的损失，保险公司一般只对包装货物承保这一损失，并且这种生锈必须在保险期内发生，如原装时就已生锈，保险公司不予赔偿。

上述11种一般附加险不能独立承保，必须附属于基本险别项下，也就是说，只有在投保了基本险别以后，投保人才允许加保上述附加险。投保一切险后，上述附加险已包括在内。

2. 特殊附加险

特殊附加险包括下列几种：

(1)战争险。承保战争或类似战争行为等引起的被保险货物的直接损失。保险公司对此种险别的承保责任范围包括：①由于战争、类似战争行为和敌对行为、武装冲突或海盗行为；②由此而引起的捕获、拘留、禁制、扣押所造成的损失；③由于各种常规武器(包括水雷、鱼雷、炸弹)所造成的损失；④由于上述原因所引起的共同海损的牺牲、分摊和救助费用，但对原子弹、氢弹等核武器所造成的损失，保险公司不予赔偿。

(2)罢工险。承保因罢工者、被迫停工工人、参加工潮、暴动和民变的人员采取行动或任何人的恶意行为所造成的被保险货物的直接损失，以及因上述行动或行为所引起的共同海损的牺牲、分摊和救助费用。但对在罢工期间由于劳动力短缺或不能使用劳动力所造成的被保险货物的损失，包括因罢工而引起的动力或燃料缺乏使冷藏机停止工作所致的冷藏货物的损失，以及无劳动力搬运货物，使货物堆积在码头淋湿受损，不负赔偿责任。

(3)舱面险。承保存放在舱面的货物按保险单所载条款负责的损失外，还负责被抛弃或被风浪冲击落水的损失。

(4)进口关税险。承保被保险货物遭受保险责任范围以内的损失，而被保险人仍须按完好的货物价值完税。

(5)拒收险。承保被保险货物在目的港被进口国的政府或有关当局拒绝进口或没收所造成的货物的损失。

(6)黄曲霉素险。承保被保险货物因所含黄曲霉素超过进口国的限制标准被拒绝进口、没收或强制改变用途所遭受的损失。

(7)交货不到险。承保被保险货物不论何种原因从装上船舶开始，在6个月内不能运抵原定目的地交货所造成的损失。

(8)货物出口到中国香港(包括九龙)或中国澳门存仓火险责任扩展条款。

被保险货物运抵目的地中国香港，包括九龙在内，或中国澳门卸离运输工具后，如直接存放于保单载明的过户银行所指定的仓库，本保险对存仓火灾的责任至银行收回押款，解除货物的权益为止，或运输险责任中止时起满30天为止。这一保险是为了保障过户银行的利益,货物通过银行办理押汇业务,在货主未向银行归还货款前,货物的权益属于银行。因此,保险单上必须注明过户给放款银行。在此阶段,货物即使到达目的港,收货人也无权提货,货物一般存放在过户银行指定的仓库中。如在存仓期间发生了火灾,保险人负责赔偿。

案例解析

案例 我方按CIF纽约出口冷冻羊肉一批,合同规定投保一切险加战争险、罢工险。货到纽约后适逢码头工人罢工,货物因港口无法作业不能卸载。第二天货轮因无法补充燃料,以致冷冻设备停机。等到第五天罢工结束,该批冷冻羊肉已变质。问:如进口商向保险公司索赔,保险公司是否应该赔偿?

解析 进口商向保险公司索赔无理。因为投保罢工险,保险公司只对因罢工造成的直接损失负责赔偿,对于间接损失不负赔偿责任。例如,由于罢工引起劳力不足或不能使用劳动力,致使堆放码头的货物遭到淋雨日晒而受损、冷冻机因无燃料而中断致使货物变质等均属间接损失。保险公司对于这类损失均不予赔偿。

二、承保责任的起讫期限

(一)基本险的责任起讫期限

平安险、水渍险和一切险的承保责任起讫期限采用"仓至仓"条款。

根据国际保险市场的习惯做法,中国人民财产保险公司的海洋运输货物保险条款规定的基本险保险责任起讫期限为"仓至仓条款"(Warehouse to Warehouse Clause, W/W Clause),即规定保险公司对被保险货物所承担的保险期限为:从被保险货物运离保险单上载明的启运港(地)发货人的仓库开始,包括正常运输过程中的海上、陆上、内河和驳船运输在内,一直到货物运达保险单所载明的目的港(地)收货人的仓库为止。该条款中所说的"运离",是指货物一经离开发货人仓库,保险责任即开始;所指到达,是指货物一经进入收货人仓库,保险责任即终止。对在仓库中发生的损失概不负责。

如果货到目的港,因港口泊位拥挤或提单迟到等无法控制的原因,不能及时运到收货人仓库时,则保险有效期可延长60天,60天届满时,不论被保险货物有没有进入收货人的仓库,保险责任均告终止。如货物在60天内运达收货人仓库,则以运达时间为保险责任终止时间。若收货人提货后,并不运往仓库,就对货物进行分配、转运等,则保险责任终止于分配、转运之时。

案例解析

案例 一份CIF条件的合同，出售大米100公吨，卖方在装船前投保了一切险加战争险，自南美内陆仓库起，直到英国伦敦的买方仓库为止。货物从卖方仓库运往码头装运途中，发生了承保范围内的货物损失。当卖方凭保险单向保险公司提出索赔时，保险公司以货物未装运，货物损失不在承保范围内为由，拒绝给予赔偿。问：卖方有无权利向保险公司索赔？

解析 卖方有权向保险公司索赔。理由：保险公司在货物装运之前已按“仓至仓”条款承保了买卖双方成交的货物，所以，保险公司对货物从卖方仓库运往码头装运途中发生的承保范围内的损失应给予赔偿。

(二)海运战争险的起讫期限

海运战争险的承保责任的起讫期限采用“岸到岸条款”。

战争险的责任起讫与基本险的责任起讫不同，不采用“仓至仓条款”，其责任起讫期限仅限于水上危险。它规定保险责任从货物装上保险单上所载明的启运港的海轮或驳船时开始，直到卸离保险单上所载明的目的港海轮或驳船为止。如果货物不卸离海轮或驳船，则保险责任最长延至货物抵达目的港之当日午夜起算满15天为止。如在中途港转船，则不论货物在当地卸载与否，保险责任以海轮抵达该港或卸货地点的当日午夜起算满15天为止，待货物再装上续运的海轮时，保险公司仍继续负责。

(三)罢工险的责任起讫期限

罢工险承保责任起讫采用“仓至仓条款”。

(四)扩展保险期限

被保险人可以要求扩展保险期限。例如，对某些内陆国家的出口业务，如在港口卸货转运内陆，无法按保险条款规定的保险期限在卸货后60天内到达目的地时，即可申请扩展。经保险公司出具证明予以延长，但需加收一定的保险费。但是，在办理扩展责任时，必须注意，在买卖合同的保险条款中对扩展期限和扩展地点应做具体明确的规定。对于没有铁路、公路、内河等正常运输路线的地区，除非事先征得保险公司同意，一般不能规定扩展保险责任，对于散装货一般也不办理扩展责任。

资料卡13—3 保险公司的除外责任

不论是平安险、水渍险或一切险，根据保险公司保险条款的规定，对下列各项损失和费用，概不负赔偿责任：

1. 被保险人的故意行为或过失所造成的损失。

2. 属于发货人责任所引起的损失。

3. 被保险人货物的自然损耗、本质缺陷、特性以及市价跌落所引起的损失或费用。

4. 在保险责任开始前，被保险货物已存在的品质不良或数量短差所造成的损失。

5. 不属于海洋运输货物战争险条款和货物运输罢工险条款规定的责任范围和除外责任。

6. 运输延迟所引起的损失或费用。

第三节 英国伦敦保险协会的海运货物保险条款

在国际保险业中，英国是一个历史最悠久和最发达的国家，它所制定的保险条款对世界各国影响很大。目前世界上大多数国家在海上保险业务中直接采用英国伦敦保险协会所制定的“协会货物条款”（Institute Cargo Clauses，I. C. C.）。

“协会货物条款”最早制定于 1912 年，后来经过修订，新条款于 1982 年 1 月 1 日公布，1983 年 4 月 1 日开始使用。新条款共有 6 种险别，分别是：(1)协会货物条款(A)。(2)协会货物条款(B)。(3)协会货物条款(C)。(4)协会战争险条款(货物)。(5)协会罢工险条款(货物)。(6)恶意损害险条款。

在 6 种险别中，前 3 种是主险，协会战争险、罢工险和恶意损害险为附加险，前 5 种险都可以单独投保，第 6 种险不可以单独投保。

一、协会货物条款(A)的承保风险与除外责任

由于协会货物条款(A)的承保责任范围最为广泛，不便把全部承保风险一一列出，采用列出“除外责任”的方式，即除了除外责任外，其他风险损失均予负责，它大体上相当于旧条款的一切险。协会货物条款(A)险的除外责任有下列四类：

(一)一般除外责任

主要是指被保险人故意的不法行为造成的损失或费用；包装或准备不足或不当造成的损失和费用；保险标的自然渗漏、重量或容量自然损耗或自然磨坏；保险标的内在缺陷或特性所造成的损失和费用；由于船舶所有人、经营者、租船人破产或不履行债务造成的损失和费用；由于使用任何原子武器或热核武器造成的损失和费用等。

(二)不适航、不适货除外责任

主要是指被保险人在保险标的装船时已知该船不适航,以及船舶、运输工具、集装箱等不适货的情况。

(三)战争险除外责任

主要是指由于战争、内战、敌对行为等所造成的损失和费用;由于捕获、拘留、扣留等(海盗除外)所造成的损失;由于漂流水雷、鱼雷所造成的损失。

(四)罢工除外责任

主要是指由于罢工、被迫停工所造成的损失或费用;由于罢工者、被迫停工工人等造成的损失或费用;任何恐怖主义者或出于政治动机而行动的人所致损失、费用。

二、协会货物条款(B)的承保风险和除外责任

协会货物条款(B)的承保责任范围小于协会货物条款(A),采用"列明风险"的方式,与原水渍险比较,增加了船舶搁浅和倾覆、陆上运输工具倾覆或出轨、地震或火山爆发、浪击入海等条款,对不属于共同海损行为中的抛货责任和海水、湖水或河水进入船舶、驳船、运输工具的风险也可负责。

(一)协会货物条款(B)的承保风险

协会货物条款(B)的承保是采用"列明风险"的方式。其承保的风险是:

(1)火灾、爆炸所造成的灭失和损害。

(2)船舶、驳船的触礁、搁浅、沉没、倾覆。

(3)陆上运输工具的倾覆或出轨。

(4)船舶、驳船或运输工具同水以外的任何外界物体碰撞。

(5)在避难港卸货。

(6)地震、火山爆发或雷电。

(7)共同海损牺牲。

(8)抛货。

(9)浪击落海。

(10)海水、湖水或河水进入船舶、驳船、运输工具集装箱、大型海运箱或储存处所。

(11)货物在船舶或驳船装卸时落海或跌落,造成任何整体的全损。

(二)协会货物条款(B)的除外责任

协会货物条款(B)的除外责任,除对"海盗行为"和恶意损害险的责任不负责外,其余均与协会货物条款(A)的除外责任相同。

三、协会货物条款(C)的承保风险和除外责任

协会货物条款(C)的承保风险只包括"重大意外事故"的风险,采用"列明风险"的

方式。

协会货物条款(C)的承保责任范围是灭失或损害,要合理归因于:

(1)火灾、爆炸。

(2)船舶或驳船触礁、搁浅、沉没或倾覆。

(3)海上交通工具倾覆和出轨。

(4)船舶、驳船或运输工具同除水以外的任何外界物体碰撞。

(5)在避难港卸货。

(6)共同海损牺牲。

(7)抛货。

协会货物条款(C)比原平安险的责任范围小,采用"列明风险"的方式,它仅对"重大意外事故"风险负责,对非重大事故风险和协会货物条款(B)中的自然灾害风险均不负责。与协会货物条款(B)比较,免除了由于地震、火山爆发、雷电、浪击落海、海水、潮水或河水进入船舶、驳船、运输工具等造成的损失,以及货物在装卸时落海或跌落造成的整件全损等。协会货物条款(C)的除外责任与协会货物条款(B)完全相同。

四、协会战争险、罢工险和恶意损害险条款

协会新战争险和罢工险条款与中国保险条款内容相比差别不是很大,也是采用"仓至仓"责任,与我国海运保险期限大体相同,但规定得更为详细,其区别是协会新战争险和罢工险在需要投保时可以作为独立的险别投保。

恶意损害险是新增加的附加险别,承保除被保险人以外的其他人(如船长、船员)的故意破坏行为所造成的被保险货物的灭失或损坏,但出于政治动机的人的行为则除外,这应属于罢工险的承保范围。恶意损害的风险在协会货物条款(A)中列为承保责任,但在协会货物条款(B)和协会货物条款(C)中均列为除外责任。因此,在投保协会货物条款(B)或协会货物条款(C)时,如欲取得这种风险的保障,应另行加保恶意损害险。

案例解析

案例 有一载货海轮,在舱面上载有200辆卡车,航行途中遇到恶劣气候,海浪将50辆卡车卷入海中,从而海轮在巨浪中出现严重倾斜,如不立即采取措施,海轮随时有翻船沉没的危险。在危急关头,船长下令将其余的150辆卡车全部抛入海中,从而求得船身在风浪中保持平衡。试分析以上各种损失的性质,并指出根据英国伦敦"协会货物条款"需投保何种险别,才能取得保险公司的赔偿?

解析　前者属于单独海损,后者属于共同海损。根据英国伦敦"协会货物条款",投保协会货物条款(B)险即可取得保险公司赔偿。

第四节　其他运输方式下的货物运输保险

除了海洋运输这种主要的国际贸易的运输方式下货物需要保险外,其他运输方式下的货物也需要办理保险。其他运输方式下的货物运输保险是在海洋运输货物保险的基础上发展起来的。由于陆运、空运、邮包运输同海运可能招致的货物损失的风险种类不同,因此,陆运、空运、邮包货物运输保险与海上货运保险的险别及其承保责任范围也有所不同。尤其是随着国际贸易的发展,其他运输方式的国际货物运输量比重明显上升,陆上、航空、邮包及多式联运货物保险业务均脱离海上运输保险,各自形成独立的保险条款。

根据中国人民保险公司中国保险条款,适用于陆上、航空和邮政运输的险别主要有以下几种。

一、陆上货物运输保险

陆运保险的基本险别有陆运险和陆运一切险。另外制定的陆运冷藏货物的专门险别——陆上运输冷藏货物险,也属基本险。在投保陆运基本险的基础上,还可以根据情况加保附加险。附加险与海运货物保险一样,分为一般附加险和特殊附加险。如陆上运输货物战争险(火车)就是一种特殊附加险。

(一)陆运险的承保范围

这个险别类似于海运保险中的"水渍险"。保险公司负责赔偿被保险货物在运输途中遭受自然灾害或由于陆上运输工具(仅限于火车和汽车)遭受碰撞、倾覆或出现出轨以及驳船在驳运过程因遭受搁浅、触礁、沉没、碰撞,或由于遭受隧道坍塌、崖崩或失火、爆炸等意外事故所造成的全部或部分损失。此外,被保险人对遭受承保责任内风险的货物采取抢救、防止或减少货损而支付的合理费用,在不超过该批被救助货物保险金额的条件下,保险公司也负责赔偿。陆运险的承保范围不包括附加险。

(二)陆运一切险的承保范围

这种陆运险别的责任范围相似于海运保险中的"一切险"。即保险公司除承担上述陆运险的赔偿责任外,还负责货物在运输途中由于外来原因造成的全部或部分损失,即包括了一般附加险。

此外,还有冷藏货物险,也具有基本险的性质,其责任范围除包括陆运险的责任外，还负责赔偿由于冷藏设备在运输途中损坏而导致货物变质的损失。

（三）陆上货物运输保险的除外责任

（1）被保险人的故意行为或过失所造成的损失。

（2）属发货人责任范围的或被保险货物的自然消耗所引起的损失。

（3）由于战争、罢工或运输延迟所造成的损失。

（四）陆上货物运输保险责任起讫期限

陆运险的责任起讫期限也采用“仓至仓条款”。保险人的责任自被保险货物运离保险单所载明的启运地仓库或储存处开始生效，包括正常陆运及有关水上驳运，直至该货物运达保险单所载明的目的地收货人的仓库或储存处或被保险人用作分派、分配的其他储存处所为止。如未运抵上述仓库或储存处，则以被保险货物运抵最后卸载的车站满 60 天止。如在中途转车，不论货物在当地卸车与否，保险责任从火车到达中途站的当日午夜起满 10 天为止。如果被保险货物在 10 天内重新装车续运，则保险责任继续生效。

在投保陆上货运保险时，还可加保一种或若干种附加险。如陆运战争险（火车），它是指承保直接由于战争、类似战争行为以及武装冲突所造成的损失，保险人的具体责任同海运战争险基本相似，即仅以铁路运输为限，其责任起讫不是“仓至仓”，而是以货物置于运输工具为限。加保陆运战争险时保险人的责任起讫期限为自货物装上火车时开始，到在目的地卸离火车为止。如果被保险货物不卸离火车，则以火车到达目的地当日午夜起算满 48 小时为止。

此外，陆上货物运输罢工险也是一种陆运附加险，其保险手续的办理也与海运货物罢工险相同，即在加保战争险的同时加保罢工险，不另收费，若仅要求加保罢工险，则按战争险费率收费。

二、我国航空运输货物保险险别与条款

中国人民保险公司 1981 年 1 月 1 日修订的《航空运输货物保险条款》规定：航空运输货物保险分为航空运输险和航空运输一切险两种基本险别。在两种基本险的基础上，还可以加保航空运输货物战争险，这也是一种附加险。

（一）航空运输险的责任范围

航空运输险的责任范围与海洋货物运输保险条款中的“水渍险”相似，包括被保险货物在运输中遭受雷电、火灾、爆炸或由于飞机遭受恶劣气候或其他危难事故而被抛弃；或由于飞机遭受碰撞、倾覆、坠落或失踪等自然灾害和意外事故所造成的全部或部分损失。

(二)航空运输一切险的责任范围

航空运输一切险的责任范围与海洋运输保险条款中的“一切险”相似，除包括航空运输险的各项责任外，还包括被保险货物由于一般外来原因所造成的全部或部分损失。

(三)航空货物运输保险的除外责任

航空运输险和航空运输一切险的除外责任与海洋货物运输保险条款中基本险的除外责任基本相同。

(四)航空货物运输保险责任起讫期限

航空货物运输保险的保险责任起讫也采用“仓至仓条款”。与海运、陆运货物保险的“仓至仓条款”不同的是，如果货物运达保险单所载明的目的地而未运抵收货人仓库或储存处，则以被保险货物在最后卸离飞机满 30 天时责任终止。如在上述 30 天内被保险货物需转送到非保险单所载明的目的地时，则自该项货物开始转运时责任终止。

在投保航空运输险时，还可以加保战争险等附加险别。如果被保险货物不卸离飞机，战争险的责任起讫期限则以载货飞机到达目的地当日午夜起算满 15 天为止。

三、我国邮包运输货物保险险别与条款

邮政包裹运输保险包括邮包险和邮包一切险两种基本险别。在投保基本险的基础上，还可以加保邮包战争险。

(一)邮包险的责任范围

邮政运输不外乎采用陆、空、海等常用的交通运输方式，因此，邮包险(Parcel Post Risks)的责任范围包括水渍险、陆运险和航空运输险的责任范围。

(二)邮包一切险的责任范围

邮包一切险(Parcel Post All Risks)的责任范围包括一切险、陆运一切险和航空运输一切险的责任范围。

(三)邮政包裹运输保险的除外责任

邮包险和邮包一切险的除外责任与前几种运输保险的除外责任基本相同。

(四)邮政包裹运输保险责任起讫期限

邮包保险的责任起讫期限是从邮包离开启运地寄件人处所运往邮局开始，至目的地邮局给收件人发出通知的当日午夜起满 15 天为止。在此期限内，邮包一经送交收件人处所，保险责任即告终止。如加保战争险，则责任起讫期限为被保险邮包经邮局收验后，从储存处所起运时开始生效，直到该邮包运达目的地邮局送交收件人为止。

资料卡 13—4 卖方利益险和出口信用保险

货物运输保险除上述险种外，中国人民财产保险公司还承办两种独立的险别——卖方利益险和出口信用保险。

1. 卖方利益险

卖方利益险是指在 FOB(FCA)或 CFR(CPT)条件下，采用非信用证结算方式，万一货物在运输途中受损，买方又拒不付款赎单，若卖方事先投保了这一险别，可由保险公司赔偿卖方的损失。办理此项保险，保险公司是按海上一切险和战争险承保，费率按一切险的 1/4 再加上战争险的费率计收。

2. 出口信用保险

出口信用保险是指以出口贸易中国外买方按期支付货款的信用作为保险标的，或以海外投资中借款人按期还款的信用作为保险标的的保险，由债权人(出口商或贷款银行)为了保障自己的债权利益向保险公司投保，保险人对被保险人(债权人)因国外买方或借款人到期不能履行清偿债务的义务而造成的相关损失负经济赔偿责任。

开办出口信用保险的目的是为了鼓励和促进本国出口贸易的发展，不以营利为目的。它不仅是出口商获取银行贷款的前提条件，也是出口商开拓新市场，扩大出口的安全保障。

第五节 进出口货物运输保险实务

在进出口货物运输保险业务中，被保险人需要选择确定投保的险别、确定保险金额、办理投保手续并交付保险费、领取保险单证以及在货损时办理保险索赔等。

一、确定投保险别及保险金额

(一)保险险别的选择

保险公司承担的保险责任是以投保的险别为依据的。不同的险别，其承担的责任范围不同，保险费率也不同。因此投保人在确定投保险别时，应掌握两个原则：一是保障的充分性。即该投保的不漏保，否则在货物受损失时将得不到损失赔偿；二是保障的合理性。即不该投保的不投保，否则会造成浪费。

资料卡 13—5　选择投保险别时应考虑的因素

1. 风险与损失的关系及货物的残损规律

投保人应考虑被保险货物同运输中可能招致的风险与损失之间的关系以及货物的残损规律。因为不同种类的货物，在运输途中遭遇意外事故，其损失情况和程度是不同的，所以在选择投保险别之前，应分析各种风险对于货物致损的影响程度，以确定适当的险别。保险公司对于货物潜在的缺点及运输途中的自然损耗，一般是不承保的。

2. 货物的特性与包装

投保人要考虑货物的特性与包装状况，特别是一些容易破损的包装，对货物致损影响较大，选择险别时要考虑这一点。由于包装不良或由于包装不适合国际贸易运输的一般要求而使货物受损，保险公司是不负责任的。

3. 航行路线和停靠港口

投保人要考虑运输方式和运输路线及港口情况以及国际形势的变化等因素的影响。如某些航线途经热带地区，如运输怕热货物且载货船舶通风又不良，必然会增大货损。

按《2010 年国际贸易术语解释通则》的规定，卖方有办理保险义务的只有两个贸易术语——CIF 和 CIP。按 CIF 或 CIP 术语成交，货物在运输途中的风险由买方承担，但由于货价的构成中包含了货运保险费，因此办理货运保险手续、支付保险费是卖方的义务。买卖双方约定的险别通常为平安险、水渍险、一切险三种基本险别中的一种，还可在此基础上加保一种或若干种附加险。在买卖双方未约定投保险别的情况下，按惯例，卖方可投保保险公司承保责任范围最小的险别。在 CIF 或 CIP 术语的货价构成中一般不包括战争险等特殊附加险的费用。

(二)保险金额的确定

保险金额又称投保金额，是指被保险人向保险公司投保的金额，也是保险公司承担的最高赔偿金额，还是计算保险费的基础。保险金额由投保人根据保险价值在投保时向保险公司申报，并由保险人与被保险人约定，保险金额不得超过保险价值；超过保险价值的，超过部分无效。保险价值一般包括货价、运费、保险费以及预期利润等。按 CIF 或 CIP 术语成交，买卖双方应该在合同中约定保险金额，而且保险金额通常为在发票金额的基础上增加一定的百分率，即所谓的“保险加成率”，如未约定，按惯例，保险金额通常按 CIF 或 CIP 总值加成 10%计算，并以合同货币投保。加成的 10%是作为买方的经营管理费用和预期利润。

保险金额的计算公式为：

保险金额＝CIF(或者 CIP)价×(1＋投保加成率)

我国进出口货物的保险金额，在原则上虽也按进口货物的 CIF 或 CIP 货值计算，但目前来看，我国进口合同大多采用 FOB(或 FCA)条件，为简化手续，方便计算，一些外贸企业和具有进出口经营权的企业与保险公司签订预约保险合同，共同议订平均运费率(也可按实际运费率计算)以及平均保险费率。

(三)保险条款的选择

不同的保险条款，其责任有所不同。我国通常以中国人民保险公司 1981 年 1 月 1 日生效的货物运输保险条款为依据。但有时国外客户要求按照英国伦敦保险业协会货物保险条款为准，我方也可以融通接受。

二、办理投保和交付保险费

(一)办理投保

在 CIF 或 CIP 条件下，出口企业在向当地的保险公司办理投保手续时，应根据买卖合同或信用证规定，在备妥货物并确定装运日期和运输工具后，按规定格式逐笔填制投保单，并交付保险费。

投保应在风险可能出现之前办理。保险用于保障被保险的标的在遭受意外风险时获得补偿，所以投保人应当在风险可能出现之前办理投保。进出口货物运输保险一般是按照"仓至仓条款"承保，因此：

(1) CIF 条件下，出口货物应在运离装运地仓库进入码头准备装船之前办理投保。

(2) CFR 或 FOB 条件下，出口货物是由买方办理投保的，但货物在装运港装船之前这一段的保险仍需卖方自行安排。

(3)出口货物的投保，应在风险转移给进口人承担之前办理为宜。

(二)交付保险费

保险费是保险公司经营业务的基本收入。投保人交付保险费，是保险合同生效的前提条件。

保险费的计算公式如下：

保险费＝保险金额×保险费率

　　　＝CIF 价×(1＋加成率)×保险费率

　　　＝CIF 价×110%×保险费率

资料卡 13－6 保险费的计算

某外贸企业按CIF条件出口一批货物，CIF总值为80 000美元，按发票金额加成10%投保一切险、战争险(一切险费率为0.3%，战争险费率为0.04%)，求：要交多少保险费？

解：保险金额＝CIF价×(1＋投保加成率)

＝80 000×(1＋10%)＝88 000(美元)

保险费＝保险金额×保险费率

＝88 000×(0.3%＋0.04%)＝299.2(美元)

答：要交299.2美元的保险费。

保险费率是按照不同货物、不同目的地、不同运输工具和保险险别由保险公司根据货物损失率和赔付率来制定的。目前，我国出口货物保险费率分为“一般货物费率”和“指明货物加费率”两大类。前者适用于所有货物，后者仅适用特别订明的货物。

三、取得保险单据

保险单据既是保险公司对被保险人的承保证明，也是保险公司和被保险人之间的保险契约，它具体规定了保险公司和被保险人的权利和义务。在被保险货物遭受损失时，保险单据是被保险人索赔的依据，也是保险公司理赔的主要依据。

(一)保险单据的种类

1. 保险单

保险单俗称“大保单”，是投保人与保险公司之间订立的正式的保险合同。它除了在正面载明证明双方当事人建立保险关系的文字、被保险货物的情况、承保险别、理赔地点以及保险公司关于所保货物如遇险可凭本保险单及有关证件给付赔款的声明等内容外，在背面还对保险人和被保险人的权利和义务做了规定。保险单是使用最广的保险单据。

2. 保险凭证

保险凭证俗称“小保单”，是一种简化了的保险合同，它与正式保险单的区别在于：保险凭证只有正面的内容，无背面条款，但其一般标明按照正式保险单上所载保险条款办理。这种凭证除背面不载明保险人与被保险人双方的权利和义务等保险条款外，其余内容均与保险单相同，它与正式的保险单具有同样的法律效力，对双方当事人均有约束力。但近年来，为实现单据格式规范化，此类保险凭证已被不少保险公司废弃。

3. 预约保险单

预约保险单又称“开口保险单”“预约保险合同”，是经常有相同类型货物需要陆续分批装运时所采用的一种保险单。严格地讲，它是一种没有总保险金额限制的预约保险总合同，是保险人对被保险人将要装运的属于约定范围内的一切货物负自动承保责任的总合同。订立这种合同的目的是为了简化保险手续，又可使货物一经装运即可取得保障。在我国，预约保险单常用于进口业务中。

4. 联合凭证

联合凭证又称“联合发票”，是一种将发票和保险单相结合的、比保险凭证更为简化的保险单证。保险公司将承保的险别、保险金额以及保险编号加注在投保人的发票上，并加盖印戳，其他项目均以发票上列明的为准。这种单证只有我国采用，并且仅适用于对中国香港和澳门地区的出口业务。

5. 批单

保险单签发后，投保人如需要补充或变更其内容时，可根据保险公司的规定，向保险公司提出申请，经同意后即另出一种凭证，注明更改或补充的内容，这种凭证即称为批单。

保险单一经批改，保险公司即按批改后的内容承担责任。

(二)保险单的转让

在国际贸易中，海运保险单是可以经背书转让的单据。根据《2010 年国际贸易术语解释通则》的规定，在 CIP 和 CIF 条件下，卖方必须向买方提供保险单或其他保险证据，以使买方或任何其他对货物具有保险利益的人可直接向保险人索赔。在这一情况下，通常卖方是保险单的被保险人，他通过背书将保险单转让给买方，从而使得买方可以凭保险单向保险公司索赔。

保险单的转让是指保险单权利的转让，也就是被保险人将保险单所赋予的损害索赔权及相应的诉讼权转让给受让人。这种权利的转让与被保险货物本身所有权的转让是两种不同的法律行为。买卖双方交接货物并转移货物所有权，并不能自动转移保险单的权利，而必须由被保险人在保险单上以背书表示转让的意思，才能产生转让的效力。

资料卡 13-7 各国海上保险法律关于保险单转让的一般规定

1. 海运货物保险单可以不经保险公司同意而自由转让。

2. 海运货物保险单的转让，必须在保险标的所有权转移之前或转移的同时进行，如果所有权已经转移，事后再办理保险单的转让，这种转让是无效的，因为被保险人将保险标的所有权转移给他人之后，他对保险标的已丧失了可得利益，保险单的转让也就失去了依据。

3. 在海运货物保险单办理转让时，无论损失是否发生，只要被保险人对保险标的仍然具有可保利益，保险单就可有效转让。

4. 保险单的受让人只能享有与原被保险人在保险单下所享有的相同的权利和义务，他不能取得优于原被保险人的权利。

5. 保险单转让后，受让人有权以自己的名义向保险人进行诉讼，保险人也有权如同对待原被保险人一样，对保险合同项下引起的责任进行辩护。

6. 保险单的转让，可以采取由被保险人在保单上背书或其他习惯方式进行。按照习惯做法，采用空白背书方式转让的保险单，可以自由转让；采用记名背书方式转让的保险单，则只有被背书人才能成为保险单权利的受让人。

四、保险索赔

保险索赔是指当被保险的货物在保险责任有效期内发生属于保险责任范围内的损失，被保险人可向保险公司提出索赔。

(一)被保险人提出索赔应具备的条件

(1)被保险人是保险单的合法持有人。

(2)被保险人要求赔偿的损失必须是承保责任范围内风险造成的损失。

(3)被保险人必须拥有可保利益。可保利益，又称保险利益或可保权益，是指被保险人对被保险货物因具有某种利害关系而享有的为法律所承认可以投保的经济利益。例如，在按 FOB 或 CFR 贸易术语成交条件下，保险是由买方办理的，而买方是在货物装船后才承担风险，亦即此时他才享有可保利益。

(二)保险人索赔时应注意做好的几项工作

被保险人或其代理人向保险人索赔时，应做好下列几项工作：

1. 分清责任

当被保险货物运抵目的地，被保险人或其代理人提货时发现货物有明显的受损痕迹或短少等情况时，首先应分清责任，并向有关责任方提出索赔。比如，被保险人或其代理人在提货时发现货物包装有明显的受损痕迹，或整件短少或散舱货物已经残损，除向保险公司报损外，还应立即向承运人、海关、港务当局等索取货损货差证明，及时向有关责任方提出索赔，并保留追偿的权利，必要时还要申请延长索赔时效。

2. 及时向保险公司发出损失通知

当被保险人得知或发现货物已遭受保险责任范围内的损失，应及时通知保险公司，并尽可能保护现场。保险公司在接到损失通知后，即可采取相应措施。如会同有关方面检验、勘察损失程度，调查损失原因，确定损失性质和保险责任，查核发货人或承运人责任，采取必要的施救措施，并签发联合检验报告。检验报告是被保险人向保险公司索赔的重要证件。

3. 采取合理的施救措施

保险货物受损后，被保险人和保险人都有责任采取可能的、合理的施救措施，以防止损失扩大。因抢救、阻止、减少货物损失而支付的合理费用，保险公司负责补偿，但以不超过该批被救货物的保险金额为限。被保险人能够施救而不履行施救义务，保险人对于扩大的损失甚至全部损失有权拒赔。

4. 备齐索赔单证

被保险人在向保险人或其代理人索赔时，应提交索赔必需的各种单证，否则会使索赔的过程复杂化。按照保险惯例，被保险人在索赔时通常需提交的单证有：保险单或保险凭证正本、运输单据、商业发票、装箱单、磅码单、货损货差证明、货物残损检验报告、海事报告摘录、向承运人或其他第三者请求赔偿的有关文件和来往函电、费用清单及索赔清单等单据。

(1)保险单或保险凭证：是保险人的承保证明，保险人是否负赔偿责任，就是依据保险单及其所列具体条款来确定的。

(2)运输单据、发票、提单、装箱单或磅码单：是证明被保险货物原有状况的依据，对于货物残损情况有重要参考价值。

(3)货物残损检验报告：是检验机构对受损货物实地检验的客观记录，证明被保险货物损失情况，是被保险人索赔的客观证据，是保险人了解货物损失情况的重要依据。

(4)海事报告摘录：是载货船舶在航行途中遭遇恶劣天气、意外事故或其他海难时，船长据实记录的报告。其目的在于证明航程中遭遇海难，船舶或货物可能遭致损失，并且声明船长及船员已经采取一切必要措施，是人力不可抗拒的损失，船方应予免责。海事报告对于海难情况、货损原因以及采取的措施都有证明，对于确定损失原因和保险责任都有重要的参考作用。

(5)向承运人或其他第三者请求赔偿的有关文件和来往函电：保险人可根据损失情况和理赔需要，要求被保险人提交其他证据。这些单据和文件是被保险人索赔的依据，保险人是否承担赔偿责任，除根据现场调查搜集的资料外，主要是依据这些文件判断。它是保险人审核理赔案件的重要内容之一。

(6)费用清单及索赔清单：是被保险人为保全被保险货物采取合理措施所支付的费用以及货物残损检验费用的开支及各类其他费用明细说明。根据保险条款规定，这些费用均可从保险人处获得补偿。

5. 应了解索赔免赔的一些规定

当货物发生全损时，应赔偿全部保险金额，如果是部分损失，则应合理确定赔偿比例。对易碎和易短量货物的索赔，应了解是否有免赔的规定。保险业有两种规定办法：一种是所谓不论损失程度均予赔偿；另一种是规定免赔率。免赔率是指保险人对于保险货物在运输途中发生的货损货差，在一定比率内不负赔偿责任。这是因为有些货物由于商品本身的特点或在装运作业过程中，必然会发生损失，是正常现象，而非偶然事故，保险公司不予赔偿。

6. 有关代位追偿和委付的问题

在保险业务中，当货物遭受承保范围内的损失但是损失应由第三方负责的时候，为了防止保险人双重获益，保险人在全部赔偿或部分赔偿后，要求被保险人转让其对造成损失的第三者责任方要求全损赔偿或相应部分赔偿的权利，这种权利就是代位追偿权。

当进出口货物处于推定全损状态时，被保险人向保险人发出通知，愿将本保险承保的被保险人对保险标的的全部权利和义务转让给保险人，而要求保险人以全部损失予以赔偿，这就是委付。如果被保险人不发出委付通知，保险人只按部分损失赔偿，如果发出委付通知并经保险人接受，则保险人按推定全损赔偿，并取得处理残损货物的权利。

根据国际保险业的惯例，保险索赔或诉讼的时效为自货物在最后卸离运输工具时起算，最多不超过 2 年。被保险人应在索赔时效内提出索赔或诉讼。中国人民财产保险公司为便利我国出口货物运抵国外目的地后及时检验损失，就地给予赔偿，已在 100 多个国家建立了检验或理赔代理机构。至于我国进口货物的检验索赔，则由有关的专业进出口公司或其委托的收货代理人在港口或其他收货地点，向当地人民财产保险公司要求赔偿。

资料卡 13—8　关于免赔率的若干规定

免赔率分为相对免赔率和绝对免赔率两种。

1. 相对免赔率

相对免赔率(Franchise)是指如果货损或货差的程度超过免赔率，保险公司在赔偿时不扣除免赔率，全部予以赔偿。

2. 绝对免赔率

绝对免赔率(Deductible)是指如果货损或货差超过免赔率，保险公司在赔偿时要扣除免赔率，只负责赔偿超过免赔率的部分。

相对免赔率和绝对免赔率两者的相同点是：如果损失数额不超过免赔率，均不予赔偿。两者的不同点是：如果损失数额超过免赔率，相对免赔率不扣除免赔率全部予以赔偿；绝对免赔率要扣除免赔率，只赔超过部分。

中国人民财产保险公司现在实行的是绝对免赔率，但现行的伦敦保险业协会的协会货物条款则无免赔率的规定。

资料卡 13—9 保险公司赔偿金额的计算

保险公司按绝对免赔率 5%承保某公司出口的瓷器一批，投保金额为 72 000 美元，货到后经清点有 12%的破碎。问：保险公司应赔偿多少？

解：货物损失额＝72 000×12%＝8 640(美元)

保险公司免赔部分＝72 000×5%＝3 600(美元)

保险公司应赔偿额＝8 640－3 600＝5 040(美元)

答：保险公司应赔偿 5 040 美元。

第六节 合同中的保险条款

在国际货物买卖合同中，货运保险条款是一个重要的内容，如何订立，应取决于买卖双方在合同中所采用的贸易术语。

一、合同中的保险条款举例

以 EXW、FAS、FOB、CFR 或 FCA、CPT 术语成交，合同中的保险条款可订为：

“保险由买方办理”或者“由买方委托卖方按发票金额 110%代为投保××险和××险，保险费用由买方负担，按 1981 年 1 月 1 日中国人民保险公司海洋运输货物保险条款负责。”

以 CIF 或 CIP 术语成交，条款内容要明确由卖方办理保险，保险险别是什么，保险金额是多少，受何种保险条款的约束以及保险条款的生效日期等。具体订法如下：

“由卖方按发票金额的 110%投保一切险和战争险，按 1981 年 1 月 1 日中国人民保险公司海洋货物运输保险条款负责。”

二、订立保险条款应注意的问题

(1)应明确按什么保险条款投保,是按协会货物条款还是按中国保险条款。

(2)应明确投保险别,是平安险、水渍险还是一切险。如需另加某一种或某几种附加险也应一并写明。

(3)应明确由何方负责投保,如系 FOB、CFR 合同,应明确由买方负责投保,但卖方为避免工厂仓库至码头的运输风险可加保“仓至船”险。如系 CIF 合同,应明确由卖方负责投保。

(4)应明确投保加成率,如超过 10%,由此而产生的超额保险费应由买方负担。如加保战争险,应明确“若发生有关的保险费率调整,所增加的保费由买方负担”。

(5)应明确不同保险条款的生效日期。

(6)保险单的签订日期不能迟于装运日期,如果货物在装运以后才签订保险合同,则货物从装运到签订保险合同的一段时间没有被保险。

(7)保险货币应与发票货币一致,以避免汇率风险。

(8)注意合同的价格条件与船舶的船龄与适航性。

以 CFR 或 CIF 价格条件成交的进口合同,是由出口方负责租船的。发货人关心的是运输费的高低,而不很重视船舶的船龄和适航性。对于进口方来说,不能因为投保了运输保险而不关心货运的安全系数。如果发货人与承运人互相勾结,以破旧船不装或少量装后,在途中故意沉没的情况也不是绝对没有。即使不存在欺诈行为,收货方也应注意船龄和适航性,按照国际惯例,保险公司对超过 15 年船龄的船舶所载货物的货运保险,要加收保险费。为使进口方避免负担增加的保险费,以 CFR 或 CIF 成交的合同中,应订明老船加费的条款。

思考题

1. 风险和损失有哪些种类?实际全损和推定全损有何区别?
2. 什么是共同海损?共同海损的构成条件有哪些?
3. 单独海损与共同海损有哪些区别?
4. 我国海上货物运输保险的险别有哪几种?各自的责任范围有何区别?
5. 保险公司除外责任的范围有哪些?
6. 简述施救费用和救助费用的区别。
7. 保险索赔应注意做好哪些工作?

第六编　国际贸易货款的结算

在国际贸易中，货款的收付是买卖双方的基本权利和义务。货款的收付直接影响双方的资金周转和融通以及各种商业风险和费用的负担，这是关系到买卖双方切身利益的问题。因此，买卖双方在交易磋商时，都力争约定对自己有利的支付条件。货款的结算主要涉及支付工具、付款时间与地点、支付方式等问题。本编内容包括最常用的结算工具与结算方式。

第十四章 结算工具

国际贸易货款的收付，采用现金结算的较少，大多使用非现金结算，即使用票据代替现金作为流通手段和支付手段的信贷工具来结算国家间的债权债务。票据是国际通行的结算和信贷工具，是可以流通转让的债权凭证。票据可分为汇票、本票和支票，在国际货款结算中，主要使用汇票，有时也使用本票和支票。

第一节 汇 票

汇票作为一种有价证券，能准确无误地表达当事人的债权债务关系，并得到法律的有效保障。在国际贸易的结算中，普遍运用汇票。

一、汇票的定义

汇票(Bill of Exchange; Draft)是一个人向另一个人签发的，要求见票时或在将来的固定时间，或可以确定的时间，对某人或其指定的人或持票人支付一定金额的无条件的书面支付命令。

根据定义，汇票涉及三个基本的当事人：出票人、付款人和收款人。

出票人，是开立汇票的人。

付款人，是接受支付命令付款的人。在进出口业务中，通常是进口人或其指定的银行。

收款人，是受领汇票所规定金额的人。在进出口业务中，通常是出口人或其指定的银行。

二、汇票的基本内容

按照各国票据法的规定，汇票的要件必须齐全，否则受票人有权拒付。根据日内瓦统一票据法的有关规定，汇票一般应包括下列基本内容：

(1)应写明“汇票”字样，通常以“Exchange”或“Draft”表示。

(2)无条件支付一定金额的命令。

(3)受票人(Drawee),又称付款人(Payer)。

(4)收款人(Payee)。

(5)付款期限。常见的有:即期付款、定期付款和延期付款。

(6)出票人(Drawer)签字。汇票只有经有权签发的人签发才生效。

(7)出票日期和出票地点。

(8)付款地点。通常是付款人所在地。

我国《票据法》第23条做了以下规定:"汇票上记载付款日期、付款地、出票地等事项的,应该清楚、明确。汇票上未记载付款日期的,为见票即付。汇票上未记载付款地的,付款人的营业场所、住所或者经常居住地为付款地。汇票上未记载出票地的,出票人的营业场所、住所或者经常居住地为出票地。"

以上是任何一张汇票都须具备的项目,另外各国票据法还允许汇票载有一些其他内容,如汇票号码、利息和利率、禁止转让、对成套汇票的说明、出票条款、无追索权的声明等。图14—1为中国工商银行的银行汇票样张。

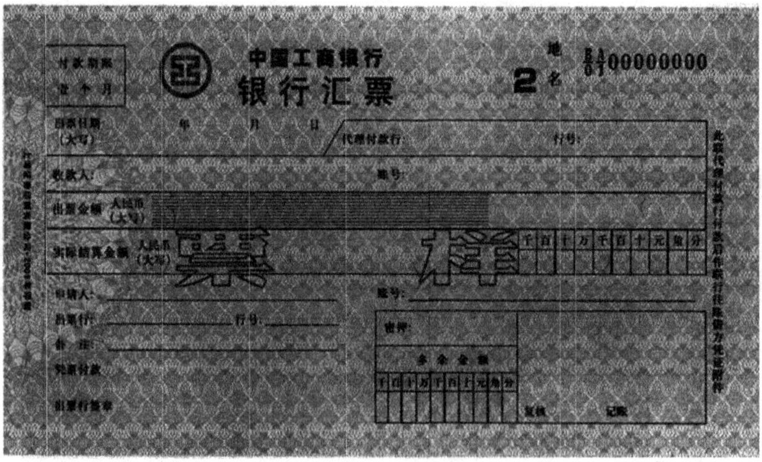
中国工商银行
银行汇票　2
付款期限 壹个月
00000000
出票日期(大写)　年　月　日
代理付款行:　行号:
收款人:　账号:
出票金额 人民币(大写)
实际结算金额 人民币(大写)
千 百 十 万 千 百 十 元 角 分
申请人:　账号:
出票行:　行号:
备注:
凭票付款
出票行签章
密押:
多余金额
千 百 十 万 千 百 十 元 角 分
复核　记账
票样

图14—1　汇票样张

三、汇票的种类

汇票从不同的角度可分为以下几种:

(1)按照出票人的不同,可分为银行汇票和商业汇票。

(2)按照是否附有货运单据,汇票可分为光票和跟单汇票。

(3)按照承兑人不同,远期汇票可分为商业承兑汇票和银行承兑汇票。

(4)按照付款时间的不同,可分为即期汇票和远期汇票。

四、汇票的使用

汇票的使用有出票、提示、承兑、付款等，如需转让，通常经过背书行为转让。汇票遭到拒付时，还要涉及做成拒绝证书和行使追索权等法律问题。

(一)出票

出票(To Draw)是指出票人在汇票上填写付款人、付款金额、付款日期和地点以及受款人等项目，经签字后交给受款人的行为。在出票时，受款人通常有三种写法：

1. 限制性抬头

例如，“仅付××公司”或“付××公司，不准流通”。这种抬头的汇票不能流通转让，只有××公司可收取货款。限制性抬头的汇票金额只能付给特定的抬头人。

2. 指示性抬头

例如，“付××公司或其指定人”(Pay to the Order of...)。这种抬头的汇票，除××公司可以收取票款外，也可以经过背书转让给第三者，且由于需经原债权人背书，有一定的安全性，因此使用较广泛。

3. 持票人或来人抬头

例如，“付给来人”(Pay Bearer)。这种抬头的汇票无需由持票人背书，仅凭交付汇票即可转让，流通性最强，但安全性最差，凡在抬头人一栏中有“来人”(Bearer)字样，无论在其前后是否还有其他内容，均构成持票来人抬头。

(二)提示

提示(Presentation)是指持票人将汇票提交付款人要求承兑或付款的行为。付款人见到汇票称为见票(Sight)。提示可以分为两种：

(1)付款提示(Presentation for Payment)：持票人向付款人提交汇票，要求付款。

(2)承兑提示(Presentation for Acceptance)：远期汇票持票人向付款人提交汇票，付款人见票后办理承兑手续，到期时再付款。

无论是承兑提示还是付款提示，均应在规定的有效期内进行，否则丧失对其前手的追索权。特别是远期汇票的承兑提示和即期汇票的付款提示。

我国《票据法》规定：即期和见票后定期付款汇票自出票日后1个月；定日付款或出票后定期付款汇票应在到期日前向付款人提示承兑；已经承兑的远期汇票的提示付款期限为自到期日起10日内。

(三)承兑

承兑(Acceptance)是指付款人对远期汇票表示承担到期付款责任的行为。付款人在汇票上写明“承兑”(Accepted)字样，注明承兑日期，并由付款人签字，交还持票人。付款人对汇票做出承兑，即成为承兑人，承兑人有在远期汇票到期时付款的责任，不得以任何理由否认汇票的效力，拒绝对该汇票付款。

(四)付款

付款人向持票人支付汇票金额的行为称为付款(Payment)。对即期汇票，在持票人提示汇票时，付款人即应付款；对远期汇票，付款人经过承兑后，在汇票到期日付款。付款后，汇票上的一切债权债务即告结束。持票人获得付款时，应当在汇票上签收，并将汇票交给付款人作为收据存查。

(五)转让和背书

远期汇票在付款人承兑后至付款到期之前，可以在票据市场上流通转让(Transferable)。持票人转让汇票的目的是为了提前得到票款。能转让的远期汇票有指示性抬头汇票和来人抬头汇票。前者转让时需经受款人背书；后者转让时则无须背书。

背书(Endorsement)是转让汇票权利的一种法定手续，就是由汇票持有人在汇票背面签上自己的名字，或再加上受让人即被背书人的名字，并把汇票交给受让人的行为。经背书后，汇票的收款权利便转移给受让人。汇票可以经过背书不断转让下去。对于受让人来说，所有在他以前的背书人以及原出票人都是他的"前手"；而对出让人来说，所有在他让与以后的受让人都是他的"后手"，前手对后手负有担保汇票必然会被承兑或付款的责任。

背书的方式有三种：

(1)限制性背书(Restrictive Endorsement)：限制性背书即不可转让背书。

(2)空白背书(Blank Endorsement)：也称不记名背书，票据背面只有背书人名称而无受让人签名。此类背书只凭交付即可转让。

(3)特别背书(Special Endorsement)：指汇票背面既有背书人签名，又有被背书人签名。这种背书受让人可继续背书将汇票转让。

在国际市场上，一张远期汇票的持有人如想在付款人付款前取得票款，可以经过背书将汇票转让给银行、贴现行或金融公司，由它们从票面金额中扣减按一定贴现率计算的贴现息后，将余款付给持票人，这称为贴现(Discount)。银行贴现票款后，就成为汇票的持有人。它或者在市场上继续转让，或者在到期日向付款人索取票款。

(六)拒付与追索(Dishonour and Recourse)

无论即期汇票，还是远期汇票，均有可能遭到拒付。所谓拒付，包括拒绝付款和拒绝承兑两个内容。对汇票的拒付行为不一定要付款人正式表示不付款或不承兑，在付款人或承兑人死亡、逃匿、被依法宣告破产或因违法被责令停止业务活动等情况下，付款在事实上已不可能时，也作为拒付。在付款人对票据虽不明示拒付，但迟迟不付款或不承兑时，持票人也可认为票据已被拒付。

汇票被拒付，如拒付的汇票已经承兑，出票人可凭此向法院起诉，要求承兑汇票的承兑人付款。汇票被拒付,持票人除可向承兑人追偿外,还有权向其前手追索,包括所有的前手,直至出票人。持票人行使追索权时,应将拒付的事实书面通知其前手,并提供被拒绝承兑或被拒绝付款的证明或退票理由书。在国外,通常要求持票人提供拒绝证书。按日内瓦统一票据法规定,拒绝证书又称拒付证书,是一种由付款地的法定公证人或其他依法有权制作这种证书的机构,例如法院、银行公会等所制作的证明付款人拒付的文件。持票人请求公证人做成拒绝证书,应将票据交出,由公证人持票向付款人再做提示,如遇拒付,公证人即按规定格式写一张证明书,连同票据交还持票人,持票人凭以向前手追索。

商业汇票,通常开立一式两份分别寄发,以防遗失。但付款人只对其中一份承兑或付款。因此,汇票上都分别注明"付一不付二"和"付二不付一"字样。

资料卡 14—1 几种常见汇票的解释

1. 银行汇票

它是指出票人是银行,受票人也是银行的汇票。在国际结算中,银行汇票签发后,一般交汇款人,由汇款人寄交国外收款人向指定的付款银行取款。出票行签发汇票后,必须将付款通知书寄给国外付款行,以便付款行在收款人持票取款时进行核对。票汇中使用的就是银行汇票。银行汇票一般为光票,不随附货运单据。

2. 商业汇票

它是指出票人是工商企业或个人,受票人可以是工商企业或个人,也可以是银行的汇票。在国际结算中,商业汇票通常是由出口人开立,向国外进口人或银行收取货款时使用的汇票,商业汇票的出票人不必向付款人寄送付款通知书。商业汇票大多附有货运单据。

3. 光票

光票又称净票或白票,是指不附带货运单据的汇票。光票的出票人既可以是工商企业或个人,也可以是银行。付款人同样也可以是工商企业、个人或银行。光票的流通全靠出票人、付款或出让人(背书人)的信用。在国际结算中,一般仅限于贸易的从属费用、货款尾数、佣金等的托收或支付时使用。

4. 跟单汇票

跟单汇票又称押汇汇票,是指附有货运单据的汇票。跟单汇票的付款以附交货运单据,如提单、发票、保险单等单据为条件。汇票的付款人要取得货运单据提取货物,必须付清货款或提供一定的保证。跟单汇票体现了钱款与单据对流的原则，对进出口双方提供了一定的安全保证。因此，在国际货款结算中，大多采用跟单汇票作为结算工具。

5. 商业承兑汇票

商业承兑汇票是指由工商企业履行承兑手续的远期汇票，其出票人是工商企业或个人。

6. 银行承兑汇票

银行承兑汇票是由银行进行承兑的远期汇票，通常由出口人签发，银行对汇票承兑后即成为该汇票的主债务人，出票人则成为从债务人，或称次债务人。

7. 即期汇票

它是指在提示或见票时立即付款的汇票。

8. 远期汇票

它是指一定期限或特定日期付款的汇票。远期汇票的付款时间，有以下几种规定：(1)见票后若干天付款。(2)出票后若干天付款。(3)提单签发日后若干天付款。(4)指定日期付款。

第二节 本 票

票据除汇票外，还有本票和支票。这两种票据与汇票一样具有付款承诺或委托的无条件性。在国际贸易结算中，虽以使用汇票为主，但有时，尤其是采用汇付方式结算货款的交易，也有使用本票和支票的。本票是一种支付承诺。票据法对它做了一些特别的规定。

一、本票的定义

本票(Promissory Note)是一个人向另一个人签发的，保证于见票时或定期或在可以确定的将来的时间，对某人或其指定人或持票人支付一定金额的无条件的书面承诺。简言之，本票是出票人对受款人承诺无条件支付一定金额的票据。

由定义可知，本票的当事人，分别是出票人和受款人。

(1)出票人，是指开立本票，向另一方承诺保证付款的人。因此，本票的出票人本身就是付款人，出票人始终处于主债务人的地位。

(2)受款人，是指本票上规定的接收款项的人。

二、本票的基本内容

按照我国《票据法》第76条规定，本票必须记载下列事项：

(1)表明“本票”的字样。

(2)无条件支付的承诺。

(3)确定的金额。

(4)收款人名称或其指定人。

(5)出票日期和地点。

(6)出票人签章。

本票上未记载规定事项之一的，本票无效。本票上未记载付款地，出票人的营业场所为付款地；未记载出票地的，出票人的营业场所为出票地(本票样张如图14－2所示)。

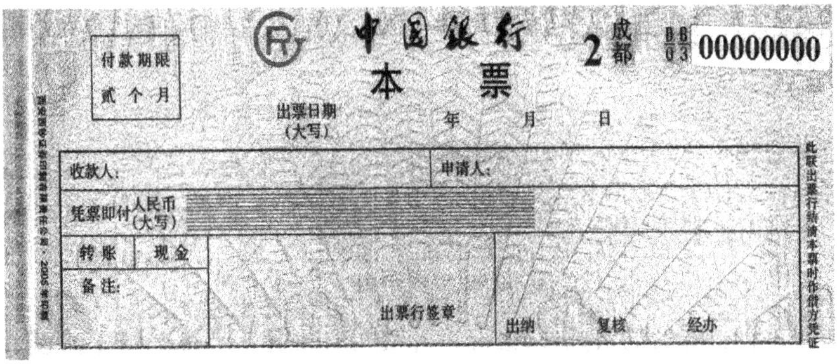

图14－2　本票样张

三、本票的种类

本票可分为商业本票和银行本票。由工商企业或个人签发的称为商业本票或一般本票。由银行签发的称为银行本票。商业本票有即期和远期之分。银行本票则都是即期的。在国际贸易结算中使用的本票，大多是银行本票。有的银行发行见票即付、不记载收款人的本票或是来人抬头的本票，它的流通性与纸币相似，可代替现钞流通，流通的范围一般仅限于出票银行所在地。

四、本票的特点

与汇票相比，本票具有以下特点：

(1)性质：本票允诺由自己付款，而不是命令他人付款。

(2)当事人:本票只有出票人和受款人两个当事人,本票的付款人就是出票人。

(3)承兑:由于本票的出票人与付款人是同一人,远期本票由他本人签发,就等于本人已经承诺在本票到期日付款,所以远期本票无须承兑。

(4)份数:本票只能开出一式一份。

(5)付款责任:本票的出票人始终是本票的主债务人,承担在规定期限内付款的责任。

资料卡 14—2 本票在国际贸易中的应用

为了简化手续和节省开证费用,使用本票作为支付工具的逐渐增多。

买方向当地银行即汇出行购买本票,然后由买方用挂号信的方式邮寄给卖方,卖方收到本票不等于马上拿到钱,必须把本票交给当地银行即汇入行,银行核对印鉴无误后,向开出本票的汇出行收回钱。

第三节 支 票

支票是一种特殊的汇票,是以银行为付款人的即期汇票,它是替代现金的支付工具。在国际贸易中有时也使用支票。

一、支票的定义

支票(Cheque 或 Check)是指存款人向银行开立的无条件支付一定金额的委托或命令。因此,支票是以银行为付款人的即期汇票。

根据定义,支票有三个当事人,分别是出票人、付款人和受款人。

(1)出票人,是在付款银行设有存款账户并有足够存款的储户。

(2)付款人,是出票人在该处设有往来存款账户,并承担付款的银行。

(3)受款人,是支票上指定的接收款项的人。收款人可以凭支票向银行直接提取现款。

二、支票的基本内容

支票应包括的基本内容有:

(1)表明“支票”字样。

(2)无条件的支付委托。

(3)确定的金额。

(4)出票日期和地点。

(5)出票人签章。

(6)付款银行名称、地址。

(7)必须写明“即付”字样(如未写明即期,视为即期支付)。

(8)受款人或其指定人。

图 14—3 是一张支票样张。

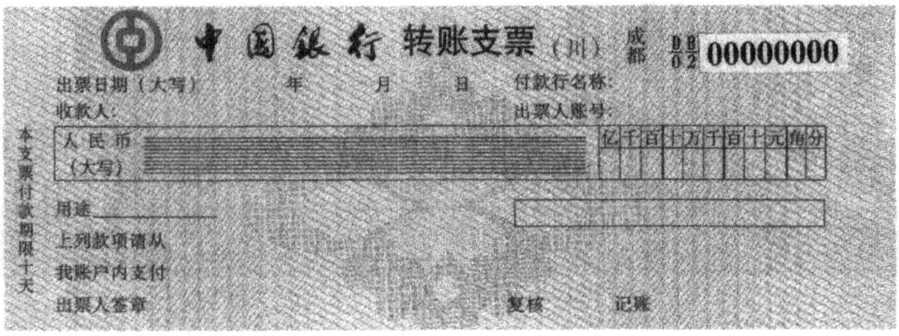
中国银行 转账支票 (川) 成都 DB 02 00000000
出票日期(大写) 年 月 日 付款行名称:
收款人: 出票人账号:
人民币(大写) 亿 千 百 十 万 千 百 十 元 角 分
本支票付款期限十天
用途
上列款项请从
我账户内支付
出票人签章 复核 记账

图 14—3 支票样张

三、支票的种类

(一)按支票是否可以支取现金

支票可以分为现金支票(Open Cheque)和划线支票(Crossed Cheque)。前者可以直接支取现金,后者只能通过银行转账收款,是由在支票正面划两条平行线而得名。我国的做法则是在支票正面记载“转账”字样。

划线支票分为两种:

(1)普通划线(General Crossing)支票,即在支票上仅划两条平行线,这种划线支票收款人可以委托任何银行向付款行收取票款;如果平行线中加记“不可流通”(Not Negotiable),则出票人只对收款人负责;如果平行线中加记“收款人账户”(Account Payee),则收款银行只能将票款付入该指定账户而不得直接付现。上述三种普通划线支票如图 14—4 所示。

| ① | Not Negotiable ② | Account Payee ③ |

图 14—4 三种普通划线支票

(2)特殊划线(Special Crossing)支票，平行线中记载有收款银行的名称，收款人只能通过该指定银行向付款行提示付款(如图 14—5 所示)。

Bank of China, Shanghai

图 14—5 特殊划线支票

(二)按有无收款人记载

支票可以分为记名支票和不记名支票，前者写明收款人姓名，在流通时以背书形式转让，取款时必须有收款人签章；后者无收款人记载或仅记载“付来人”(To Bearer)，付款人仅凭支票向持票人付款，转让时可以仅凭交付也可以背书转让。

四、支票的特点

与汇票相比具有以下特点：

(1)当事人：支票的出票人一定是银行存款客户，付款人一定是其开户行。

(2)承兑：支票都是即期的，不需要经过承兑。

(3)银行对支票可以保付。

(4)出票人可以向付款银行发出办理支票止付手续的通知。

(5)支票的主债务人是出票人。

(6)支票只能开出一张。

资料卡 14—3 关于支票与汇票、本票的区别

1. 当事人

汇票和支票均有三个基本当事人，即出票人、付款人和收款人；而本票的基本当事人只有两个，即出票人和收款人。

2. 证券的性质

汇票与支票均是委托他人的证券，故属于委托支付证券；而本票是由出票人自己付款的票据，故属于自付证券或承诺证券。

3. 到期日

支票均为见票即付；而汇票和本票除见票即付外，还可以做出不同到期日的记载。

4. 承兑

远期汇票需要付款人履行承兑手续。本票由于出票时出票人就负有担保付款的责任，因此无须提示承兑，但见票后定期付款的必须经出票人见票才能确定到期日，因此又有提示见票即“签见”的必要。支票均为即期，故无须承兑。

5. 出票人与付款人的关系

汇票的出票人对付款人没有法律上的约束，付款人是否愿意承兑或付款，是付款人即出票人自己的独立行为，但一经承兑，承兑人就应承担到期付款的绝对责任；本票的付款人即出票人自己，一经出票，出票人即应承担付款责任；支票的付款人只有在出票人在付款人处有足以支付支票的金额存款的条件下才负有付款义务。

思考题

1. 何为汇票？汇票有哪几种？
2. 汇票在市场上是如何流转使用的？
3. 背书方式有哪三种？
4. 何谓本票？本票与汇票相比有哪些特点？
5. 何谓支票？何谓空头支票？
6. 支票与汇票相比有哪些特点？
7. 试比较汇票、本票与支票。

第十五章　汇付与托收

国际货款支付方式主要有汇付、托收和信用证三种。本章主要介绍汇付和托收两种支付方式以及它们在国际贸易中的应用。

汇付和托收,都是建立在商业信用基础上的结算方式。它们的区别在于汇付是顺汇,资金的流向与支付工具的流向相同;托收是逆汇,资金的流向与支付工具的流向相反。

第一节　汇　付

汇付由于手续简单,银行手续费较少,已日益成为国际贸易和非贸易结算的一种重要支付手段。

一、汇付的定义

汇付又称汇款,指付款人委托所在国银行,将款项以某种方式付给收款人的结算方式。在国际贸易中如采用汇付,通常是由买方按照合同约定的条件和时间,通过银行将货款交给卖方。

二、汇付方式的当事人

汇付方式涉及四个基本当事人,即汇款人、汇出行、汇入行和收款人。

(1)汇款人:即付款人,在国际贸易中,通常是进口人,买卖合同的买方。

(2)汇出行:是接受汇款人的委托或申请,汇出款项的银行,通常是进口人所在地的银行。

(3)汇入行:又称解付行,即接受汇出行的委托,解付汇款的银行。汇入行通常是汇出行的代理行,出口人所在地的银行。

(4)收款人:在国际贸易中,通常是出口人,买卖合同的卖方。

汇款人在委托汇出行办理汇款时,要出具汇款申请书。汇出行一经接受申请就有义务按照汇款申请书的要求，通知汇入行。汇出行与汇入行之间，事先订有代理合同，在代理合同规定的范围内，汇入行对汇出行承担解付汇款的义务。

三、汇付方式的种类

汇付方式可分为信汇、电汇和票汇三种。

(一)信汇和电汇

信汇(Mail Transfer,M/T)是指汇出行应汇款人的申请，将信汇委托书寄给国外汇入行，授权解付一定金额给收款人的一种汇款方式。

使用信汇时，汇款人向汇出行提出申请，并交款付费给汇出行，取得信汇回执。汇出行把信汇委托书邮寄汇入行，委托汇入行解付汇款，汇入行凭以通知收款人取款。收款人取款时须在“收款人收据”上签字或盖章，交给汇入行，汇入行凭以解付汇款，同时将付讫借记通知书寄给汇出行，从而使双方的债权债务得到清算。

信汇具有费用低廉的特点，但收款时间较长容易错过商机，因此在业务中较少使用。

电汇(Telegraphic Transfer,T/T)是指汇出行应汇款人的申请，拍发加押电报、电传或 SWIFT 给在另一国家的分行或代理行指示解付一定金额给收款人的一种汇款方式。两者的不同主要在于汇出行通知汇入行的通信方式不同。由于电信方式速度快，银行占用汇款人汇款资金的时间短，所以电汇是最主要的汇付方式，当然电汇的银行手续费也较高。图 15—1 是电/信汇业务流程。

(二)票汇

票汇(Remittance by Banker's Demand Draft,D/D)，即汇款人(进口人)使用汇票、本票或者支票等支付工具将货款主动交付收款人(出口人)。票汇中以使用银行即期汇票最为常见，一般是指汇出行应汇款人的申请而开立以其在出口人所在地的分行或代理行(即汇入行)为受票人的银行即期汇票，并交予进口人，进口人再将该汇票交付给出口人，出口人可凭此向汇入行取款。

票汇除使用银行汇票外，近年来使用其他票据(如本票、支票等)日益增多。在我国出口业务中使用票汇方式时，当收到国外进口商寄来的票据后，如付款银行在国外，出口企业均须委托当地银行通过付款地的国外代理行代为向付款行收款。收到国外代收行的收妥通知方可据以结汇。

票汇与信汇、电汇不同的地方，在于票汇的汇入行无须通知收款人前来取款，而是收款人持票向汇入行取款；汇票经收款人背书后可以在市场上转让流通，而信汇委托书则不能转让流通。图 15—2 是票汇业务程序。

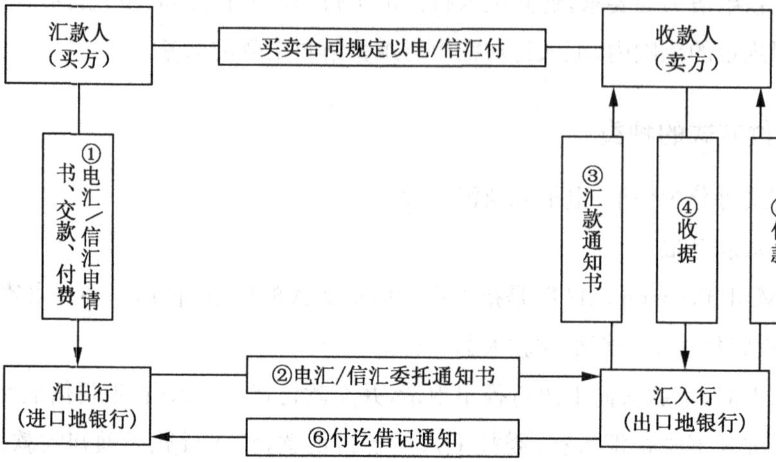

注：

①汇款人填写汇款申请书，并交款付费。

②汇出行寄出信汇/电汇委托书委托付款。

③汇入行向收款人发出汇款通知书。

④收款人向汇入行开出收据。

⑤汇入行将货款支付给收款人。

⑥汇入行向汇出行发出付讫借记通知书。

图 15—1 电/信汇业务程序

四、汇付的性质

电汇和信汇使用委托通知作为结算工具，票汇使用汇票等金融票据作为结算工具，这些结算工具都是从买方流向卖方，与货款本身的流向一致，因此习惯上称汇付为顺汇。

同时也可以看出，采用汇付方式，是否按照合同规定履行付款义务和何时履行，完全依赖于买方的信用，银行在其间完全是付款人（买方）的代理，只提供服务，不承担付款责任，因此汇付属于商业信用。因而，汇付方式主要用于关联企业以及其他联系密切、信用良好的企业间的赊销交易。

五、汇付在国际贸易中的使用

在国际贸易中，进出口双方通过汇付安排付款与交货的方法主要有以下几种：

（一）预付货款

预付货款是指卖方要求买方先将货款的全部或一部分通过银行采用电汇、信汇、

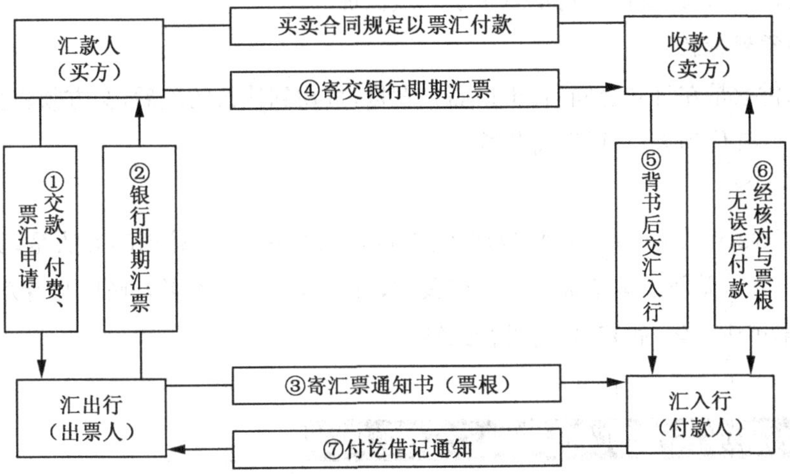

注：

①汇款人填写汇款申请书并交款付费。

②汇出行作为出票行，开立以其账户行或代理行作为解付行的银行即期汇票。

③汇出行将汇票通知书（票根）寄给汇入行。

④汇款人将银行即期汇票寄给收款人。

⑤收款人背书后将汇票交给汇入行。

⑥汇入行审核无误后将货款支付给收款人。

⑦汇入行付款后向汇出行发出付讫借记通知。

图 15—2　票汇业务程序

票汇的方法汇交卖方，卖方收到货款后，根据买卖双方事先签订的合同，在一定时间内或立即将货物发运并寄交货运单据至买方的支付方式。

预付货款在实践中用得很少，其可能会用于以下几种情况：(1)买卖的商品是进口商市场上急需的抢手货，进口商为取得高额利润，不惜预付货款；(2)进出口双方关系十分密切，有时，进口商是出口商在国外的联号；(3)卖方货物紧俏，但卖方对买方的资信不了解，为收汇安全，卖方提出将预付货款作为发货的前提条件。

(二)随单付款

随单付款是指买方在向卖方发出订单后，立即汇付货款给卖方。随单付款大多被应用于客户提出特殊加工要求的特殊商品，如手工艺品等或小额贸易。买方对于那些市场畅销而又稀缺的商品，也乐意采用这种方法，从而优先取得供应。

(三)凭单付汇

凭单付汇是进口方通过银行将款项汇给出口方所在地银行，并指示该行凭出口方提供的某些商业单据或某种装运证明把货款付给出口方。凭单付款是“有条件的汇款”，对进口方来说，要比预付汇款多了一层保证。

（四）货到付款

货到付款是在订立合同后，出口商先发货，货物到达目的地后，买方须将全部货款交付卖方或其代理人，方可取得货物。

（五）赊销

赊销（Open Account，O/A）也属于交货后付款的一种。赊销的方法是，卖方将货物装运出口后，就将货运单证直接寄交买方，有关货款则记入买方账户的借方，等约定期限（如半年或1年）届满时，再进行结算。

资料卡 15—1　关于电汇、信汇、票汇三者的比较

表 15—1　　电汇、信汇、票汇比较

汇付方式	结算手段	特点	
		优点	缺点
电汇（T/T）	委托汇出行以电报、电传等电讯手段发出付款委托通知书	安全、可靠、结算时间短、收款快	费用高
信汇（M/T）	委托汇出行以信件方式寄发信汇委托书或支付通知书	费用较低	结算时间长、收款时间慢
票汇（D/D）	以银行即期汇票为支付工具，由汇款人自行寄交收款人	1. 支付工具由汇款人自行传递 2. 经收款人背书后，汇票可在市场上流通 3. 收款人可自行持票向汇入行收款	

第二节　托　收

托收是出口人委托银行向进口人收款的一种方法。托收方式对买方比较有利，费用低，风险小，有时可以取得卖方的资金融通。因此，在贸易磋商中，进口方往往希望采用托收这种结算方式。

有关托收业务处理有专门的规则，各银行在处理跨国托收业务时通常遵循《国际商会托收统一规则》。

一、托收的定义

托收是指由接到委托指示的银行处理金融单据和/或商业单据以便取得承兑或付

款，或者凭承兑或付款交出商业单据，或者凭其他条件交出单据。托收的定义包含了以下几层意思：

(1)托收是指银行收到的指示。

(2)单据是指金融单据和/或商业单据。

(3)光票托收是指不附商业单据的金融单据的托收；跟单托收是指对附有商业单据的金融单据或不附金融单据的商业单据的托收。

二、托收方式的当事人

托收方式的基本当事人有4个，即委托人、托收行、代收行和付款人。

(1)委托人：是开出汇票(或不开汇票)委托银行向国外付款人收款的出票人，通常就是合同中的卖方。

(2)托收行：是委托人的代理人，是接受委托人的委托转托国外银行向国外付款人代为收款的银行，通常为出口地银行。

(3)代收行：是托收行的代理人，是接受托收行的委托代向付款人收款的银行，通常为进口地银行。

(4)付款人：付款人通常就是合同的买方，是汇票的受票人。

三、托收的种类

托收分为光票托收和跟单托收两种。其中，跟单托收按交付货运单据条件的不同，分为付款交单和承兑交单两种。付款交单又包括即期付款交单和远期付款交单。

(一)光票托收

光票托收是指不附有商业货运单据的纯金融单据(汇票、支票、本票或其他取款凭证)的托收。现实中，有的托收附有的单据不是整套的货运单据，而是商业发票、垫付清单等，这种托收也被视为光票托收。光票托收一般用于佣金垫付费用等贸易从属费用或货款尾数、样品费等小额货款。

(二)跟单托收

根据《国际商会托收统一规则》，跟单托收是指对两类单据的托收：一类是附有商业单据的金融单据；另一类是不附金融单据的商业单据。

跟单托收按交付货运单据条件不同，分为付款交单和承兑交单两种。

1. 付款交单

付款交单(Documents against Payment，D/P)是卖方的交单须以买方的付款为条件，即出口人将汇票连同货运单据交给银行托收时，指示银行只有在进口人付清货款时才能交出货运单据。如果进口人拒付，就不能从银行取得货运单据，也无法提取单据项下的货物。付款交单按支付时间不同又可分为即期付款交单和远期付款交单两种。

(1)即期付款交单(D/P at Sight)。即期付款交单系由出口人通过银行向进口人提示汇票和货运单据,进口人于见票(或见单)时即须付款,在付清货款后,领取货运单据。

即期付款交单的一般业务流程如图 15—3 所示。

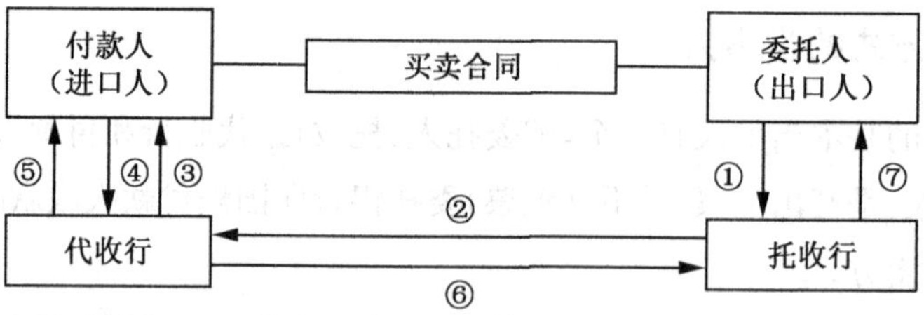

注:①出口人按买卖合同规定装货后,填写托收申请书,开立即期汇票,连同货运单据(或不开立汇票,仅将货运单据)交托收行委托代收货款。

②托收银行根据托收申请书缮制托收委托书,连同汇票(或没有汇票)、货运单据寄交进口地代收银行委托代收。

③代收行按照委托书的指示向进口人提示汇票与货运单据(或仅提示货运单据)。

④进口人审单无误后付款。

⑤代收行交单。

⑥代收行办理转账并通知托收行款已收妥。

⑦托收行向出口人交款。

图 15—3 即期付款交单一般业务程序示意图

(2)远期付款交单(D/P after Sight)。远期付款交单系由出口人通过银行向进口人提示汇票和货运单据,进口人即在汇票上承兑,并于汇票到期日由代收银行再次向其提示时经付款后向代收银行取得单据。在汇票到期付款前,汇票和货运单据由代收行掌握。

远期付款交单的一般业务流程如图 15—4 所示。

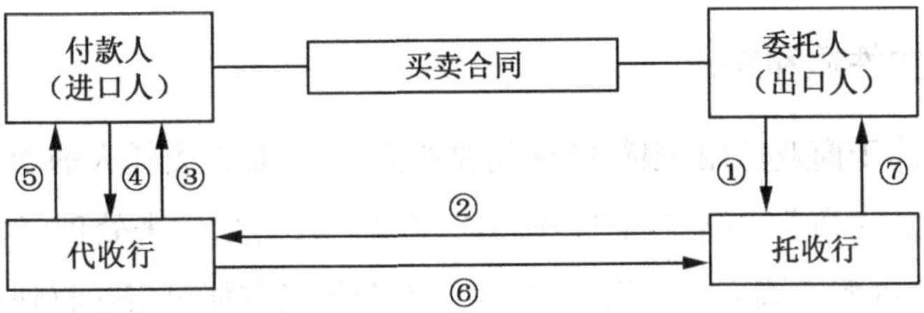

注:①出口人按买卖合同规定装货后填写托收申请书,开立远期汇票,连同货运单据交托收行,委托代收货款。

②托收银行根据托收申请书缮制托收委托书,连同汇票、货运单据寄交代收行委托代收货款。

③代收行按照委托书的指示向进口人提示远期汇票与单据(承兑提示),进口人经审核无误后在远期汇票上承兑后,代收行收回远期汇票与单据。

④远期汇票到期,代收行提示进口人到期付款(付款提示),进口人付款。

⑤代收行向进口人交单。

⑥代收行办理转账,并通知托收行款已收到。

⑦托收行向出口人交款。

图 15—4 远期付款交单收付程序示意图

2. 承兑交单

承兑交单(Documents against Acceptance,D/A)是指出口人的交单以进口人的承兑为条件。进口人承兑汇票后,即可向银行取得货运单据,待汇票到期日才付款。承兑交单只适用于远期汇票的托收。

承兑交单收付程序如图 15—5 所示。

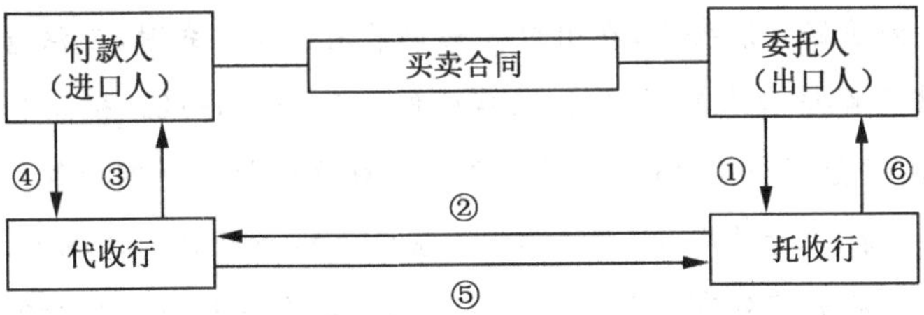

注:①出口人按买卖合同规定装货后填写托收申请书,开立远期汇票,连同货运单据交付托收行,委托代收货款。

②托收银行根据托收申请书缮制托收委托书,连同远期汇票、货运单据寄交代收行委托代收。

③代收行按照托收委托书的指示,向进口人提示远期汇票和单据,进口人在远期汇票上承兑,代收行在收回汇票的同时,将货运单据交给进口人。

④远期汇票到期,托收行向进口人提示付款,进口人到期付款。

⑤代收行办理转账并通知托收款已收到。

⑥托收行向出口人交款。

图 15—5 承兑交单收付程序示意图

四、托收的性质和特点

托收方式属于商业信用，银行办理托收业务时，只是按委托人的指示办事，银行虽然处理金融票据和商业单据，但它完全是根据出口人的指示来处理，到底银行是否能收到货款，完全依赖于买方的信用；即使银行不能从买方那里实际收到货款，银行只要已经按照出口人的指示行事，它就不必承担任何责任。

托收方式对买方比较有利，费用低，风险小，有时可以取得卖方的资金融通。对卖方来说，即使是付款交单方式，因为货已发运，万一对方因市价低落或财务状况不佳等原因拒付，卖方将遭受来回运输费用的损失和货物不得已被迫低价转售或拍卖的损失。远期付款交单和承兑交单，卖方承受的资金负担很重，而承兑交单风险更大，因为买方只要承兑远期汇票，就可以取得运输单据，从而提取货物，一旦买方拒付，卖方可能要承担货款两失的风险。我国外贸企业以托收方式出口，主要采用付款交单方式，一般不采用承兑交单。在进口业务中，尤其是对外加工装配和进料加工业务中，往往对进口料件采用承兑交单方式付款。

资料卡 15—2 使用托收时应注意的问题

托收对出口人有一定风险，特别是承兑交单风险更大，但对扩大出口有利。进口人可以免交开证押金和手续费，还有预借单据提货之便利。在出口业务中，我们应该根据不同货物的销售情况、不同客户、不同国家的贸易习惯，适当使用托收方式。为确保收汇安全，在出口贸易中采用托收方式时，应注意以下问题：

1. 调查了解进口人的资信情况、经营能力和经营作风。根据具体情况确定授信额度、成交金额与交货进度，避免买方借故资金紧张延期付款。国外代收行的选择要经过托收行的同意，才能利用。应该在调查研究的基础上，选择资信好和经营作风正派的国外商人作为采用托收方式的交易对象。尽量不使用承兑交单。

2. 对贸易管制和外汇管制较严的国家，在使用托收方式时要特别谨慎。对于进口需要领取许可证的商品，在成交时应规定进口人将领到的许可证或已获准进口外汇的证明在发运有关商品前寄达，否则不予发运，以确保安全。

3. 要了解进口国家的贸易习惯，以免影响安全迅速地收汇。如有的国外代收行只接受即期付款交单的托收委托，而把远期付款交单当作承兑交单处理，不承担任何责任和风险；有的国家银行对 D/P 概念很陌生，常常要求将 D/P 远期改为 D/A；还有的国家商人在即期付款交单情况下，要按“当地习惯”，即在货物到达目的港后，而不是代收行提示后即行“见票”，这种“习惯”在欧洲和非洲都有。按此“习惯”，万一货物到达不了目的港，进口商就可永不“见票”，永不付款。因此，为避免进口商以“当地习惯”为借口迟付或逃避付款，除应在出口合同中加列利息条款外，尚应明确规定进口商应在汇票第一次提示时即行付款或承兑。还可以在合同中明确规定“自装船后××天交单付款”。

4. 原则上应由我方办理保险，即争取以 CIF 或 CIP 条件成交，订立合同。如限于对方所在国的规定，必须由买方办理保险的交易，除应在货物装运后及时通知对方投保外，为保障我方利益，可由我方另行加保“卖方利益险”，以防万一货物遇险，买方未投保又不付款赎单时，可由我方自行向保险公司索赔。

5. 采用托收方式成交，提单不应以进口人为收货人，最好采用“空白抬头、空白背书”提单，为了维护我方出口利益，在取得代收行同意的条件下，也可以代收行作为提单抬头人。

6. 托收的单据种类、内容、份数应严格按照买卖合同规定办理，否则买方有权拒付。

7. 对托收方式的交易，要建立完善的管理制度，定期检查，及时催收清理，发现问题后应及时采取措施，以避免或减少可能发生的损失。

思考题

1. 以电汇形式结算货款，其业务是如何展开的？
2. 汇付的性质和作用如何？
3. 何谓托收？托收的性质和特点是什么？
4. 即期付款交单和远期付款交单的业务程序分别是怎样的？
5. 试比较承兑交单和远期付款交单。
6. 在使用托收时应注意哪些事项？

第十六章　信用证

与汇付及托收方式不同的是，信用证方式建立在银行信用的基础上。信用证方式结算，特别适用于双方缺少信任的国际贸易业务。

第一节　信用证的基本概念

信用证是随着商品经济和国际贸易的发展，在银行参与国际贸易结算时从仅提供服务逐步演变为既提供服务又提供信用和资金融通的过程中形成的。目前，信用证已成为国际贸易结算中被广为使用的最为重要的一种结算方式。

一、信用证的定义

信用证(Letter of Credit，L/C)是指开证银行应申请人的要求并按其指示，向第三者开具的载有一定金额，在一定期限内凭符合规定的单据付款的书面保证文件。简言之，信用证是一种有条件保证付款的书面承诺。

信用证是国际货物买卖中最常用的支付方式。与托收一样，信用证也分为光票信用证和跟单信用证两大类。由于在货物进出口中，一般都使用跟单信用证，因此通常所指的信用证是跟单信用证。

根据国际商会《跟单信用证统一惯例》的解释，信用证是“由开证银行依照信用证申请人的要求和指示，在符合信用证条款的条件下，凭规定的单据向受益人或其指定方进行付款，或承兑或支付受益人开出的汇票；或授权另一银行进行该项付款，或承兑或支付汇票；或授权另一银行议付。简单地讲，信用证是一种银行开具的有条件承诺付款的书面文件”。

信用证的支付方式把由进口人履行的付款责任转为由银行来履行付款责任，从而保证出口人能安全迅速地收到货款，买方按时收到货运单据，在一定程度上解决了进出口人之间互不信任的矛盾，同时也为进出口双方提供了资金融通的便利。

二、信用证的当事人

信用证的基本当事人有6个，即开证申请人、开证行、通知行、受益人、议付行和付款行。现分述如下：

1. 开证申请人(Applicant)

又称开证人。指向银行申请开立信用证的人，即进口人或实际买主，在信用证中往往又称开证人。如由银行自己主动开立信用证，此种信用证所涉及的当事人，则没有开证申请人。

2. 开证行(Opening Bank; Issuing Bank)

它是指接受开证申请人的委托，开立信用证的银行，它承担保证付款的责任。开证行一般是进口人所在地银行。信用证一经开出，按信用证规定的条款，开证行负有承担付款的责任。

3. 通知行(Advising Bank; Notifying Bank)

它是指受开证行的委托，将信用证转交出口人的银行。它只证明信用证的真实性，并不承担其他义务。通知银行一般是出口人所在地银行，而且通常是开证行的代理行(Correspondent Bank)。

4. 受益人(Beneficiary)

它是指信用证上所指定的有权使用该证的人，即出口人或实际供货人。受益人通常也是信用证的收件人(Addressee)，他有按信用证规定签发汇票向所指定的付款银行索取价款的权利，但也在法律上以汇票出票人的地位对其后的持票人负有担保该汇票必获承兑和付款的责任。

5. 议付行(Negotiating Bank)

它是指愿意买入受益人交来的跟单汇票的银行。议付行可以是指定的银行，也可以是非指定的银行，由信用证的条款来规定。在信用证业务中，议付行通常是以受益人的指定人和汇票善意持票人的身份出现的，因此它对作为出票人的信用证受益人的付款有追索权。

6. 付款行(Paying Bank; Drawee Bank)

它是指信用证上指定的付款银行。付款行通常是汇票的受票人，故也称受票行(Drawee Bank)。它一般是指开证行，也可以是指定的另一家银行，根据信用证条款的规定来决定。

信用证的当事人除上述6个之外，根据需要还可能涉及的当事人有保兑行、偿付行与转让行等。

保兑行(Confirming Bank)是指应开证行请求在信用证上加具保兑的银行，具有与开证行相同的责任和地位。它对受益人独立负责，在付款或议付后，不论开证行发生什么变化，都不能向受益人追索。业务中通常由通知行兼任，也可由其他银行加具保兑。

转让行(Transferring Bank)是指应受益人的委托，将信用证转让给信用证的受让人即第二受益人的银行。一般为通知行、议付行、付款行或保兑行。

偿付行(Reimbursing Bank)也是付款行的付款代理，它不负责审单，只是代替开证行偿还议付行垫款的第三国银行。偿付行的付款不能视为开证行的付款。当开证行收到单据发现不符而拒绝付款时，仍可向索偿行(一般是议付行)追索。

三、信用证的主要内容

在国际贸易中，各国银行开出的信用证并没有统一的格式，但基本内容大致相同。总的来说，就是国际货物买卖合同的有关条款与要求受益人提交的单据，再加上银行保证。通常包括以下内容：

1. 信用证本身的说明

如信用证编号、开证日期、到期日和到期地点、交单期限等。

2. 兑付方式

是即期付款、延期付款、承兑还是议付。

3. 信用证的种类

是否可以撤销、是否经另一家银行保兑、可否转让等。

4. 信用证的当事人

开证申请人、开证行、受益人、通知行等。此外，有些信用证还有指定的付款行、偿付行、承兑行、指定议付行等。

5. 汇票条款

包括汇票的种类、出票人、受票人、付款期限、出票条款及出票日期等。

6. 货物条款

包括货物的名称、规格、数量、包装、价格等。

7. 单据条款

通常要求提交商业发票、运输单据和保险单据，此外，还有包装单据，例如装箱单、重量单，以及产地证、检验证书等。

8. 支付货币和信用证金额

包括币别和总额。币别通常应包括货币的缩写与大写，总额一般分别用大写文字和阿拉伯数字书写。信用证金额是开证行付款责任的最高限额，有时信用证还规定一定比率的上下浮动幅度。

9. 装运与保险条款

如装运港或启运地、卸货港和目的地、装运期限、可否分批装运、可否转运以及如何分批装运、转运的规定。以CIF或CIP贸易术语达成的交易项下的保险要求，所需投保的金额和险别等。

10. 特殊条款

主要根据每笔业务的不同需要而规定的一些条款，如要求××银行加以保兑；限制××银行议付等。

第二节 信用证的一般收付程序

跟单信用证有不同的类型，其业务程序也各有特点，但就其基本流程而言，大体要经过申请开证、开证、通知、交单、付款、赎单这几个环节。现以最常见的即期不可撤销跟单议付信用证为例，说明其业务程序（如图16－1所示）。

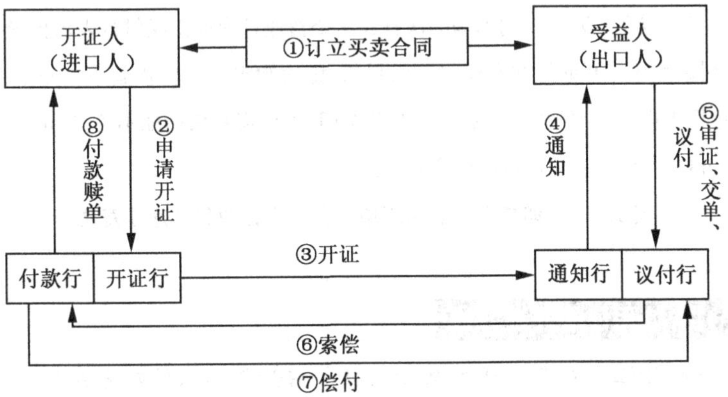

注：

①订立买卖合同。进出口人双方先就国际货物买卖的交易条件进行磋商，达成交易后订立国际货物买卖合同，明确规定进口人以信用证方式支付货款，其中一般还应规定开证银行的资信地位、信用证的类型、金额、到期日、信用证开立并送达卖方的日期。

②申请开证。开证申请人即为合同的进口方，应按合同规定的期限向所在地银行（开证行）申请开证。申请开证时，申请人填写并向银行递交开证申请书，开证申请书的内容包括两个方面：一是指示银行开立信用证的具体内容，内容应与合同条款相一致，包括信用证金额和种类、货物描述、单价、数量、应当提交的单据等。二是关于信用证业务中申请人和开证行之间权利和义务关系的声明。其基本内容包括申请人承认开证行有权接受“表面上合格”的单据；保证单据到达后申请人如期付款赎单等。同时，申请人一般向开证行交付一定比例的押金或其他担保品。

③开证行开立信用证。开证行接受申请人的开证申请后，据其开立以出口人为受益人的信用

证，并邮寄或电传或通过 SWIFT 电讯网络送交出口地的代理行（通知行），请他代为通知或转交受益人。

④通知行通知受益人。通知行收到信用证后，经核对签字印鉴或密押无误，立即将信用证转给受益人，并留存一份副本备查。

⑤交单议付。受益人对信用证的内容审核无误后，即可根据信用证的规定发运货物，缮制并取得信用证规定的全部单据，开立汇票（或不开汇票，视信用证规定），连同信用证正本和修改通知书（如果有修改通知书），在信用证规定的有效期和交单期内，递交给通知行或与自己有往来的银行或信用证中指定的议付银行办理议付。议付是指由受益人向上述当地银行递交信用证规定的全套单据，银行在单证一致的前提下，扣除预付款的利息和手续费后，购进受益人出具的汇票和全套单据，因此俗称"买单"，又称"出口押汇"。议付是可以追索的。

⑥索偿。议付行办理议付后，根据信用证规定，凭单向开证行或其指定的银行（付款行或偿付行）请求偿付的行为。具体做法是：由议付行按信用证要求将单据连同汇票和索偿证明（证明单据符合信用证规定）分次以航邮寄给开证行或其指定的付款行。

⑦偿付。信用证中的偿付（Reimbursement）是指开证行或被指定的付款行或偿付行向议付行进行付款的行为。开证行或其指定的银行收到单据后，核验认定与证相符，即将票款偿付议付行。如有不符可以拒付，应在不迟于收到单据的次日起 7 个营业日内通知议付行表示拒绝接受单据。

⑧申请人付款赎单。开证行在向议付行偿付后，即通知申请人付款赎单。开证人应到开证行审核单据，若单据无误，即应付清全部货款与有关费用，若单据和信用证不符，申请人有权向开证行拒付。申请人付款后，即可从开证行取得全套单据。

图 16－1　即期不可撤销跟单议付信用证收付程序示意图

资料卡 16－1　信用证的开证方式

信用证的开证方式有信开和电开两种。信开是指以航邮方式将信用证的正副本寄给通知行，这种方式费用低，但时间长。电开是指开证行将信用证内容加注密押，用电报、电传、SWIFT 等电讯手段通知出口地的代理行（通知行），这种方法速度快，安全可靠，但费用高。

电开可分为简电本和全电本。简电本是为了使出口人及早备货、安排运输而将仅有信用证金额、号码、装运期、有效期等少量信用证内容的信息用电讯通知出口人信用证已经开出。这种简电本在法律上无效，不能凭此交单付款、承兑或议付。全电本开证是指使用电报或电传等电讯工具将信用证的全部条款传达给通知行。

第三节 信用证的特点、性质和作用

《跟单信用证统一惯例》(UCP600)的总则和定义部分的第2条、第3条和第4条,对信用证的特点做了完整的说明。

一、信用证的特点

(一)信用证是一种银行信用(开证银行负有第一性付款责任)

信用证是开证行向受益人的付款承诺。《跟单信用证统一惯例》第2条明确指出,信用证是一项约定,按此约定,凭规定的单据在符合信用证条款的情况下,开证银行向受益人或其指定的人进行付款、承兑或议付。开证行处于第一付款人的地位,它的付款责任是首要的和独立的,因此,即使进口人失去偿付能力或者拒绝付款,只要出口人提交的单据符合信用证条款,开证行就有义务付款。因此,信用证是一种由开证银行以自己的信用做保证的银行信用。

(二)信用证是一种独立的自足文件

信用证虽然是根据买卖合同开立的,但信用证一经开立,它就成为独立于买卖合同以外的契约。信用证的各当事人的权利和责任完全以信用证中所列条款为依据,不受买卖合同的约束,出口人提交的单据即使符合买卖合同要求,但若与信用证条款不一致,仍会遭银行拒付。所以,信用证是一份独立自主文件,开证银行和参与信用证业务的其他银行只按信用证规定履行自己的义务。

(三)信用证是一种纯单据业务

在信用证方式下,实行的是凭单付款的原则。《跟单信用证统一惯例》规定:"在信用证业务中,各有关方面处理的是单据,而不是与单据有关的货物、服务或其他行为。"银行处理信用证业务时,只凭单据,不问货物,它只审查受益人所提交的单据是否与信用证条款相符,以决定其是否履行付款责任。

值得注意的是,银行虽有义务"合理小心地审核一切单据",但这种审核,只是用以确定单据表面上是否符合信用证条款。银行对任何单据表面的格式、完整性、准确性、真实性、伪造或法律效力或单据上规定的或附加的一般或特殊条件一概不负责任;对于单据所反映的货物的描述、数量、品质、状态、包装、交货、价格,或货物的发货人、承运人、运输商、收货人或保险人或其他任何人的诚信或行为及/或疏漏、清偿能力、履行能力或资信情况,也概不负责。

虽然银行只是根据表面上符合信用证条款的单据承担付款义务,但这种要求却十分严格。

总之,信用证业务的特点就是“一个原则,两个只凭”。“一个原则”即“严格相符的原则”;“两个只凭”即银行“只凭信用证,不问合同;只凭单据,不管货物”。

案例解析

案例 我方某公司进口一批货物,按信用证方式结算货款,受益人在信用证有效期内向国外议付行交单议付,议付行经审查合格后即向受益人议付货款。我方收到货物后发现货物品质与合同规定不符。问:我方是否可以要求开证行拒绝向议付行付款?

解析 我方不可以要求开证行拒绝向议付行付款。因为根据《跟单信用证统一惯例》规定,信用证业务是一种纯单据业务,有关各方处理的是单据,而不是与单据有关的货物或服务。开证行、议付行都只根据单据表面上是否符合信用证条款,在本案例中,受益人在信用证有效期内向国外议付行交单议付,而且单据是合格的,所以作为开证行不能拒绝向议付行偿付。

二、信用证的性质和作用

信用证是一种银行对出口人的有条件的付款承诺,建立在银行信用基础上。对出口人来说,其取得了银行信用只要做到与信用证规定相符,“单证一致,单单一致”,银行就保证支付货款。对进口商来说,他可以通过信用证的单据要求,在一定程度上确保出口人按时、按质、按量交付货物。

信用证在国际贸易中如此广泛的使用,是因为它有以下一些积极的作用:

(1)信用证用银行信用取代了商业信用,基本解决了买卖双方互不信任的矛盾。

(2)信用证便利了买卖双方向银行融通资金。银行可以通过打包放款、叙做出口押汇向出口人融通资金,可以通过凭信托收据借单、叙做进口押汇向进口人融通资金。

(3)信用证促进和保证了国际贸易的扩大与发展。

资料卡 16—2

表 16—1　　汇付、托收、信用证结算方式的比较

项　目	汇　付	跟单托收	跟单信用证
信用性质	商业信用	商业信用	银行信用
顺逆汇	顺汇	逆汇	逆汇

续表

项　目	汇　付	跟单托收	跟单信用证
使用的汇票	信汇和电汇不使用汇票，票汇多使用即期银行汇票	一般使用出口人开出的以进口人为受票人的商业汇票	一般使用出口人开出的以开证行(付款行)为受票人的商业汇票
卖方收款风险	如为交货后付款，风险较大；如为预付款，风险较小	风险较大，D/A 风险大于 D/P	风险较小
银行手续费	较少	一般	较高

思考题

1. 什么是信用证？
2. 简述信用证的性质和作用。
3. 信用证付款方式涉及的当事人有哪些？各当事人之间的相互关系怎样？
4. 信用证的主要内容有哪些？它与货物买卖合同有什么关系？
5. 信用证的业务流程是怎样的？请画图说明。
6. 简述信用证的特点。

第七编　国际贸易争议的预防与处理

在国际贸易业务中，由于买卖双方处在不同的国家或地区，一般不当面交接货物，再加上经过长途运输或多次装卸后，货物到达目的地时易出现品质、数量、包装等与合同规定不符的情况，由此导致合同不能顺利履行并引起争议，或有可能导致索赔、仲裁和诉讼等问题的发生。

为保障买卖双方的利益，避免争议的发生，就需要有一个权威、公正、专业的检验机构对卖方交付的货物的品质、数量、包装是否残损短缺等情况进行检验鉴定，并出具商检证书，作为买卖双方交接货物、支付货款的凭证，或在出现争议时，能以此为凭证求得问题的妥善和圆满的解决。买卖双方在磋商交易时应明确各方的责任和义务，特别是对于那些容易产生争议的条款，应格外慎重仔细，尽可能订得明确具体。除此之外，还要将违约后的补救措施，如索赔、罚金和仲裁以及不可抗力等问题作为合同条款予以详细规定。

第十七章　商品检验

商品检验是国际贸易发展的产物。随着国际贸易的发展，商品检验已成为国际货物买卖过程中的一个重要环节和买卖合同中不可缺少的一项内容。

第一节　商品检验概述

商品检验工作是确定卖方交付的货物是否符合合同和法律要求的必不可少的环节。因此，在货物买卖合同中，应注意订好检验条款，明确检验时间和地点、检验机构、检验方法和标准，作为进行检验工作的依据。

一、商品检验的概念与内容

（一）商品检验的概念

商品检验简称为商检，是指在国际货物买卖过程中鉴定卖方交付或者拟予交付的货物的品质、数量和包装，以确定其是否与合同规定相一致。对于某些商品，还包括卫生检验和动植物病虫害检疫。检验的依据主要以买卖合同（包括信用证）中所规定的有关条款为准。

（二）商品检验的内容

1. 包装检验

包装检验是根据外贸合同、标准和其他有关规定，对进出口商品的外包装和内包装以及包装标志进行检验。

包装检验首先核对外包装上的商品包装标志（标记、号码等）是否与进出口贸易合同相符。对进口商品主要检验外包装是否完好无损，包装材料、包装方式和衬垫物等是否符合合同规定的要求。对外包装破损的商品，要另外验残，查明货损责任方以及货损程度。对发生残损的商品要检查其是否由于包装不良所引起。对出口商品的包装检验，除包装材料和包装方法必须符合外贸合同、标准规定外，还应检验商品内外包装是否牢固、完整、干燥、清洁，是否适于长途运输和保护商品质量、数量的习惯要求。

商检机构对进出口商品的包装检验，一般采取抽样或当场检验，或在衡器计重的同时结合进行。

2. 品质检验

品质检验又称质量检验，是检验进出口商品的品质、规格、等级等，以确定其是否符合外贸合同(包括成交样品)、标准等的规定。品质检验的手段包括感官检验、化学检验、仪器分析、物理测试、微生物学检验等。

品质检验的范围很广，大体上包括外观质量检验与内在质量检验两个方面：外观质量检验主要是对商品的外形、结构、花样、色泽、气味、触感、疵点、表面加工质量、表面缺陷等的检验；内在质量检验一般指对有效成分的种类含量、有害物质的限量、商品的化学成分、物理性能、机械性能、工艺质量、使用效果等的检验。同一种商品根据不同的外形、尺寸、大小、造型、式样、定量、密度、包装类型等，制定各种不同的规格。

3. 卫生检验

卫生检验主要是指对进出口食品进行检验，以确定其是否符合人类食用卫生条件，保障人民的健康和维护国家的信誉。根据《中华人民共和国食品卫生法(试行)》规定："进口的食品、食品添加剂、食品容器、包装材料和食品用工具及设备，必须符合国家卫生标准和卫生管理办法的规定。进口上款所列产品，由国家食品卫生监督检验机构进行卫生监督检验。进口单位在申报检验时，应当提供输出国(地区)所使用的农药、添加剂、熏蒸剂等有关资料和检验报告。海关凭国家卫生监督检验机构的证书放行。"又规定："出口食品由国家进出口商品检验部门进行卫生监督、检验。海关凭国家进出口商品检验部门的证书放行。"

4. 安全性能检验

安全性能检验是根据国家规定和外贸合同、标准以及进口国的法令要求，对进出口商品有关安全性能方面的项目的检验，如易燃、易爆、易触电、易受毒害、易受伤害等，以保证生产使用和生命财产的安全。目前，除进出口船舶及主要船用设备材料和锅炉及压力容器的安全监督检验，根据国家规定分别由船舶检验机构和人力资源和社会保障部门的锅炉、压力容器安全监察机构负责监督检查外，其他进出口商品涉及安全性能方面的项目，由商检机构根据外贸合同规定和国内外的有关规定及要求进行检验，以维护人身安全和确保经济财产免遭侵害。

商品检验除上述内容外，还包括船舱检验、残损鉴定、监视装载、签封样品、签发产地证书和价值证书、委托检验等项内容。

二、检验标准与检验方法

(一)检验标准

我国《商检法》规定:凡国家法律、行政法规规定有强制性标准或者其他必须执行的检验标准的进出口商品,依照法律、行政法规的检验标准检验;未规定检验标准的依照对外贸易合同约定的检验标准检验。在进出口业务中,商品的检验标准主要有成交样品、合同标准等。但若合同中未规定检验标准或规定不明确的,则以国家标准作为检验依据。目前尚无标准的,一般参照同类商品的标准,或由国内生产部门与商检机构共同确定。如果既有法律法规规定的强制性检验标准,又有合同规定的标准,则采取"从高从严"的原则检验。

(二)检验方法

关于检验方法,也是个关键性问题,应该要在签订合同时做明确规定。因为检验方法不同,其结果也往往不同,不明确检验方法,容易引起争议。在实践中,检验方法主要有:感官检验、化学检验、物理检验、微生物学检验等。在我国,检验方法的标准一般由海关制定。

三、商品检验的作用

商品检验在对外贸易中具有十分重要的作用,其作用主要体现在:

(1)维护国家信誉和树立企业形象,防止不合格商品的出口,促进出口商品质量的提高。

(2)严格把好进口商品质量关,保障国家和人民的利益。

(3)便于在交货过程中发生货损、货差时分清责任和避免争议,有助于处理索赔和理赔。此外,商检机构的鉴定业务和签发的鉴定证书,使得对外贸易中商品的交接、议付货款、计费、报关、纳税等更为方便。

四、进出口商品检验范围

(一)进口商品法定检验范围

(1)列入"商检机构实施检验的进出口商品种类表"(简称"种类表")的进口商品。

(2)有关国际条约、协议规定的须经商检机构检验的进口商品。

(3)其他法律、行政法规规定的须经商检机构检验的进口商品。

(二)出口商品及其运载工具法定检验报验的范围

(1)列入"商检机构实施检验的进出口商品种类表"的出口商品。

(2)出口食品的卫生检验。

(3)贸易性出口动物产品的检疫。

(4)出口危险物品和“商检机构实施检验的进出口商品种类表”内商品包装容器的性能检验和使用鉴定。

(5)装运易腐烂变质食品出口的船舱和集装箱。

(6)有关国际条约、协议规定的须经商检机构检验的出口商品。

(7)其他法律、行政法规规定的须经商检机构检验的出口商品。

五、进出口商品检验工作程序

商品检验是商品买卖的一个重要环节和买卖合同中不可缺少的一项必要内容。对此,许多国家的法律或行政法规都有规定。我国《商检法》规定:进口商品应检验未经检验的,不准销售、使用;出口商品未经检验合格的,不准出口。

国际货物买卖双方在交接过程中,通常有三个环节:交付、检验或察看、接受或拒绝。除双方另有约定外,对货物进行检验是买方的一项基本权利。尽管如此,为明确起见,双方应在合同中做出具体规定。但是必须指出,买方对货物的检验权并不是他接受货物的前提条件,买方对收到的货物可以选择是否检验,假如买方没有利用合理的机会检验货物,就是放弃了检验权,也就丧失了拒收货物的权利。

我国进出口商品检验工作主要有以下四个环节:

1. 接受报验

报验是指对外贸易关系人向商检机构报请检验。报验时,需填写“报验申请单”,填明申请检验、鉴定工作项目和要求,同时提交对外所签买卖合同,成交小样及其他必要的资料。

2. 抽样

商检机构接受报验之后,及时派员赴货物堆存地点现场检验、鉴定。抽样时,要按照规定的方法和一定的比例,在货物的不同部位抽取一定数量的、能代表整批货物质量的样品(标本)供检验之用。

3. 检验

商检机构接受报验之后,认真研究申报的检验项目,确定检验内容,仔细审核合同(信用证)对品质、规格、包装的规定,弄清检验的依据,确定检验标准、方法,然后进行抽样检验、仪器分析检验、物理检验、感官检验、微生物检验等。

4. 签发证书

在出口方面,凡列入“种类表”内的出口商品,经商品检验合格后签发放行单(或在“出口货物报关单”上加盖放行章,以代替放行单)。凡合同、信用证规定由商检部门检验出证的,或国外要求签发检验证书的,根据规定签发所需封面证书;不向国外提供证书的，只发放行单。“种类表”以外的出口商品，应由商检机构检验的，经检验合格发给证书或放行单后，方可出运。在进口方面，进口商品经检验后，分别签发“检验情况通知单”或“检验证书”，供对外结算或索赔用。凡由收货、用货单位自行验收的进口商品，如发现问题，供对外索赔用。对于验收合格的，收货、用货单位应在索赔有效期内把验收报告送商检机构销案。

案例解析

案例 我某出口公司出口货物给加拿大某客商，货物抵达加拿大后，加拿大客商发现货物存在质量问题，但是他没有请有关部门对货物进行复验，而将货物转手给英国的其他客商。问：在转手之后，加拿大客商是否有权要求我出口公司赔偿？

解析 在转手之后，加拿大客商就无权要求我出口公司赔偿。理由：在收到货物后，如买方没有利用合理的机会对货物进行检验，就是放弃了检验权，因此，在其转手货物之后是不能要求我出口公司赔偿的。

第二节 商品检验机构和商检证书

检验检疫机构的监督管理，对于维护我国在国际贸易业务中的国家声誉，保障国际贸易中各有关方面的正当权益，促进我国对外贸易的发展有着重要的意义。

一、商品检验机构

（一）进出口商品检验机构及其职责

我国的商检机构原为国家出入境检验检疫局及其设在全国各口岸的出入境检验检疫局。该机构由原国家进出口商品检验局、卫生部卫生检疫局、农业部动植物检疫局合并而成。原各机构相应的职责也统一由出入境检验检疫局负责。“三检合一”有利于消除口岸政出多门带来的重复管理、重复检验检疫、重复收费、通关效率低、企业负担重等一系列弊端。2002 年 10 月 1 日起，新《商检法》正式施行。新《商检法》的颁布施行是我国质量监督检验检疫法制建设发展的一个重要标志。

2001 年 4 月，国家质量监督检验检疫总局成立（简称国家质检总局），成为我国当时主管质量监督和检验检疫工作的最高行政执法机关。国家质检总局是主管全国出入境卫生检验、动植物检疫、商品检验、鉴定、认证和监督管理的行政执法机构。原国家质量技术监督局和原国家出入境检验检疫局的职能合并入国家质检总局，合并以后，检验检疫职能不变。

2018年3月，国家质检总局撤销，其出入境检验检疫职责和队伍并入海关总署。

检验机构的基本职责有三项：对进出口商品实施法定检验检疫；办理进出口商品鉴定业务；对进出口商品的质量和检验工作实施监督管理。

1. 实施法定检验检疫

法定检验检疫是海关总署的主要任务之一，即根据国家有关法令规定，由其对大宗的、关系国计民生的重点进出口商品、容易发生质量问题的商品、涉及安全卫生的商品以及国家指定由商检机构统一执行检验的商品等实施强制性检验检疫，以维护国家的信誉及利益。

国家检验检疫机构及其各地的检验分支机构依法对指定的进出口商品实施法定检验，检验的内容包括商品的质量、规格、数量、包装及安全卫生等项目。经检验合格并签发证书以后方准出口或进口。法定检验的商品范围包括：(1)列入《实施检验的进出口商品目录》(下称《目录》)中的有关商品。(2)对进出口食品的卫生检验和进出境的动植物检疫。(3)对装运出口易腐烂变质食品、冷冻品的船舱、集装箱等运载工具的适载检验。(4)对出口危险货物包装容器的性能检验和使用鉴定。(5)对有关国际条约规定或其他法律、行政法规规定须经商检机构检验的进出口商品实施检验。

国际货物买卖合同规定由检验检疫机构实施检验时，当事人应及时提出申请，由检验检疫部门按照合同规定对货物实施检验并出具检验证书。

合格评定程序包括：抽样、检验和检查；评估、验证和合格保证；注册、认可和批准以及各项的组合。

2. 办理鉴定业务

对外贸易鉴定业务是凭对外贸易关系人(贸易合同的买方或卖方、运输、保险、仓储、装卸等各方)的申请或委托，由第三方公证检验鉴定机构对申请有关内容进行检验鉴定，出具权威的检验鉴定证书，作为对外贸易关系人办理进出口商品交接、结算、计费、报关、纳税和处理争议索赔的有效凭证。鉴定业务的范围包括对进出口商品的质量、数量、重量、包装检验鉴定、集装箱检验、进口商品的积载鉴定、残损鉴定和海损鉴定、装载进出口商品运载工具的适载鉴定、出口商品的装运技术鉴定、价值证明及其他业务。鉴定业务与法定检验的一个主要区别是凭申请或委托办理，而非强制性。因此，各鉴定机构要想提高自己的知名度和信誉度，发展自己的业务，必须要做到态度公正严谨、结果科学准确、服务良好周到。

3. 对进出口商品的质量和检验工作实施监督管理

检验检疫机构依据国家法规，通过行政和技术手段对进出口商品的相关人员及检验检疫机构相关人员的检验工作实施监督管理。我国检验检疫机构从以下6个方面对进出口商品实施监督管理：(1)对法定检验范围以外的进出口商品的抽查检验。(2)对列入《目录》的出口商品进行出厂前的质量监督和检验。(3)对进出口商品质量的认证工作，准许认证合格的商品使用质量认证标志。(4)对经许可的检验机构的进出口商品检验鉴定业务活动进行监督。(5)对重点的进出口商品及其生产企业实行质量许可制度。(6)对经检验合格的进出口商品加施商检标志或封识等。

(二)国际上的检验机构

国际贸易中从事商品检验的机构大致可分为三类：

1. 官方机构

官方机构即由国家设立的检验机构。世界各国为了维护本国的公共利益，一般都制定检疫、安全、卫生、环保等方面的法律，由政府设立监督检验机构，依照法律和行政法规的规定，对有关进出口商品进行严格的检验管理，这种检验称为“法定检验”“监督检验”或“执法检验”。官方机构只对特定商品(粮食、药物等)进行检验，如美国食品与药物管理局(Food and Drugs Administration，FDA)。

2. 非官方机构

非官方机构，即由私人或同行业公会、协会等开设的检验机构。国际贸易中的商品检验主要由民间机构承担，民间商检机构具有公证机构的法律地位。

3. 生产企业、用货单位设立的检测部门等

在实际交易中，究竟选用哪种检验机构，取决于各国的规章制度、商品性质以及交易条件等。检验机构的选定，一般是与检验的时间地点相联系的。在出口国工厂或装运港检验时，一般由出口国的检验机构检验；在目的港或买方营业处所检验时，一般由进口国的检验机构检验。买卖双方也可以约定由买方派人到供货的出口地检验或双方派人实施联合检验。

资料卡 17—1 目前国际上享有盛誉的检验机构

1. 瑞士通用公证行(Societe Generale De Surveillance，SGS)，是当今世界上最大的检验鉴定公司。

2. 美国粮谷检验署(FGES)。

3. 美国食品与药物管理局。

4. 法国国家实验室检测中心(LNE)。

5. 日本海事鉴定协会(Nippon Kaiji Kentei Kyokai，NKKK)，是日本最大的综合性商品检验鉴定机构。

6. 劳氏船级社(Lloyd’s Register of Shipping)，是世界上规模最大、历史最

久的船舶入级和海事鉴定权威公证机构。

7. 英之杰检验集团(Inchcape Inspection and Testing Service,IITS)。

8. 美国保险人实验室(Underwriters Laboratories,UL),是美国最为权威、在全球范围内享有最高信誉的从事安全检验和鉴定的民间机构,也是一个独立的、非营利的、为公共安全做试验的专业机构。

二、商检证书

商检证书,是各种进出口商品检验证书、鉴定证书和其他证明书的统称,是对外贸易有关各方履行契约义务、处理索赔争议和仲裁、诉讼举证中,具有法律依据的有效证件,也是海关验放、征收关税和优惠减免关税的必要证明。商检证书的种类和用途主要有:

(1)品质检验证书,是出口商品交货结汇和进口商品结算索赔的有效凭证;法定检验商品的证书,是进出口商品报关、输出输入的合法凭证。商检机构签发的放行单和在报关单上加盖的放行章有与商检证书同等的通关效力;签发的检验情况通知单同为商检证书性质。

(2)重量或数量检验证书,是出口商品交货结汇、签发提单和进口商品结算索赔的有效凭证;出口商品的重量证书,也是国外报关征税和计算运费、装卸费用的证件。

(3)兽医检验证书,是证明出口动物产品或食品经过检疫合格的证件。适用于冻畜肉、冻禽、禽畜罐头、冻兔、皮张、毛类、绒类、猪鬃、肠衣等出口商品。它是对外交货、银行结汇和进口国通关输入的重要证件。

(4)卫生/健康证书,是证明可供人类食用的出口动物产品、食品等经过卫生检验或检疫合格的证件。适用于肠衣、罐头、冻鱼、冻虾、食品、蛋品、乳制品、蜂蜜等,是对外交货、银行结汇和通关验放的有效证件。

(5)消毒检验证书,是证明出口动物产品经过消毒处理,保证安全卫生的证件。适用于猪鬃、马尾、皮张、山羊毛、羽毛、人发等商品,是对外交货、银行结汇和国外通关验放的有效凭证。

(6)熏蒸证书,是用于证明出口粮谷、油籽、豆类、皮张等商品,以及包装用木材与植物性填充物等,已经过熏蒸灭虫的证书。

(7)残损检验证书,是证明进口商品残损情况的证件。适用于进口商品发生残、短、渍、毁等情况;可作为受货人向发货人或承运人或保险人等有关责任方索赔的有效证件。

(8)积载鉴定证书,是证明船方和集装箱装货部门正确配载积载货物,作为证明履行运输契约义务的证件。可供货物交接或发生货损时处理争议之用。

(9)财产价值鉴定证书,是作为对外贸易关系人和司法、仲裁、验资等有关部门索赔、理赔、评估或裁判的重要依据。

(10)船舱检验证书,证明承运出口商品的船舱清洁、密固、冷藏效能及其他技术条件是否符合保护承载商品的质量和数量完整与安全的要求。可作为承运人履行租船契约适载义务,对外贸易关系方进行货物交接和处理货损事故的依据。

(11)生丝品级及公量检验证书,是出口生丝的专用证书。其作用相当于品质检验证书和重量/数量检验证书。

(12)产地证明书,是出口商品在进口国通关输入和享受减免关税优惠待遇和证明商品产地的凭证。

(13)舱口检视证书、监视装/卸载证书、舱口封识证书、集装箱监装/拆证书,作为证明承运人履行契约义务,明确责任界限,便于处理货损货差责任事故的证明。

(14)价值证明书,作为进口国管理外汇和征收关税的凭证。在发票上签盖商检机构的价值证明章与价值证明书具有同等效力。

(15)货载衡量检验证书,是证明进出口商品的重量、体积吨位的证件。可作为计算运费和制定配载计划的依据。

(16)集装箱租箱交货检验证书、租船交船剩水/油重量鉴定证书,可作为契约双方明确履约责任和处理费用清算的凭证。

(17)植物检验证书,是证明植物基本不带有其他的有害物,因而符合输入国或地区的植物要求。

(18)包装检验证书,是用于证明进出口商品包装情况的证书。

(19)温度检验证书,是证明出口冷冻商品温度的证书。

第三节　检验条款的主要内容

检验条款是进行检验工作的依据,在国际贸易中,买卖双方应注意订好检验条款以维护双方的利益。

一、检验时间和地点的规定

检验时间和地点的确定,实际上关系到在何时、何地确定卖方交货的品质和数量。如何规定检验的时间和地点,关系到买卖双方的切身利益,是双方在商订检验条款时的一个核心问题。

在国际货物买卖合同中，关于商品检验的时间和地点有各种不同的规定，通常有以下几种做法：

1. 在出口国检验

(1)产地检验。由出口国的生产工厂检验人员或按照合同规定与买方验收人员一同于货物在工厂发运前检验。对于卖方，须承担货物离厂前的责任，而一旦检验合格，在运输途中出现的品质、数量等方面的风险则由买方负责。这是国际贸易中普遍采用的习惯做法。近年来，我国在进口重要商品和生产线一类设备时，一般都在出口国发货前，在工厂安装运转测试。凡有质量问题的，由供货厂家立即解决。此种做法已为我国《商检法》所肯定。

(2)装船前或装船时在装运港检验。出口货物在装运港装船前，以双方约定的商检机构验货后出具的品质、重量、数量和包装等检验证明，作为决定商品品质和重量的最后依据。这称为“离岸品质”和“离岸重量”(Shipping Quality & Weight)。所谓最后依据是指卖方取得商检机构出具的各项检验证书时，就意味着所交货物的品质和重量与合同规定的相符，买方对此无权提出任何异议，从而否定了他对货物的复验权，除非买方能证明，货到目的地时的变质或短量是由于卖方未能履行合同的品质、数量、包装等条款，或因货物固有的瑕疵而引起的。离岸品质和离岸重量所代表的是风险转移时的质量和重量，至于风险转移后，货物在运输途中所发生的货损，买方仍然有权向有关责任方面索赔。至于装船时检验，是指用传送带或机械操作的办法进行装船的散装货，在装船的过程中抽样检验或衡量，这与装船前检验一样，也属离岸品质和离岸重量。

2. 在进口国检验

这是指在进口国的目的港或在买方营业处所检验。

(1)在目的港或目的地卸货后检验。由买卖双方约定的商检机构验货并出具检验证明作为最后依据。这就是所谓的“到岸品质”和“到岸重量”(Landed Quality & Weight)。如发现货物的品质或重量与合同规定不符而责任属于卖方时，买方可向其提出索赔或按双方的事先约定处理。

(2)在买方营业处或最终用户所在地检验。对于密封包装的货物，或规格复杂、精密度高的货物，不能在使用之前拆开包装检验，或需要具备一定的检验条件和设备才能检验时，可将货物运至买方营业处所或最终用户所在地检验。由这里的检验机构出具的品质、重量(数量)证明作为最后依据。

3. 在出口国检验、在进口国复验

目前，我国对外签订的买卖合同，多数使用的是货物在装船前进行检验，由卖方凭商检证书连同其他装运单据议付货款。货物到达目的港后，再由双方约定的机构在约定期限内复检货物。如发现货物的品质或数量与合同规定不符，买方有权在规定时效内提出异议。

鉴于国际贸易中的货物经常需要经过远程运输，其品质和重量在运输过程中难免会有变化，装船时和到达时两次检验结果常有出入。而这些差异的产生原因又很复杂，更何况有些货物本身会有自然损耗。因此，为避免买卖双方因两次检验结果不一致而各执一词，产生争执，可在条款中加入下述规定：

(1)凡属于船方或保险公司责任的情况下，买方不得向卖方索赔，只能向有关责任方要求赔偿。

(2)如两次检验结果的差异在一定范围之内，如0.15%，则以出口国检验结果为准。如超出这个范围，可由双方协商解决，如不能解决，可提交第三国检验机构进行仲裁检验。

从上述三种做法可以看出，第三种做法，实际上介于前两种做法之间，是相对较公平合理的。

此外，国际上还有一种做法，叫作"离岸重量，到岸品质"，即把品质与重量的检验时间和地点分开的做法，这实际上也是调和买卖双方在检验问题上的矛盾的折中办法。

案例解析

案例 买卖双方以CIF价格术语达成一笔交易，合同规定卖方向买方出口商品5 000件，每件15美元，信用证支付方式付款；商品检验条款规定："以出口国商品检验局出具的检验证书为卖方议付的依据，货到目的港，买方有权复验商品，复验结果作为买方索赔的依据。"卖方在办理装运、制作整套结汇单据，并办理完结汇手续以后，收到了买方因货物质量与合同规定不符而向卖方提出索赔的电传通知及目的港检验机构出具的检验证明，但卖方认为，交易已经结束，责任应由买方自负。问：卖方的看法是否正确？为什么？

解析 卖方的看法不正确。在本案例中，商品检验条款规定："以出口国商品检验局出具的检验证书为卖方议付的依据，货到目的港，买方有权对商品进行复验，复验结果作为买方索赔的依据。"这说明出口国商品检验局出具的检验证明并不是确定交货品质的最后依据，而仅仅是议付的依据；若收到货物后，经复验货物质量与合同规定不符，买方可以向卖方提出索赔。

资料卡 17—2 规定检验时间和地点时应综合考虑的因素

需要注意的是，由于实际业务中对进出口商品检验检疫时间和地点的规定，通常与贸易中所采用的贸易术语、商品特性、检测手段、行业惯例以及进出口国的法律、法规等有密切的联系。因此，在规定商品的检验时间和地点时，应综合考虑上述因素，尤其要考虑贸易术语的使用。如在采用 EXW、DAT(或 DPU)、DAP、DDP 贸易术语时，卖方要将商品实际交付给买方，商品检验检疫就应在卖方对买方交货的地点、买卖双方交接商品时进行；若采用装运港交货的 FCA、CPT、CIP、FAS、FOB、CFR、CIF 贸易术语时，情况则大不相同。由于在按 FCA、CPT、CIP、FAS、FOB、CFR、CIF 贸易术语成交的情况下，卖方只要按合同规定在装运港将商品装上买方指定的船舶，并提交符合规定的单据，就算完成了交货义务，而商品风险在越过装运港船舷由卖方转移至买方时，买方并未收到商品，也就无法检验商品。因此，按装运港交货的贸易术语达成的买卖合同，在规定检验时间和地点时，采用“在出口国检验，在进口国复验”是对双方最合理的规定方法。

二、检验条款的内容

进出口合同中的检验条款一般包括下列内容：有关检验权的规定，检验或复验的时间和地点，检验机构，检验检疫证书等。具体条款定法举例如下：

买卖双方同意以装运港(地)所在国出入境检验检疫机构签发的品质和质量(数量)检验检疫证书作为信用证下议付所提交的单据的一部分，买方有权对货物的品质和重量(数量)进行复验，复验费由买方负担。但若发现品质和/或重量(数量)与合同规定不符，买方有权向卖方索赔，并提供经卖方同意的公证机构出具的检验报告。索赔期限为货物到达目的港(地)后 45 天。

三、订立进出口商品检验条款的注意事项

(1)品质条款应订得明确、具体。不能含糊其词、模棱两可，致使检验工作失去确切依据而无法进行。

(2)检验条款应与合同其他条款相一致，不能相互矛盾。例如，出口合同规定采用 CIF 术语成交，则卖方可在装运港交货后凭单议付货款。若检验条款规定以买方所在目的港验货后付款，则贸易术语与检验条款就产生了矛盾，它改变了 CIF 合同的原有

性质。

(3)出口商品的抽样、检验方法，一般均按中国的有关标准规定和商检部门统一规定的方法办理，如买方要求使用其他的抽样、检验方法，则应在合同中具体订明，必要时，应先征得商检部门的同意再对外签约，为检验工作提供方便。

(4)对于一些规格复杂的商品和机器设备等进口合同，应根据商品的不同特点，在条款中加入一些特殊性质的规定。如详细、具体的检验标准，产品所使用的材料及其质量标准，样品(本)及技术说明书等，以便货到后对照检验与验收。凡按样品成交的进口货，合同中应加订买方复验权条款。

(5)进出口商品的包装应与商品的性质、运输方式的要求相适应，并详列包装容器所使用的材料、结构及包装方法等，不宜采用诸如“合理包装”“习惯包装”等，以免买卖双方因理解不一而产生矛盾。

思考题

1. 商品检验的内容和范围是什么？
2. 在国际贸易中为什么要进行商品检验？
3. 商品检验机构的基本职责是什么？
4. 进出口商品检验工作有哪些程序？
5. 商检证书的种类和用途主要有哪些？
6. 订立进出口商品检验条款有哪些注意事项？

第十八章　不可抗力

国际货物买卖合同成立之后，有时会发生买卖双方无法预料又不能控制的意外事故，致使遭受事故的一方不能履行或不能如期履行合同。在这种情况下，如果强硬要求当事人履行合同，显然是对当事人过于苛刻的要求，按照许多国家的法律和国际贸易惯例所确定的原则，当事人会因此而获得免责。

第一节　不可抗力概述

在国际贸易惯例和许多国家的法律中有关免责的条款有多种，为防止不必要的纠纷、维护当事人各自的利益而订立的不可抗力条款，就是其中之一。

一、不可抗力的含义

不可抗力(Force Majeure)又称人力不可抗拒，是指买卖双方签约后，发生了不是由于任何一方当事人的过失或疏忽而造成的当事人既不能预见和预防，又无法避免和克服的意外事故，致使合同无法履行或不能如期履行，发生意外事故的一方可以因此免除履约或延迟履行合同的责任。

在国际贸易中，对不可抗力的含义及其叫法并不统一。在英美法中，有合同落空原则的规定，其意思是指合同签订后，不是由于合同当事人的过失，发生了当事人意想不到的事件，致使订约目的受到挫折，从而造成合同落空，发生事件的一方，可据此免除责任。

在大陆法系国家的法律中，有所谓情势变迁或契约失效的原则的规定，其意思是指签订合同后，不是由于合同当事人的原因而发生了当事人预想不到的情况变化，致使合同不可能再履行或对原来的法律效力需作相应的变更，不过，法院对引用这项原则来免除履行约责任的要求是很严格的。

根据《联合国国际货物销售合同公约》规定，合同签订后，如发生了合同当事人订约时无法预见和事后不能控制的障碍，以致不能履行合同义务，则可免除责任。

上述各种解释表明,各国对不可抗力尽管有不同叫法与说明,但其精神原则大致相同。

二、不可抗力的原因及认定条件

造成不可抗力事件的原因大体可分为两类:一类是自然原因引起的,如洪水、暴风、干旱、暴雪、地震、火灾等;另一类是社会原因引起的,如战争、罢工、政府封锁禁运、禁止进出口及国际航道封闭等。但应注意的是,并非所有自然原因和社会原因引起的事件都属于不可抗力事件。哪些意外事故应视作不可抗力,可由买卖双方在合同的不可抗力条款中约定。

构成不可抗力事件一般应当具备以下条件:(1)签订合同之后发生的。(2)事件不是由于任何一方当事人故意或过失所造成的。(3)事件的发生及其造成的后果是当事人在订立合同时无法预见的。(4)事件是当事人无法控制、无法避免和不可克服的。

因此,对于不可抗力事件的认定必须慎重,要与商品价格波动、汇率变化、买方无力偿付货款等正常的贸易风险区分开来。

三、不可抗力的法律后果

不可抗力事件所引起的后果主要有两种:一是解除合同;二是变更合同。所谓变更合同,指对原订合同的条件或内容适当变更,包括替代履行、减少履行或延迟履行。至于在什么情况下可以解除合同,在什么情况下不能解除合同而只能变更合同,要看不可抗力事件对履行合同的影响,也可由买卖双方在合同中做具体规定。如合同中未做具体规定,一般原则是:如不可抗力事件使合同的履行成为不可能,且买卖双方买卖的是特定物,一旦遭遇不可抗力事件,可解除合同。如不可抗力事件只是暂时阻碍了合同的履行,如买卖双方买卖的是种类物,则只要卖方还有可能从其他地方取得合同规定的货物,那么他就不得免除履约责任,而只能采用变更合同的方法,如替代履行、减少履行或延迟履行合同,以减少另一方的损失。

尽管如此,在实践中往往会出现一旦发生不可抗力事件,一方就提出要解除合同。合同是变更还是解除,事关合同双方的经济利益。因此,合同中的不可抗力条款,仍应就不可抗力所引起的法律后果做出明确的规定,以利于执行。例如,我国的买卖合同一般都规定,由于不可抗力事件的影响而不能顺利履行合同时,可根据实际所受影响的时间延长履行合同的期限。

案例解析

案例 中国某公司从阿根廷某公司进口普通豆饼3万公吨，交货期为8月底，拟转售欧洲。然而，4月阿商原定的收购地点发生百年难遇的洪水，收货计划落空。阿商要求按不可抗力条款免除交货责任。问：阿商的要求是否合理？

解析 阿商的要求不合理。根据《联合国国际货物销售合同公约》，阿方发生的事件不能认为是不可抗力。因为不可抗力事件的后果是不可克服的，而在本案中，豆饼属种类货，可以替代，合同不要求特定的产地，阿商应从其他地区或国家购买货物交货，尤其是从发生洪水到交货尚有4个月的时间可供阿商购买货物。阿商如拒不交货，中方可在其交货时间截止前从国际市场上补进，然后向其索取差价和损害赔偿金。

第二节 不可抗力的处理及其条款

在进出口合同中订立了不可抗力条款，一旦发生意外事故影响合同的履行时，就可根据合同规定的范围和原则确定发生的意外事故是否属于不可抗力，防止对方任意扩大或缩小对不可抗力的解释或在履约方面提出不合理要求。因此买卖双方在合同中订立不可抗力条款是非常必要的。

一、不可抗力条款的内容及其订立

（一）不可抗力条款的内容

不可抗力条款是一种免责条款，即免除由于不可抗力事件而违约的一方的违约责任。一般应规定的内容包括：不可抗力事件的范围，事件发生后通知对方的期限，出具证明文件的机构以及不可抗力事件的后果。

（二）不可抗力条款的订立

常见的不可抗力条款的订法有三种：

1. 概括式规定

即在合同中不具体规定不可抗力事故的种类而是做笼统的规定。如“由于不可抗力的原因，致使卖方不能部分或全部装运或延迟装运合同货物，卖方对于这种不能装运或延迟装运本合同货物不负有责任”。

2. 列举式规定

即逐一详列不可抗力事故的种类。如“由于战争、地震、火灾、水灾、雪灾、暴风雨的原因,致使卖方不能全部或部分装运或延迟装运合同货物,卖方对于这种不能装运或延迟装运本合同货物不负有责任”。

3. 综合式规定

即将概括式和列举式合并在一起的方式。在列明双方取得一致意见的各种不可抗力事件的同时,加上“以及双方当事人所同意的其他事故”的字样,以便在发生合同没有列明的意外事故时,由双方当事人协商决定是否作为不可抗力事件看待。如“因战争、地震、火灾、雪灾、暴风雨或其他不可抗力,致使卖方不能全部或部分装运或延迟装运合同货物,卖方对于这种不能装运或延迟装运本合同货物不负有责任”。

概括式规定比较笼统,由于理解不同,容易产生纠纷。因为目前所谓公认的不可抗力,在国际上并没有统一的标准可循。列举式规定虽然明确,但不可抗力的事故不胜枚举,合同很难全部包括进去,如发生了没有列举的事故,就无法引用不可抗力条款。综合性规定则弥补了前两种方式的不足,既明确具体,又有一定的灵活性,因此,使用比较广泛。

二、不可抗力事件的处理

不可抗力事件的处理,关键是对不可抗力事件的认定,尽管在合同的不可抗力条款中做了一定的说明,但在具体问题上,双方会对不可抗力事件是否成立出现分歧。通常应注意下列事项。

1. 区分商业风险和不可抗力事件

商业风险往往也是无法预见和不可避免的,但是它和不可抗力事件的根本区别在于:一方当事人承担了风险损失后,有能力履行合同义务,典型情况是对“种类物”的处理,此类货物可以从市场中购得,因而卖方通常不能免除其交货责任。

2. 重视“特定标的物”的作用

对于包装后刷上唛头或通过运输单据等已将货物确定为某项合同的标的物,称为“特定标的物”。此类货物由于意外事件而灭失,卖方可以确认为不可抗力事件。如果货物并未特定化,则会造成免责的依据不足,比如 3 万米棉布在储存中由于不可抗力损失了 1 万米,若棉布分别售于两个货主,而未对棉布做特定化处理,则卖方对两个买主都无法引用不可抗力条款免责。

资料卡 18-1 援引不可抗力条款处理事故应注意的事项

当不可抗力事故发生后,合同当事人在援引不可抗力条款和处理不可抗力事故时应注意的事项有:

1. 发生事故的一方当事人应按合同约定期限和方式及时将事故情况通知对方，对方也应及时答复，如有异议要及时提出。《联合国国际货物销售合同公约》明确规定："不履行义务的一方，必须将事件及其对他履行义务能力的影响通知另一方。如果该项通知在其已经知道或者理应知道这一障碍后的一段合理时间内，仍未被另一方收到，则他对由于另一方未收到通知而造成的损害，应负赔偿责任。"关于通知方式和时限，一般规定：一方遭受不可抗力事故以后，应以电报或电传通知对方，并应在 15 天内提供事故的详情及影响合同履行的程度的证明文件。

一方接到对方关于不可抗力事件的通知或证明文件后，无论同意与否都应及时答复，否则，按有些国家的法律（如《美国统一商法典》）规定，将被视作默认。

2. 发生事故的一方当事人应出具有效的证明文件，以作为发生事故的证据。进出口合同一般都明确规定了出证机构。在国外，一般是由当地的商会或合法公证机构出具；在我国，是由中国国际贸易促进委员会及其设在口岸的贸易促进委员会分会出证。

3. 双方当事人都要认真分析事故的性质，看其是否属于不可抗力事故的范围，并就不可抗力的后果，按约定的处理原则和办法进行协商处理。

思考题

1. 何谓不可抗力事件？
2. 不可抗力的法律后果是什么？
3. 不可抗力条款的订立方式有哪些？
4. 处理不可抗力事件有哪些注意点？
5. 援引不可抗力条款处理事故时有哪些注意事项？

第十九章　索　赔

在国际贸易活动中，买卖双方往往会由于交易的一方不履行或不全部履行合同中规定的责任和义务而引起争议，除非发生不可抗力的原因，有关当事人才可免负责任；但如果一方当事人的违约是因故意、疏忽、过失或合同条款订得不明确等原因造成的，根据有关的法律和合同的规定，受损方有权提出索赔。

第一节　违约概述

一、违约的含义

违约(Breach of Contract)是指国际商品买卖合同对合同双方当事人具有法律约束力，任何一方当事人都必须按照合同规定严格履行其合同义务，如果任何一方不履行或不完全履行合同规定的义务，即构成违约。我国《合同法》第 107 条规定，违约是指“当事人一方不履行合同义务或者履行合同义务不符合约定”。违约一方面会引起买卖双方的争议；另一方面也会给对方造成经济损失。因此，违约一方的当事人应承担相应的违约责任。

国际贸易涉及面广，情况复杂多变，在履约过程中产生违约的原因也是多种多样的。有时是买方违约，如不按时开立信用证，不按时付款赎单，无理拒收商品等；有时是卖方违约，如不按时交货，商品的品质、数(重)量、包装等不符合合同规定等；也有可能是承运人、保险人违约，如商品在运输过程中被盗窃等；还可能是因为合同条款不够全面、准确而使当事人误解合同条款等。

二、违约后果的法律规定

买卖合同是对缔约双方都具有约束力的法律文件。任何一方违反了合同义务，就应承担违约的法律后果，受损方有权提出损害补偿要求。但是，各国的法律或国际组织的文件对于违约方的违约行为及由此产生的法律后果、对该后果的处理有不同的规定和解释。

1. 英国的《商品买卖法》将违约分为违反要件和违反担保两种

违反要件(Breach of Condition)是指违反合同的主要条款,即违反与商品有关的品质、数量、交货期等要件,如卖方交货数量、品质不符合合同规定,或不按时交货等。在合同一方当事人违反要件的情况下,另一方当事人即受损方有权解除合同,并有权提出损害赔偿。

违反担保(Breach of Warranty)是指违反合同的次要条款。在违反担保的情况下,受损方只能提出损害赔偿,而不能解除合同。至于在每份具体合同中,哪个属于要件,哪个属于担保,该法并无明确具体的解释,只是根据"合同所做的解释进行判断"。这样,在解释和处理违约案件时,难免带有不确定性和随意性。

2. 美国法律把违约分为"重大违约"和"轻微违约"两种

重大违约(Material Breach)是指一方当事人违约,致使另一方当事人无法取得这项交易的主要利益,这时受损害方有权要求解除合同,而且可以要求赔偿。轻微违约(Minor Breach)是指一方当事人的违约情况比较轻微,没有影响对方在交易中应取得的主要利益,此时受损害方只能要求损害赔偿,而无权解除合同。

3.《联合国国际货物销售合同公约》将违约分为根本性违约和非根本性违约两种

根本性违约(Fundamental Breach)是指违约方的故意行为造成的违约,如卖方完全不交货,买方无理拒收商品、拒付货款,其结果给受损方造成实质损害(Substantial Detriment)。如果一方当事人根本违约,另一方当事人可以宣告合同无效,并可要求损害赔偿。非根本性违约(Nonfundamental Breach)是指违约的状况尚未达到根本违反合同的程度,受损方只能要求损害赔偿,而不能宣告合同无效。

4. 我国《民法典》的规定

我国《民法典》规定:合同当事人一方违约后,另一方当事人可以要求违约方承担"继续履行、采取补救措施或者赔偿损失等违约责任",也可以提出"解除合同"。其中违约方承担的违约责任可分为继续履行、补救措施、违约金、赔偿损失和定金 5 种形式,各类责任有各自适用的条件。

第二节　索赔概述

当事人一方提出索赔时,另一方应及时处理,此称为理赔。索赔和理赔是一个问题的两个方面,在受害方是索赔,在违约方是理赔。

一、争议及索赔的含义

争议是指交易的一方认为对方未能全部或部分履行合同规定的责任和义务而引起的纠纷。

索赔是指遭受损害的一方在发生争议后，向违约方提出赔偿的要求。索赔的法律依据是合同和适用的法律、惯例。索赔的事实依据是违约事实的书面文件，指有资格的机构出具的书面证明，当事人的陈述和其他旁证。理赔是指违约方对受损方提出的索赔要求进行处理。

资料卡 19—1 索赔的对象

索赔的对象是指要对索赔方承担损失赔偿等责任的当事人。国际货物买卖涉及许多当事人，索赔对象即责任方，其不仅限于买卖双方，有时还会涉及其他当事人，如承运人、保险公司等。在实际业务中经常遇到保险索赔、运输索赔和买卖索赔等情况。

1. 保险索赔

在运输过程中发生的保险项下的事故导致的商品受到损失的各种情况，可以按规定向保险公司索赔。

2. 运输索赔

由于承运人未履行基本义务，可以向承运人索赔。主要有以下几种情况：(1)承运人短卸或误卸造成商品短少。(2)托运商品在运输途中遗失。(3)承运人未履行“管理商品”的基本义务，如积载不良、配载不当，装卸作业疏忽等造成商品损坏。(4)开航前和开航时船舶不具备适航条件造成商品损坏。

3. 买卖索赔

主要是由于买方或卖方原因造成的损失，可向对方索赔。由买方原因造成的损失包括：不按时开立信用证或故意开立不完全的信用证、不按时付款赎单、无理拒收商品、不按时派船、不指定交货地点等。由卖方原因造成的损失包括：商品的品质、规格、数量包装不符合合同规定，未按期交货或不交货等。

在国际贸易实践中，损害赔偿是最重要的，也是最常用的违约补救措施。按照法律的一般规则，受损害的一方当事人在采取其他违约补救措施时，不影响该当事人向违约一方提出损害赔偿的权利。

二、合同中的索赔条款

进出口合同中的索赔条款有两种订立方式：一是异议和索赔条款；另一个则是罚金条款。在一般的商品买卖合同中，多数只订异议和索赔条款，只有在买卖大宗商品和机构设备一类商品的合同中，除订明异议与索赔条款外，往往再另订罚金条款。

(一)异议与索赔条款

异议与索赔条款适用于商品品质、数量方面的索赔。该条款的内容，除规定一方如违反合同，另一方有权索赔外，还包括索赔依据、索赔期限、处理索赔的办法和赔付金额等内容。

1. 索赔的依据

主要规定索赔必须具备的证据和出证机构。若证据不全、不清，出证机构不符合要求，都可能遭到对方拒赔。索赔依据包括法律依据和事实依据两个方面。前者是指贸易合同和有关国家的法律规定；后者是指违约的事实、情节及其证据。

2. 索赔期限

索赔期限是指索赔方向违约方提出赔偿的有效时限，若逾期提出赔偿，违约方可不予受理。因此，关于索赔期限的规定必须根据不同种类的商品做出合理安排。对于有质量保证期限的商品，合同中加订保证期。保证期可规定为 1 年或 1 年以上。总之，索赔期限的规定，除一些性能特殊的产品(如机器设备等)外，一般不宜过长，以免使卖方承担过重的责任；也不宜规定得太短，以免使买方无法行使索赔权，要根据商品性质及检验所需时间多少等因素而定。

规定索赔期限时，还需要对索赔期限的起算时间做出具体规定，通常有以下几种起算方法：(1)货物到达目的港后××天起算。(2)货物到达目的港卸离海轮后××天起算。(3)货物到达买方营业处后或用户所在地后××天起算。(4)货物经检验后××天起算。

索赔依据和索赔期限在异议和索赔条款中要明确加以规定，并与检验条款相结合。例如，在我国出口合同中，关于异议和索赔条款的规定大致如下：

索赔：买方对于装运货物的任何异议，必须于货物运抵提单所列目的港的 60 天内提出，并须提供经卖方认可的公证机构出具的检验报告。

3. 处理索赔的办法和赔付金额

此问题除个别情况外，通常在合同中只做一般笼统规定；如果有特别需要，可由买卖双方商定具体办法，如修整、换货或退货还款等，也可规定赔偿一定的损失和费用。

根据有关的法律和国际贸易的实践，确定赔付金额的基本原则：(1)赔付金额应与因违约而遭受的包括利润在内的损失额相等。(2)赔付金额应以违约方在订立合同时可预料到的合理损失为限。(3)由于受害一方未采取合理措施使有可能减轻的损失未得到减轻,应在赔付金额中扣除。

(二)罚金条款

罚金条款也称违约金条款。它是由双方当事人在合同中约定,如果发生合同所列明的违约事件,受害方可按合同规定的条款,收取违约金作为补偿。

罚金条款一般适用于卖方延期交货,或者买方延迟开立信用证和延期接运货物等情况。罚金数额由交易双方商定,罚金数量根据违约的具体情况而定,并规定最高限额。例如,合同规定:若卖方不按期交货,每延误 1 周,买方可收取相当于货款 0.5% 的罚金,不足 1 周者,按 1 周计算;延误 1 个月,买方除要求卖方支付延期交货罚金外,还有权解除合同。按一般惯例,罚金数额以不超过货物总金额的 5%为宜。卖方支付罚金后,并不能解除其继续履行合同的义务。对于罚金起算日期的计算有两种方法:一是以约定的交货期或开证期终止后立即起算;二是规定优惠期。

但若约定的违约金低于或过分高于违反合同所造成的损失,当事人可以请求法院或仲裁机构予以增加或适当减少。

资料卡 19—2 索赔应注意的问题

索赔、理赔是一项政策性、法律性都很强的工作。在国际贸易中,既要维护我方当事人的政治、经济利益,又要重合同、守信誉、树立良好的国家和企业信誉。因此,要做到依法办事、程序清楚、处理及时得当。

索赔时应注意的问题:

1. 提供充分的索赔证据,其中包括检疫机构出具的检验证书。

2. 确定索赔金额,如合同预先有约定,应按约定的金额索赔;如未预先约定,应按实际损失确定索赔金额。

3. 需在索赔期内提出索赔。如估计检验工作不能在规定期限内完成,则应及时向卖方提出延长索赔期,并取得对方同意。

思考题

1. 何为争议、理赔与索赔?
2. 引发争议的原因有哪些?
3. 如果一方违约,另一方可采取哪些措施?

4. 如何计算索赔期限的起算时间？
5. 索赔和理赔应注意哪些问题？
6. 违约的法律后果是什么？

第二十章　仲　裁

在国际贸易中，解决争议的方式通常有协商、调解、仲裁、诉讼等。采用友好协商或通过第三者调解的方式，气氛比较友好，有利于贸易双方的长期交往，是买卖双方都愿意采用的方法。但如果通过协商和调解，买卖双方未能达成一致意见，则只能采用仲裁或诉讼的方式解决。

第一节　仲裁概述

由于仲裁程序比较简单，时间较短，费用较低廉，且裁决一般为终局性的，更重要的是可以较少影响双方关系，因此合同双方一般均愿意采用这种方式解决纠纷。

一、仲裁的含义

仲裁(Arbitration)又称公断，是指买卖双方达成书面协议，自愿把双方的争议提交双方同意的仲裁机构裁决，裁决对双方均有约束力。目前，包括我国在内的不少国家已通过立法，规定仲裁为解决争议的途径之一。

二、仲裁机构

世界上许多国家和一些国际组织都设有专门从事国际商事仲裁的常设机构，如国际商会仲裁院、英国国际仲裁院、美国仲裁协会、瑞典斯德哥尔摩商会仲裁院、瑞士苏黎世商会仲裁院、日本国际商事仲裁协会、解决投资争端国际中心等。我国的涉外仲裁机构为中国国际经济贸易仲裁委员会，设在北京，在上海和深圳设有分会，它是我国唯一的对外经贸仲裁机构。

仲裁机构不是国家的司法部门，而是依据法律成立的民间机构。

三、仲裁协议的形式和作用

我国《仲裁法》第 4 条规定，当事人采用仲裁方式处理争议时，双方当事人必须订有仲裁协议。没有仲裁协议，一方申请仲裁的，仲裁机构不予受理。可见，发生争议的双方中任何一方申请仲裁时，必须提交由双方当事人达成的仲裁协议。仲裁协议是双方当事人在自愿、协商、平等互利的基础上将争议交付仲裁机构解决争议的书面文件，是申请仲裁的必备材料。

(一)仲裁协议的形式

仲裁协议有两种形式：一种是由双方当事人在争议发生之前订立的，表示同意把将来可能发生的争议提交仲裁解决的协议，这种协议作为合同的一项条款，即我们所说的"仲裁条款"；另一种是由双方当事人在争议发生之后订立的，表示同意把已经发生的争议交付仲裁的协议，这种协议称为"提交仲裁协议"。这两种仲裁协议的形式虽然不同，但其法律作用与效力是相同的。值得注意的是，发生争议之前双方容易达成仲裁协议，一旦发生争议后，双方达成仲裁协议就比较困难。因此仲裁作为一项合同条款，显得十分重要。

(二)仲裁协议的作用

(1)约束双方当事人只能以仲裁方式解决争议，不得向法院起诉。

(2)排除法院对有关案件的管辖权。

(3)使仲裁机构和仲裁员取得对有关争议案的管辖权。

仲裁协议的以上三方面作用是互相联系的，其中，排除法院对有关争议案的管辖权是很关键的。也就是说，只要双方订立了仲裁条款或其他形式的仲裁协议，就不能把有关争议案件提交法院审理，如果任何一方违反协议，自行向法院提起诉讼，对方可根据仲裁协议要求法院停止司法诉讼程序，把有关争议案发还仲裁庭审理。因此，双方当事人在签订合同时如果愿意把日后可能发生的争议交付仲裁，而不愿诉诸法律程序，就应在合同中订立仲裁条款，以免未来发生争议。

资料卡 20—1 仲裁地点的选择

在什么地方仲裁，是买卖双方在磋商仲裁条款时的一个重点。这主要是因为，仲裁地点与仲裁所适用的程序法，以及合同所适用的实体法关系甚为密切。仲裁地点不同，适用的法律可能不同，对买卖双方的权利、义务的解释就会有差别。所以，交易双方都非常重视仲裁地点的确定，力争定在自己比较了解和信任的地方，尤其是力争定在本国仲裁。仲裁地点主要按照买卖双方在签订合同时洽商而定，但不外乎以下几种：(1)规定以出口国为仲裁地点。(2)规定以进口国为仲裁地点。(3)规定以被告国为仲裁地点。(4)规定以原告国为仲裁地点。(5)规定以双方同意的第三国为仲裁地点。

第二节 仲裁程序及执行

仲裁程序是指仲裁的程序和做法。根据中国仲裁规则规定,仲裁庭应当根据事实,依照法律和合同规定,参照国际惯例,并遵循公平合理原则,独立公正地做出裁决。

一、仲裁程序

中国国际商会于1995年9月4日修订并通过,自1995年10月1日起施行的《中国国际经济贸易仲裁规则》(下称《仲裁规则》)具体规定了我国的贸易仲裁程序规则。该程序一般包括提出仲裁申请、仲裁庭的组成、仲裁审理、仲裁裁决这4个环节。

(一)提出仲裁申请

仲裁申请是仲裁机构立案受理的前提。根据《中国国际经济贸易仲裁委员会仲裁规则》规定,当事人一方申请仲裁时,应向仲裁委员会提交包括下列内容的签名申请书:(1)申诉人和被诉人的名称、地址;(2)申诉人所依据的仲裁协议;(3)案情和争议要点;(4)申诉人的请示及所依据的事实和证据。

申诉人提交仲裁申请书时,还应附上合同、仲裁协议、往来函电等的原件或副本、抄本,并缴纳仲裁费预订金。

(二)仲裁庭的组成

争议案件提交仲裁后,由争议双方所指定的仲裁员组成仲裁庭进行审理并做出裁决。根据我国《仲裁法》规定,仲裁庭可由3名仲裁员组成,其中双方当事人各指定一名,并由当事人共同指定第三名仲裁员,而第三名仲裁员即为首席仲裁员。但当事人各自指定的仲裁员并不代表当事人的利益,不偏袒任何一方;仲裁庭也可由一名由双方当事人共同指定或委托的仲裁委员会主席所指定的独任仲裁员组成,单独审理案件。被指定的仲裁员,如果与案件有利害关系,应当自行向仲裁委员会请求回避。

(三)审理

仲裁庭审理案件有两种形式:开庭审理和不开庭审理。我国《仲裁规则》规定,除非双方当事人申请或征得双方当事人同意,仲裁庭应当开庭审理,但开庭审理一般不公开进行。仲裁庭对案件的审理过程一般包括开庭、收集证据和调查取证。必要时,还须采取保全措施。

开庭日期由仲裁庭会同仲裁委员会秘书处决定,并在开庭前30天通知双方当事人,当事人如有正当理由,可以申请延期。开庭地点应是在仲裁委员会所在地,但经仲裁委员会主席批准,也可以在其他地方。仲裁庭开庭时,如一方当事人或其代理人不出庭，仲裁庭可以进行缺席审理和做出缺席裁决。

仲裁和调解相结合解决争议是我国涉外仲裁的一个重要特点。我国《仲裁规则》规定，如果双方当事人有调解愿望，或一方当事人有调解愿望，并经仲裁庭征得另一方当事人同意，仲裁庭可以在仲裁程序进行过程中，对其审理的案件进行调解。经调解达成和解协议的案件，仲裁庭应当根据双方当事人和解协议的内容做出裁决。如果双方当事人自行达成和解，申诉人应当及时撤销案件。

在审理案件时，当事人应对其申诉或答辩所依据的事实提出证据，仲裁庭认为必要时可以自行调查、收集证据；还可以向专家咨询，或指定鉴定人进行鉴定，专家和鉴定人可以是中国或外国的机构或公民。

保全措施又称临时性保护措施，是指在仲裁开始到做出裁决前对争议的标的物或有关当事人的财产采取临时性保护措施。

(四)裁决

裁决是仲裁程序的最后一个环节。按规定，裁决必须以书面形式做出。裁决做出后，任何一方当事人不得向法院起诉，也不准向其他任何机构提出变更仲裁裁决的请求。但如果当事人能证明该裁决不符合法律程序要求，如无仲裁协议或仲裁员的行为不当等，该当事人可以向法院提出申请，要求法院撤销裁决，宣布无效。

二、仲裁裁决的效力

仲裁裁决是终局的，对双方当事人均有约束力，双方都必须执行。任何一方当事人不得向法院起诉，也不得向其他任何机构提出变更裁决的请求，如败诉方不执行裁决，则胜诉方有权向法院起诉，请求法院予以强制执行。

按照各国际仲裁规则的一般规定，仲裁裁决如系在无仲裁协议的情况下做出或以无效(过期)的仲裁协议为据做出；仲裁员的行为不当或越权而做出；以伪造证据为依据所做出；或裁决的事项是属于仲裁地法律规定不得提交仲裁处理的等，当事人可在法定期限内，请求仲裁地的管辖法院撤销仲裁裁决，并宣布其为无效。

三、仲裁裁决的执行

各国法律均规定，仲裁裁决应由败诉方自动执行，仲裁机构无强制执行裁决的权利和义务。如果败诉方不执行，胜诉方可以请求法院强制执行。一般来说，如果仲裁地和败诉方在同一个国家，能够比较顺利地执行；反之，执行起来就比较困难。

为使仲裁裁决能够顺利执行，国际上曾签订了一些国际仲裁公约。其中最有影响力的是 1958 年联合国在纽约签订的《承认与执行外国仲裁裁决公约》(下称《公约》)。目前已有 100 多个国家参加了该《公约》，我国于 1987 年 4 月 22 日加入该《公约》。

《公约》中规定，凡在缔约国领土内做出的仲裁裁决都可以运用本《公约》予以执行，在非缔约国领土内做出的仲裁裁决，只要执行地不认为这完全属于其本国仲裁，也可以运用本《公约》加以执行。我国在批准参加该《公约》时，曾声明作两点保留：(1)"互惠保留"。中华人民共和国只在互惠的基础上对在另一缔约国领土内做出的仲裁裁决适用该《公约》。(2)"商事保留"。中华人民共和国只对根据中华人民共和国法律认定为属于契约性和非契约性商事法律关系所引起的争议适用该《公约》。

我国政府对上述《公约》的加入和所做的声明，为我国承认与执行外国仲裁裁决提供了法律依据。

根据上述情况，在我国做出的仲裁裁决，需要在外国执行时，若对方是与我国签有互相执行仲裁裁决协议的，或者对方是上述公约缔约国并同意执行我国仲裁裁决的，则可顺利执行；否则，我方只有到对方国家的法院去请求其强制执行。

需要指出的是，如果中国与某一国家签订的双边贸易协定或者双边投资保护协议或者司法互助协定中有关裁决的承认和执行的条件比《公约》规定的条件更为优惠，即使双方均是《公约》的缔约国，裁决的承认和执行仍可以依据上述有关协定以更便利的方式执行。因为根据《公约》第 7 条第 1 款的规定，该公约的规定并不影响缔约国间所订关于承认和执行裁决之多边或双边协定的效力，双边条约或协定具有优先适用的效力。

仲裁裁决如果要在与我国既无《公约》成员国关系，又无司法协助和互惠关系的国家内申请执行的，应当通过外交途径，向对方国家的主管机关申请承认和执行。

资料卡 20—2 争议的解决方式

国际贸易中，双方在履约过程中有可能发生争议。由于买卖双方之间的关系是一种平等互利的合作关系，所以一旦发生争议，首先应通过友好协商的方式解决，以利于保护商业机密和企业声誉。如果协商不成，则当事人可按照合同约定或争议的情况采用调解、仲裁或诉讼方式解决争议。

1. 调解(Conciliation)

由双方当事人自愿将争议提交选定的调解机构(法院、仲裁机构或专门的调解机构)，由该机构按调解程序进行调解。若调解成功，双方应签订和解协议，作为一种新的契约予以执行，若调解意见不为双方或其中一方接受，则该意见对当事人无约束力，调解即告失败。

我国在诉讼和仲裁中，均采用了先行调解的程序。

2. 仲裁

双方当事人达成书面协议，自愿把争议提交给双方同意的仲裁机构，仲裁机构做出的裁决是终局的，对双方都有约束力。

仲裁方式具有解决争议时间短、费用低、能为当事人保密、裁决有权威性、异国执行方便等优点。

3. 诉讼(Litigation)

一方当事人向法院起诉，控告合同的另一方，一般要求法院判令另一方当事人以赔偿经济损失或支付违约金的方式承担违约责任，也有要求对方实际履行合同义务的。

诉讼是当事人单方面的行为，只要法院受理，另一方就必须应诉。但诉讼方式的缺点在于立案时间长，诉讼费用高，异国法院的判决未必公正，各国司法程序不同，当事人在异国诉讼程序比较复杂，法院判决的异国执行也不甚方便。

综观上述三种解决争议的方式，在国际贸易实践中，仲裁是最被广泛采用的一种方式。

思考题

1. 请列举从事国际商事仲裁的常设机构。
2. 仲裁协议有哪几种形式?
3. 仲裁协议起什么作用?
4. 仲裁条款包含哪些内容?
5. 仲裁庭的组成有哪些规定?
6. 在什么情况下仲裁裁决无效?

第八编　国际贸易交易的程序

进出口贸易是以进出口合同，即国际货物买卖合同为中心进行的。其间，要经历交易前的准备、交易磋商、订立合同和履行合同等阶段，相比于一般国内贸易，无论从哪个方面说，国际贸易都要比国内贸易复杂。从实际业务操作角度看，进出口贸易涉及的环节众多，手续繁杂，需要严格遵照国家颁布的有关法律和行政法规行事，接受有关机关的监督管理，必须切实按照适用的法律和我国缔结或参加的国际条约以及国际贸易惯例办事。在各项业务活动中，还需得到银行、海关、运输、保险、检验检疫等部门的多方配合，其中任何一个环节的疏忽，都会影响贸易的正常进行。本编全面阐述了交易前的准备、合同的磋商订立，以及合同履行等环节的一般业务做法，介绍了有关的法律规则和注意事项。

第二十一章　合同的磋商和签订

交易磋商又称合同磋商，是买卖双方就买卖某种货物的各项交易条件进行洽商，以求最后达成协议、签订合同的过程。一旦交易双方通过磋商对各项交易条件达成一致意见，合同即告成立，对双方都具有约束力。因此，交易磋商直接关系到交易双方能否顺利履行合同，关系到双方的经济效益，是进出口业务中最重要的环节。

第一节　交易磋商的一般程序

交易磋商的内容，以货物的品质、数量、包装、价格、交货和支付条件为主要内容，但通常也涉及检验、索赔、不可抗力和仲裁条件等其他内容。之所以说货物的品质等前六项为主要内容或主要交易条件，是由于买卖双方欲达成交易、订立合同，必须至少就这六项交易条件进行磋商并取得一致意见，因为这六项条件是成立买卖合同所不可缺少的交易条件。至于其他交易条件，特别是检验、索赔、不可抗力和仲裁，虽非成立合同所不可缺少的内容，但是为了提高合同质量，防止和减少争议的发生以及便于解决可能发生的争议，买卖双方在交易磋商时也不容忽视。

我国进出口公司在同国外客户建立贸易联系时，为了简化交易磋商的内容，加速进程，通常先将印有“一般交易条件”的合同格式递交对方，经双方协商同意后，这些条件就成为今后双方进行交易的共同基础，双方均受此项“一般交易条件”的约束，这对于缩短谈判时间和节约函电费用都是有利的。在合同中制定的一般交易条件通常包括索赔、仲裁、不可抗力等条款，有的还包括商品检验、品质数量公差、保险、货运单据种类和份数以及开证注意事项等内容。

交易磋商的环节一般可以经过“询盘”“发盘”“还盘”和“接受”四个环节，其中发盘和接受是不可缺少的环节，是达成交易的决定性环节。因为买卖合同是经发盘和接受确立的。

一、询盘

询盘(Inquiry)也称询价，是指买方为了购买或卖方为了销售货物而向对方提出有关交易条件的探询。其内容可以是只询问价格，也可询问其他一项或几项交易条件，以至要求对方向自己做出发盘。一般买方向卖方做询盘的情况比较多。

买方询盘，也称“邀请发盘”。

例：新加坡某买主向我轻工业进出口公司发来询盘：

“请报500辆飞鸽牌自行车成本加运费至新加坡的最低价，5月装运，尽速电告。”

卖方询盘，也称“邀请递盘”。

例：某金属品进出口公司向国外某买主发出询盘：

“可供99%铝锭，7月装运，如有兴趣请电告。”

例：我某贸易公司向国外某买主发出询盘：

“可供反光镜，3月装运，如有兴趣请电告。”

询盘对询盘人和被询盘人均无法律上的约束力，而且不是交易磋商的必经步骤。但它往往是交易的起点，所以作为被询盘的一方，应对接到的询盘给予重视，并做及时和适当的处理。

询盘时一般不直接用询盘的术语，而通用下列词句：“请告”(Please Advise)、“请电告”(Please Cable Advise)、“对……有兴趣，请”(Interested in... Please)、“请报价”(Please Quote)、“请发盘”(Please Offer)等。询盘还可以提出内容不肯定或附有保留条件的建议，如提出价格时使用参考价(Reference Price)或价格倾向(Price Indication)，再如，“以我方最后确认为准”(Subject to Our Final Confirmation)或“有权先售”(Subject to Prior Sale)等。

二、发盘

(一)发盘的含义

发盘(Offer)也称发价、报盘、报价。法律上称为“要约”，是买卖双方中的一方(即发盘人向对方即受盘人)提出各项交易条件，并且愿意按照这些条件与受盘人达成交易、成立合同的一种肯定的表示。发盘可以由卖方提出，也可由买方提出。由卖方向买方发盘称为售货发盘(Selling Offer)；由买方向卖方发盘称为购货发盘(Buying Offer)，又称递盘(Bid)。在实际业务中，通常发盘是一方在收到对方的询盘之后提出的，但也可不经对方询盘而径向对方发盘。

发盘经受盘人有效接受，合同即告成立，当事人之间就产生了具有法律约束力的合同。因此不论是卖方或买方，在其发盘为对方有效接受后，如发现所报价格对他不利或其他交易条件难以实现等情况，都不得拒绝按对方所接受的发盘条件履行其责任的义务，否则就构成违约。

发盘一般采用下列术语和语句：发盘(Offer)、发实盘(Offer Firm; Firm Offer)、报价(Quote)、供应(Supply)、可供应(Can Supply)、订购(Book; Booking)、订货(Order; Ordering)、可订(Can Book; Bookable)、递盘(Bid; Bidding)、递实盘(Bid Firm; Firm Bid)。

(二)构成发盘的条件

构成一项法律上的有效发盘必须具备以下 4 个条件：

1. 发盘应向一个或一个以上特定的人提出

发盘必须向一个或一个以上特定的人做出。所谓"特定的人"，是指在发盘中指明个人姓名或企业名称的受盘人。不指定受盘人的，原则上不能看成发盘，而只是一项发盘的邀请(Invitation to Make Offer)。如果出口商在报纸或刊物上登载广告，或向国外客户广泛寄送样品、目录、价目单，只是吸引对方提出订货，就不构成对寄发人的约束。但是，如果出口人在做出上述行为时，明确表示"在得到接受时承受约束"的意旨，那么，他在商品目录、价目表或广告中所提出的建议，将被视作"发盘"。例如，在报上刊登出售某种商品的广告时，说明"在××××年××月××日前按所列价格汇到价款，保证供货"，该广告的刊登者就必须对任何按期汇到价款的人，履行供货的义务。

2. 发盘内容必须十分确定

所谓发盘内容的确定，是指发盘的条件是完整的、明确的和终局的。《联合国国际货物销售合同公约》(下称《公约》)第 14 条规定：一项订立合同的建议"如果写明货物，并且明示或暗示地规定数量和价格或如何确定数量和价格，即为十分确定"。按此规定，一项订约建议只要列明货物、数量和价格 3 项条件，即可被认为其内容"十分确定"，而构成一项有效的发盘。如该发盘为受盘人所接受，即可成立合同。

在实际业务中，一项发盘往往不是以上述所有主要交易条件的完整形式出现的，由于发盘中在表面上所缺少的某些主要交易条件，在一定情况下可以从其他方面予以确定。至于所缺少的其他内容，如货物的包装、交货和支付条件，可在合同成立后，按双方之间已确立的习惯做法、惯例或按《公约》第三部分有关买卖双方义务的规定，予以补充。发盘的主要交易条件表面上不完整而实际上是完整的，有以下的背景情况：第一，买卖双方事先订有"一般交易条件"的协议：如在"一般交易条件"中已订明"支付方式：凭不可撤销即期信用证"，除了拟做改动者外，就可在发盘中不列明上述支付条件。第二，援引来往函电及先前合同：在交易磋商中，发盘人在发盘时往往援引双方过去的做法，虽然在法律上是可行的，但是在实际业务中则往往不可取。

交易条件应是明确的，即不能有含糊、模棱两可的词句，如"参考价"、指示性价格或对交货期规定为“大约9月”等。

3. 发盘应表明订约的意旨

按照现行法律和《公约》，一方当事人是否向对方表明在发盘被接受时承受约束的意旨，是判别一项发盘的基本标准。所谓“承受约束”，是指发盘人于得到接受时承担与受盘人按发盘条件订立合同的责任。如果发盘只是订立合同的建议，根本没有“承受约束”的意思，就不能被认为是一项发盘。例如，在订约建议中加注“仅供参考”“以……确认为准”等保留条件，都不是一项发盘，只是邀请对方发盘。

4. 发盘必须被传达到受盘人

发盘必须被传达到受盘人。这是《公约》和各国法律的普遍要求：“发盘无论是口头的还是书面的，只有被传达到受盘人时才生效。”例如，发盘人通过电话向受盘人发盘，中途电话发生故障，传送声音模糊，必须待电话修复后，让受盘人听清全部发盘内容，该发盘方为有效。又如，发盘人用信件或电报发盘，如该信件或电报因邮电局误递或在传递途中遗失，以致受盘人没有收到，则该发盘无效。如通过电传发盘，传送过程中线路或电传机发生故障，所传送的电文不清，须于修复后重新传送，使受盘人能收到清晰无误的发盘电传文本。

(三)发盘的有效期

在国际货物买卖中，凡是发盘都有有效期(Time of Validity; Duration of Offer)。发盘的有效期是指可供受盘人对发盘做出接受的时间或期限。这一含义有两层意思：一是发盘人在发盘有效期内受约束，即如果受盘人在有效期内将接受通知送达发盘人，发盘人承担按发盘条件与之订立合同的责任；另一层意思是指超过有效期，发盘人将不再受约束。因此，发盘的有效期，既是对发盘人的一种限制，也是对发盘人的一种保障。

在实际业务中常见的规定有效期的方法有：

1. 规定最迟接受的期限

发盘人在发盘中明确规定受盘人表示接受的最迟期限。

例如：“发盘限15日复”。

这种有效期的规定方法存在一个问题，即该截止日(15日)是指受盘人在它的所在地发出接受通知的期限，还是接受通知必须送达发盘人的期限，不够明确。为了明确发盘的截止期，在规定最迟接受的期限时，可同时限定以接受送达发盘人或以发盘人所在地的时间为准。

例如：

“发盘限15日复到”；

“发盘限我方时间15日复”；

“发盘有效至我方时间星期五”。

2. 规定一段接受的期间

发盘人也可以规定发盘在一段期间内有效。

例如：

“发盘有效 3 天”；

“发盘 10 天内复”。

发盘人对于发盘明确规定有效期，其期限究竟多长，并无定则。一般来说，发盘有效期的长短取决于商品的种类、市场情况和交易额等因素。《公约》还规定，对口头发盘价必须立即接受，但情况有别者不在此限。所谓“立即接受”，可理解为：在双方口头磋商时当场有效，收盘人不在磋商当场表示接受，发盘随即失效。对“情况有别者”，则可理解为：发盘人在口头发盘时，明确规定了有效期，例如“有效期 3 天”，则该发盘不在“立即接受”之列。

3. 不明确规定有效期

发盘人在发盘中不明确规定有效期限，有的仅做笼统规定，有的甚至不做任何规定。这种发盘意味着在合理时间内有效。

例如：

Offer... Reply (发盘……复)；

Offer... Reply Immediately (发盘……速复)；

Offer... Reply Urgently (发盘……急复)。

“合理时间”究竟有多长及如何才算立即答复，各国并没有明确规定或解释。一般来说，“合理时间”要考虑到双方当事人的利益，既不能让发盘人等待太久，又要给受盘人足够的考虑及准备时间，还要适当地考虑到交易的情况及行业惯例和习惯做法。

(四)发盘的生效、撤回和撤销

1. 发盘的生效

《公约》第 15 条规定“发盘在送达受盘人时生效”。由此可见，发盘在未送达受盘人之前，如发盘人改变主意或情况发生变化就必然会产生发盘的撤回或撤销。

2. 发盘的撤回

发盘的撤回(Withdrawal)是指发盘人将尚未被受盘人收到的发盘予以取消的行为。《公约》第 15 条(2)款规定：“一项发盘即使是不可撤销的，如果撤回通知于发盘送达被发盘人之前或同时送达发盘人，得予撤回。”这一规定是建立在发盘尚未生效的基础上的。对于一项尚未被收到还未生效的发盘，原定的受盘人无权向发盘人提出任何主张，因为根本不存在法律应予保护的“可期待之物” (Expectations) 。可见，“撤回”的实质是阻止发盘生效。

发盘撤回的条件是：撤回通知比发盘先到达受盘人或撤回通知与发盘同时到达受盘人。在实际业务中，发盘人如果发现发盘中内容有误或市场行情有变，可争取在发盘到达受盘人之前，立即以更快速的通信方式撤回该发盘。如发盘人用电报或电传撤回用信件发出的发盘，用电传或传真撤回电报发盘，当然撤回通知须先于发盘或与发盘同时到达受盘人。

案例解析

案例　请分析下列情况，试问A与B之间的合同是否成立？为什么？

(1)11月1日：A邮寄一份实盘给B。

(2)11月8日：A邮寄一份撤回通知给B。

(3)11月11日：B收到A的实盘，并立即用电报发出接受通知。

(4)11月15日：B又邮寄一份确认函，确认他于11月11日发出的接受电报。

(5)11月20日：B收到A邮寄的撤回通知。事后双方对该项合同是否成立，发生纠纷。

解析　A与B之间的合同已经成立。理由：

首先，11月1日A邮寄的实盘于11月11日送达B处时已生效，B于当天就发出有效接受通知。根据合同需一方发出实盘，经另一方有效接受而成立的原则，A与B之间的合同已经成立。

其次，A在寄出实盘以后，又于11月8日寄出一份撤回通知。但是实盘已于11月11日送达B处而生效。由于撤回通知于11月20日才送达B处，即发盘通知到达在先，撤回通知到达在后，因此该项撤回通知没有撤回的效力。

3. 发盘的撤销

发盘的撤销(Revocation)是指发盘人将已经为受盘人收到的发盘予以取消的行为。各国法律对发盘能否被撤销解释不一。英美等国认为，发盘原则上对发盘人没有约束力，在受盘人接受前，发盘人可以撤销发盘，除非受盘人付出“对价”以取得发盘人不得取消发盘的承诺。大陆法国家认为，发盘原则上对发盘人有约束力，德国民法典规定，定有具体有效期的发盘，在有效期内不得撤销；未规定具体有效期的发盘，在合理时间内不得撤销。

《公约》对上述不同解释进行了协调，并规定：在未成立合同之前，如果撤销通知于受盘人发出接受通知之前到达受盘人，发盘可以撤销，除非表明为不可撤销的发盘。

此外，《公约》还规定，下列两种情况的发盘，一旦生效，则不得撤销：(1)发盘中规定了有效期，或以其他方式表示该发盘是不可撤销的。(2)受盘人有理由相信该发盘是不可撤销的，并已在此相信的基础上采取了行动。

案例解析

案例　买方发盘要求卖方凭买方提供的规格、性能生产供应某机械设备，发盘规定了有效期为1个月，以便卖方能有足够的时间研究自己是否能按所提供的条件生产供应。卖方收到发盘后，立即组织人员进行设计，探寻必要生产设备添置的可能性和成本核算。两周后，突然买方通知，由于资金原因，决定不再订购该项机械设备，并撤销发盘。此时，卖方已因设计、寻购生产设备，核算成本等付出了大量费用。问：卖方能否提出异议？

解析　卖方可以提出异议。理由：根据《联合国国际货物销售合同公约》第16条规定："在未订立合同之前，发盘得予撤销，如果撤销通知于被发盘人发出接受通知之前送达被发盘人；但在下列情况下，发盘不得撤销：发盘写明接受发盘的期限或以其他方式表示发盘是不可撤销的；被发盘人有理由相信该项发盘是不可撤销的，而且被发盘人已本着对该项发盘的信赖行事。"据此，买方的发盘不能任意撤销，因为本案中的发盘具备一项有效发盘的必备条件，它规定了1个月的有效期，该发盘是不可撤销的发盘，且卖方已本着此项信赖行事。卖方如果认为按买方发盘条件达成交易有利可图，可以拒绝买方撤销发盘，并在期限内表示接受订立合同；如买方坚持撤销发盘，卖方可按实际支出的费用加上如果达成合同可望获得的合理利润向买方提出损害赔偿要求。

（五）发盘的终止

发盘的终止(Termination)是指发盘法律效力的消失。它含有两方面的意义：一是发盘人不再受发盘的约束；二是受盘人失去了接受该发盘的权利。

发盘终止的原因有很多，归纳起来，主要有以下几种情况：

(1)在有效期内未被接受而过时。

明确规定有效期的发盘，在有效期限内未被受盘人接受，该发盘就终止了。未明确规定有效期的发盘，在合理时间内，未被受盘人接受，该发盘也就失效。

(2)被受盘人拒绝。

一项发盘，一经受盘人拒绝就失效。拒绝是受盘人不同意发盘条件而对发盘做出不接受的表示。如"你8日电不能接受"(Yours Eighth Unacceptable)。

(3)经受盘人还盘。发盘一经还盘，发盘的效力即告终止。

(4)在被接受前发盘人对发盘进行有效的撤销。

(5)法律的适用。

发盘还可因出现了某些特定情况，按有关法律的适用（Application of Law）而终止。例如，发盘人为自然人，在发盘被接受前丧失行为能力（如死亡或精神失常）；发盘人为法人（例如公司），在发盘被接受前，该法人依法宣告破产，并将有关破产的书面通知送达受盘人；特定标的物的毁灭，如一件独一无二、不可替代的艺术品，发盘做出后在火灾中焚毁；发盘中商品被出口国或进口国政府宣布禁止出口或进口。在以上任一情况下，发盘将依据法律而终止。

案例解析

案例　我某外贸企业向国外购某商品，不久接到外商3月20日的发盘，有效期至3月26日，我方于3月22日电复："如能把单价降低5美元，可以接受。"对方没有反应。后因用货部门要货心切，又鉴于该商品行情看涨，我方随即于3月25日又去电表示同意对方3月20日发盘所提各项条件。试分析此项交易是否达成。

解析　交易未达成。因为我方3月22日去电是还盘，按法律规定，一项发盘一经还盘即告失效，同时原发盘人对还盘又未做出答复。而3月25日电是对已失效的发盘表示接受，据此不能达成交易。

三、还盘

还盘（Counter Offer）也称还价，是受盘人对发盘内容不完全同意而提出修改或变更的表示。还盘实质上是受盘人对发盘拒绝后又做出的一项新的发盘，一经还盘原发盘即失去效力，发盘人不再受其约束，还盘人即为新发盘的发盘人，原发盘人成为新发盘的受盘人，对还盘的还盘实际上也是一种还盘。一方发盘，另一方对其内容不同意，可以还盘。同样，一方还盘，另一方对还盘内容不同意，也可以再还盘。一笔交易有时不经过还盘，经一方发盘一方接受即可达成。大多数交易在发盘后，要经过还盘、再还盘……有时甚至经过几十次往返，才能做成一笔买卖。

案例解析

案例　我A公司向国外B公司发盘，报谷物300公吨，每公吨250美元，发盘有效期为10天。3天后，B公司复电称，对该批货物感兴趣，但要进一步考虑。2天后，B公司两次来电，要求将货物数量增至600公吨，价格降至230美元/公吨。3天后我公司将这批谷物卖给另一外商，并在第10天复电B公司，通知货已售出。但外商坚持要我方交货，否则以我方擅自撤约为由，要求赔偿。试问：我方应否赔偿？为什么？

解析　我方不用赔偿。因为2天后，B公司两次来电，要求将货物数量增至600

公吨，价格降至230美元/公吨，这是还盘。还盘一经做出，原发盘就已经失效，即使在原发盘的有效期内，原发盘者可以任意处理货物，喜欢卖给谁就卖给谁。

四、接受

（一）接受的含义

接受（Acceptance），在法律上称“承诺”，是买方或卖方同意对方在发盘中提出的各项交易条件，并愿意按这些条件与对方达成交易、订立合同的一种肯定的表示。

一方的发盘经另一方接受，交易即告达成，合同即告订立，双方就应分别履行其所承担的合同义务。接受不得修改或撤销。

在实际业务中，受盘人对发盘表示同意，通常都用“接受”这一术语，也有用“同意”或“确认”等表示。

（二）构成接受的条件

《公约》规定：“被发盘人声明或做出其他行为表示同意一项发盘，即是接受；缄默或不行动本身不等于接受。”据此，构成一项法律上有效的接受，必须具备以下4个条件：

1. 接受必须由指定的受盘人做出

发盘是向特定的受盘人做出，与其相对应，接受必须由指定的受盘人做出，除受盘人之外的第三者做出的接受都不是有效接受。

2. 接受必须表示出来

接受必须由受盘人以某种方式表示出来。受盘人表示接受的方式有两种：

(1)用“声明”（Statement)做出表示。即受盘人用口头或书面形式向发盘人表示同意发盘(Indicating Assent to an Offer）。这是国际贸易中最常用的表示方法，如受盘人用词简明，例如“接受”或“确认”（Accept，Accepted；Confirm，Confirmed)，则可明确地表达受盘人同意发盘的意思。

(2)用“做出行为”（Performing an Act)来表示。所谓用做出某种行为来表示，通常是指卖方发运货物或由买方支付价款(包括汇付货款和开立信用证)来表示，也可以用做出其他任何行为来表示，诸如开始生产所买卖的货物、发盘人采购有关货物等。例如，出口方用发运货物或进口方以开信用证等行为来表示接受。在用行为表示接受时，必须注意，这种表示接受的方式是根据该发盘人的要求或依照当事人之间确立的习惯做法或惯例行事的，而且该行为必须在发盘明确规定的有效期之内，或者在合理时间之内做出方为有效。值得注意的是，我国在批准参加《公约》时，对《公约》承认合同可以书面以外形式订立的规定声明保留。因此，在实际业务中，我外贸企业应以书面通知的形式表示对发盘的接受。

3. 接受必须与发盘相符

接受必须无条件地全部同意发盘的条件。也就是说，接受必须是绝对的、无保留的，必须与发盘人所做的发盘条件相符。英美普通法认为承诺(接受)应当像镜子一样(Mirror Image)照出要做(发盘)的内容。因此，附有限制、修改或增加新条件的接受，不能构成对发盘的有效接受，而是对发盘的拒绝并构成还盘。

但是，在国际贸易的实际业务中，受盘人在表示接受时，往往对发盘做出某些添加、限制或其他更改。为了适应现代商业的需要，尽量促成交易的达成，不要因为受盘人在接受时对发盘做出的任何添加、限制或更改即影响合同的成立，《公约》将接受中对发盘的条件所做的变更分为：实质性变更(Material Alternation)和非实质性变更(Non-material Alternation)两类。凡对货物的价格、付款、质量、交货地点和时间、赔偿责任范围或解决争端的添加、限制或更改，均视为实质性变更。如只是要求提供重量单、装箱单、商检证、产地证等单据，或增加某种单据的份数等附加条件，则可视为非实质性变更。

案例解析

案例　我某进出口公司欲进口包装机一批，对方的发盘是：“兹可供普通包装机100台，每台500美元CIF上海，6月装运，限本月21日复到我方有效。”

我方收到发盘后，在发盘规定的有效期内复电：“你方发盘接受，请内用泡沫，外加木条包装。”问：合同是否已经成立？

解析　合同已经成立。理由：凡对货物的价格、付款、质量、交货地点和时间、赔偿责任范围或解决争端的添加、限制或更改，均视为实质性变更。而在本案中，我方对包装条件的添加并不构成实质性变更发盘条件，除非发盘人在合理的时间内及时表示不同意受盘人的添加，否则，该接受仍有效力，也就是合同成立。

表示接受但含有实质性变更，无疑构成还盘。发盘人对此不予确认，合同不能成立。至于非实质性变更的接受，除发盘人及时向受盘人表示反对其间的差异外，仍构成接受，合同得以成立，并且合同的条件以该项发盘的条件以及在接受中所做的变更为准。

4. 接受必须在发盘的有效期内到达发盘人

根据法律的一般要求，如发盘中明确规定了有效期，接受必须在发盘的有效期内送达发盘人方能生效；如发盘中未明确规定有效期，接受通知必须在一段合理时间内送达发盘人。如果接受通知超过发盘规定的有效期限，或发盘没有具体规定有效期限而超过合理时间才送达发盘人，这就是一项逾期接受，也称“迟到的接受”。对于这种迟到的接受,发盘人不受其约束,不具有法律效力。口头发盘必须立即接受,否则无效,如果发盘人同意延长发盘的有效期,则不受此限制。

案例解析

案例 我某进出口公司向国外某客商询售某商品,不久我方接到外商发盘,有效期至7月22日。我方于7月24日用电传表示接受对方发盘,对方一直没有音讯。因该商品供求关系发生变化,市价上涨,8月26日对方突然来电要求我方必须在8月28日前将货发出,否则,我方将要承担违约的法律责任。问:我方是否应该发货?为什么?

解析 我方不应发货。因为我方于7月24日用电传表示接受对方发盘,已超过了发盘规定的有效期,不具有接受的效力,双方之间没有合同关系。在市场行情上涨的情况下,我方应继续寻找买家,争取以较高的价格销售。

(三)逾期接受

逾期接受(Late Acceptance)又称迟到的接受,是指受盘人发出的接受通知超过发盘人规定的有效期或发盘中未明确规定有效期而超过合理时间才送达发盘人。逾期接受在一般情况下无效。但《公约》对这一问题做了灵活处理:第一,只要发盘人毫不迟延地口头或书面通知受盘人,认为该项逾期接受有效,那么合同就成立。如发盘人对逾期的接受表示拒绝或不立即向受盘人发出上述通知,则该项逾期接受无效,合同不成立。第二,如果载有逾期接受的信件或其他书面文件显示,在传递正常的情况下,本应是能够送达发盘人的,则这项接受应当有效。除非发盘人毫不迟延地用口头或书面通知受盘人,他认为发盘已经失效。总之,逾期接受是否有效,关键要看发盘人如何表态。

案例解析

案例 我出口企业根据美商询盘要求,发盘销售某项货物,限对方5日复到有效。美商于4日发电报表示接受。由于电报局投递延误,该电报通知于6日上午才送达我公司。此时,我方鉴于市场价格已经上升,当即回电拒绝。但美商认为接受通知迟到不是他的责任,坚持合同还有效成立。问:你是如何看待这件事情的?

解析 根据《公约》第21条规定,"如传递正常能及时送达发盘人的情况下,寄发的逾期接受有接受效力,除非发盘人毫不迟延地用口头或书面通知被发盘人:他认为他的发盘已经失效。"据此,我方在接到该项逾期接受,立即回电拒绝,应认为合同未达成。但如果我方在接电后未予拒绝,应认为合同有效成立。

（四）重新接受

重新接受是指受盘人接到一项发盘时，首先做出了拒绝或还盘，然后又表示接受。这种接受是否有效，要根据情况而定，如果受盘人采用更加快捷的传递方式将接受通知发出，并使其先于拒绝或还盘送达发盘人，则该项接受有效；如果接受通知与拒绝或还盘同时送达发盘人，或者迟于拒绝或还盘送达发盘人，则此项接受无效。因为拒绝或还盘一旦送达发盘人，发盘即告失效，受盘人已无接受的权利。

（五）接受的撤回

根据《公约》规定，由于《公约》采用的是到达生效原则，因而接受发出后在一定条件下准予撤回，但条件是撤回通知必须于接受通知到达发盘人之前或同时被送达发盘人。

在业务中，接受需要撤回，常因事先考虑不周，对市场行情的迅速变化未能及时掌握。此时，可以运用《公约》有关规定，及时撤回接受。

接受不得撤销，接受的通知一经到达发盘人即不能撤销，因为接受一经生效合同即告成立。如果撤销接受，在实质上，已属于毁约行为。

第二节　买卖合同的订立

经过交易磋商，一方的发盘或还盘被对方有效接受后，就算达成了交易，双方之间就建立了合同关系。《公约》以及西方大多数国家的法律对买卖合同的形式，虽然原则上不加以限制，但在实际业务中，买卖双方的习惯做法，依然是在达成协议之后，再签订一份书面合同，将各自的权利和义务用书面方式加以明确。

一、签订合同的意义

（一）书面合同是合同成立的证据

按照各国法律的要求，凡是合同都须能得到证明，提供证据。一旦发生争议而诉诸法律，法院将要求当事人对合同的成立提供书面证据。美国《统一商法典》也规定，凡500美元以上的货物销售合同必须有书面文件为证，否则不能通过诉讼由法律强制执行。在用信件、电报或电传磋商时，书面证据自不成问题，但是通过口头谈判成立的合同，如不用一定的书面形式加以确定，它将由于不能被证明而难以得到法律的保障。因此，通过口头谈判达成的合同，签署一份书面合同是必不可少的。按《公约》规定，销售合同无须书面订立或书面证明。我国在加入《公约》时对此做了保留，即声明合同必须采用书面形式。

(二)书面合同是合同生效的条件

《公约》和大多数国家的合同法规定,只要接受生效,合同即告成立。但在有些情况下,书面合同则是合同成立的必备条件。如在交易磋商过程中,买卖双方的一方曾声明并经另一方同意,合同的成立以双方签订书面合同为准,即使双方已对交易条件全部取得一致意见,在书面合同签订之前,还不存在法律上有效的合同。在此情况下,书面合同成为合同生效的不可缺少的条件。此外,凡需政府机构审核批准的合同,也必须是有一定格式的书面合同。

(三)书面合同是履行合同的依据

国际货物买卖合同的履行环节复杂,涉及的部门多,若只有口头协议,或凭分散于往来函电中的协议条款履行合同,将会给履行工作带来麻烦。因此,买卖双方不论是通过口头还是书面磋商,在达成交易后将商定的交易条件全面清楚地一一列明在一份书面文件上,并由双方签字确认,对进一步明确双方的权利和义务,以及为合同的正确履行提供依据,具有重要意义。

二、合同有效成立的条件

发盘经过对方有效接受,合同即告成立。但是合同的法律效力还取决于是否具备一定的条件,否则不受法律保护。一份合法有效的合同必须具备以下特征:

(1)当事人必须在自愿和真实的基础上达成协议,采取欺诈、胁迫手段订立的合同无效。

(2)当事人必须具有订立合同的行为能力,未成年人、精神病人等不具备行为能力的人,订立合同无效。

(3)合同的标的和内容必须合法,以非法经营的产品为基础订立的合同不受法律保护。

(4)合同必须有对价和合法的约因,国际货物买卖合同是双务合同,合同必须互为有偿。

(5)合同的形式必须符合法律规定的要求,我国合同法规定,当事人订立合同,有书面形式、口头形式和其他形式。

书面合同有广义和狭义之分。广义的书面合同是由一定的书面文件形成的合同,它可以是一份由买卖双方签署的有一定构成的书面合同;也可以是买卖双方为订立合同进行磋商而往来的多份信件、电报与电传构成的书面合同。至于狭义的书面合同,仅指前一种有一定格式的书面合同。我们这里讲的就是关于这种狭义书面合同的签订。

三、合同的效力

合同的效力一般表现在以下几个方面：

（一）对当事人具有法律约束力

合同是双方当事人合意产生的民事权利和民事义务，这种权利义务的承担，不仅是意思自治的体现，而且要受到适用法的约束。因此，合同对双方当事人都具有法律约束力。

（二）具有强制性

强制性具体表现为当事人应受合同的约束，必须履行合同中规定的义务；同时，如果当事人不依合同履行义务或者不全部履行义务，就要承担违约责任，另一方当事人可以通过法院获得强制执行或其他法律救济。

（三）一方当事人不得随意变更、解除或转让合同

合同的变更、解除或转让行为必须依法进行，这是合同具有法律约束力所决定的。

思考题

1. 一项法律上有效的发盘必须具备哪些条件？
2. 发盘在什么情况下失效？
3. 一项有效接受必须具备哪些条件？
4. 在什么情况下，逾期接受仍具有接受效力？
5. 一项有效接受可否撤销？为什么？接受在哪种情况下可被撤回？

第二十二章　进出口合同的履行

买卖双方经过交易磋商、签订出口合同以后，就进入了出口合同的履行阶段。高质量地完成外贸出口任务，不仅取决于合同的磋商和签订工作，而且有赖于双方切实地按合同规定履行各自的义务。

第一节　出口合同的履行

在不同的贸易条件下，出口合同履行过程中所包括的工作环节和手续是不一样的。我国的出口贸易除大宗交易有时采用FOB术语外，多数采用CIF和CFR术语和凭信用证支付方式。若以目前使用最多的采用CIF术语和凭不可撤销即期议付信用证支付的交易为例，履行出口合同必须切实做好准备货物、落实信用证、安排装运和制单结汇等环节的工作，换言之，货（备货）、证（催证、审证、改证）、船（租船订舱、装船）、款（制单、结汇）四个基本环节构成了出口合同履行的必要程序，它们之间是相互联系、相互依存的关系。

对出口企业来说，在出口合同履行过程中，具体地要做好“四排队”“三平衡”工作。“四排队”是指以买卖合同为对象，根据合同项下的货物是否备妥、信用证是否开到，按四种情况进行分析排队，即“有证有货”“有证无货”“无证有货”“无证无货”。“三平衡”是指以信用证为依据，根据信用证规定的装运期和到期日的远近，结合货源和运输能力的具体情况，分别轻重缓急，力求做到“货、证、运（船）”三方面的有效衔接，保证按时交付和装运货物，保证出口合同得以顺利履行。

一、准备货物

出口合同履行之前，首先要做的就是准备货物。根据合同规定的质量、数量、包装和交货时间的要求，进行货物的准备工作，是为了保证按时、按质、按量履行出口合同的交货义务。

（一）备货

备货工作的具体内容主要包括：向生产厂家或供货部门安排生产或催交货物，然后核实检查应收货物的质量、数量和包装状况，并对货物进行验收。有的商品进仓后，尚需根据出口合同规定再次整理、加工和包装，并在外包装上加刷唛头和其他必要的标志，如识别标志、指示性标志、警告性标志等，这种通过在货物上加标记等方式将货物划归有关合同的行为，在法律上又称“特定化”，这对货物风险的转移是很重要的。

在出口备货时，一般需注意以下几个问题：

(1)货物的品质、规格及花色搭配必须与合同规定完全一致，对不符合规定的商品应立即更换，否则对方有可能拒收货物并提出索赔。

(2)备货的数量应略多于合同规定的数量。即备货的数量不仅应保证满足合同或信用证对数量的要求，还应适当留有余地，备作装船时可能发生的调换和适应舱容之用。

(3)出口货物的包装材料、包装方法等应尽量与合同规定一致。出口商要认真检查出口货物包装是否出现破漏、水渍等不良情况，以及包装是否适合合同规定的运输方式。一旦发现包装损坏或与特定运输方式不相适应，就要立即更换或修理。另外，为避免货物在运输途中被盗，在外包装上不应标注可以识别货物种类的标签或货物的品牌。

(4)出口运输包装上货物的唛头既要与合同或信用证中的规定完全一致，又要符合进口国的有关规定，而且要做到字迹清晰、位置醒目、刷制正确。如果合同规定由买方设计唛头，而买方开来的信用证中又未对唛头做出规定，出口方应要求对方及时交来唛头图案，否则出口方有权自行决定唛头图案。

(5)备货时间应根据信用证规定的交货时间和期限而定，并结合船期安排，以利于船货衔接。避免船等货或货等船的现象，避免不必要的费用开支。

(6)卖方交付的货物必须是任何第三方不能根据工业产权或其他知识产权提出任何权利或请求的。即卖方应保证对所售货物享有合法的完全的所有权。也就是说，卖方不能把非法侵占他人权利得来的货物出售给买方，而且还应保证准备交付的货物是第三方不能根据工业产权或其他知识产权主张任何权利或请求的。

(7)若出口货物是比较特殊、不易转售的货物，出口方最好在收到买方开来的信用证并审核无误后再开始备货，这样就不会因对方违约（如拒不开证）而使自己陷于被动。

（二）报检

出口报检是出口生产、经营单位按照《中华人民共和国商品检验法》规定，向当地出入境检验检疫局申请办理检验手续。我国海关规定了“先报检，后报关”的通关程序。

凡属于法定检验的出口商品,必须根据《中华人民共和国商品检验法》及其实施条例、《中华人民共和国进出境动植物检疫法》及其实施条例、《中华人民共和国国境卫生检疫法》及其实施细则、《中华人民共和国食品卫生安全法》与海关总署制定的《出入境检验检疫报检规定》的规定,在规定的地点和期限内,持出口合同、信用证副本、发票、装箱单以及其他必要的单证向出入境检验检疫机构报检。检验检疫机构应当在不延误装运的期限内,实施检验检疫。检验检疫结果为合格的,按照规定签发检验检疫证书和出口通关单,出口通关单是报关的必需文件。

对于不属于法定检验范围内的出口商品,出口合同约定由检验检疫机构检验的,也需按合同规定,持买卖合同等有关单证向检验检疫机构报检,由检验检疫机构实施或组织实施检验或检疫,在取得检验合格并能证明货物符合合同规定的证书之后,方可收取货款,并以此作为交接货物的依据。不属于法定检验范围的出口商品,出口合同也未规定由检验检疫机构出证的,则应视不同情况,分别采取委托检验检疫机构检验,由生产部门、供货部门进行检验,或者由外贸企业自行检验,检验合格后装运出口。

凡属危险货物,其包装容器应由生产该容器的企业向检验检疫机构申请包装容器的性能鉴定。包装容器经检验检疫机构鉴定合格并取得性能鉴定证书,方可用于包装危险货物。生产出口危险货物的企业,必须向检验检疫机构申请危险货物包装容器的使用鉴定,使用那些未经鉴定合格的包装容器的危险货物将不准出口。

对装运出口易腐烂变质的食品、冷冻品的船舱、集装箱等运载工具,承运人以及经办将货物装入集装箱的装箱单位或其代理人必须在装运前向检验检疫机构申请清洁、卫生、冷藏、密固等适载检验,经检验合格并取得证书,方可装运。

出口动植物、动植物产品,凡有检疫要求的,出口单位或其代理人应事先填写报检单,向检验检疫机构申请检疫,经检疫合格,取得检疫证书,方可出口。经检疫发现有害病虫的,不准出口,经除害处理后方准出口。接受检疫的出口动植物或其产品,海关凭检验检疫机构签发的证书、放行单或在报关单上加盖的印章验放。未经检验、检疫或检验、检疫不合格的,不准出口。

对于不属于法定检验范围的出口商品,检验检疫机构可以在生产、经营单位或其他检验机构检验的基础上,定期或者不定期地进行抽查检验。经抽查检验不合格的,不准出口。

值得注意的是,检验检疫机构检验合格的出口商品,发货人应当在检验证书和出口通关单签发之日起的有效期限内报运出口。逾期报运出口的,必须重新向检验检疫机构报检申请展期,并由商检部门复验,取得合格证书后方可出口。

二、落实信用证

在履行以信用证付款的合同时，落实信用证是履行出口合同不可缺少的重要环节。落实信用证通常包括催证、审证和改证三项内容。当买方未按合同规定的时间开来信用证，或我国企业作为卖方根据货源和运输情况可提前装运时，可以某种方式催促对方及时办理开证手续，以便卖方履行交货义务。而当买方开来信用证时，我方就必须认真审查和核对开证银行及信用证内容，如发现与合同有重大不符，而我方又不愿接受，应及时向买方发出要求修改信用证的通知。

(一)催证

履行出口合同，对买方来说，应严格按照合同的规定按时开立信用证。在正常情况下，买方最少应在货物装运期之前 15 天(有时也规定 30 天)将信用证开到卖方手中。但在实际业务中，有时国外进口商在遇到市场发生变化或资金发生短缺的情况时，往往会拖延开证。对此，我们应催促对方迅速办理开证手续，必要时，也可请我驻外机构或有关银行协助代为催证。特别是大宗商品交易或按照买方要求而特别制定的商品的交易，更应结合备货情况进行及时催证。如通过电传催证：Sales Contract No. 9403 Goods are ready. Please rush to open the relevant L/C(9403 号合同项下的货已备妥，请速开信用证)。

催开信用证不是履行每一个出口合同都必须做的工作，通常在下列情况下才有必要进行：

(1)出口合同规定的装运期限较长(如 3 个月或 6 个月)，而买方应在我方装运期之前的一定时日(如 30 天)开立信用证者，我方应在通知对方预计装运日期的同时，催请对方开证。

(2) 买方在出口合同规定的期限内未开立信用证，我方可根据合同规定向对方要求损害赔偿或者同时宣告合同无效。但如不需要立即采取这一行动时，仍可催请对方开证。

(3)如果我方根据备货和承运工具的情况，可以提前装运时，则可请对方提前开证。

(4)即使开证期限未到，但发现客户资信不好，或者市场情况有变，也可催促对方开证。

(二)审证

信用证是一种银行开立的有条件的付款保证文件。信用证是按合同开立的，信用证内容应该与合同一致。但在实践中，由于种种原因，如工作的疏忽、电文传递的错误、贸易习惯的不同、市场行情的变化或进出口商有意利用开证的主动权在信用证上加列有利于自己利益的条款等，往往会出现开立的信用证与合同规定不符的情况。

在我国，审核信用证是银行与出口企业的共同责任。由于银行与出口企业的分工不同，因而在审核内容上各有侧重。银行着重负责审核有关开证申请人的资信、付款责任以及索汇路线方面的条款和规定；出口企业则着重审核信用证的条款是否与买卖合同的规定相一致。

对信用证内容的审核，一般包括：

1. 开证行和保兑行的资信

开证行和保兑行的资信对于出口商安全收汇很重要，因此，要审核他们的资信情况，特别是出口大宗货物时，更要认证审核。另外，对于大宗货物出口，可要求允许分批发运，分期收汇，以减少风险。

2. 审核开证申请人和受益人

开证申请人大多是买卖合同的对方当事人（买方），但也可能是对方的客户（实际客户或第二买主），因此，对其名称和地址均应仔细核对，防止张冠李戴，错发错运。受益人通常是我方出口企业，是买卖合同的卖方，但我方企业有时需要更名，地址也可能改变，所以必须保持同步和正确无误。

3. 对商品名称、规格、数量、包装等条款的审核

这些内容要与合同一致。如果信用证有一些特别规定，要充分考虑是否做得到，是否能全部接受，否则，要求银行改证。

4. 审核信用证的金额

首先，应注意信用证金额与开证行资信能力是否相称，如不相称，为了确保安全收汇，要采取适当安全措施或干脆不予接受；其次，信用证金额一般应与合同金额相符。信用证上金额总值的阿拉伯数字和大写文字必须一致，若不一致，应要求改正。信用证金额是开证银行承担付款责任的最高金额，因此，发票和/或汇票金额不能超过信用证金额，否则将被拒付。所以，如果合同订有商品数量的“溢短装”条款时，信用证金额也应包括“溢装”部分的金额在内，按溢装幅度增加或规定相应的机动条款。信用证未按此规定的，不能溢装，但允许低于信用证金额5%以内的发票金额。

5. 审核采用的货币

信用证所使用的货币，对协定国家（地区）应符合协定规定的货币；非协定国家（地区）的，信用证规定的支付货币应与合同规定相同，如不一致，应按我国银行颁布的“人民币市场汇率价表”折算成合同货币，在不低于或相当于原合同货币金额时，才能接受。

6. 审核到期日、到期地点、交单期和最迟装运期

按国际惯例，信用证均规定一个交单付款或议付的有效期（或称到期日）。所以，

未注明到期日的信用证不能使用。凡晚于到期日提交的单据,银行有权拒收。如信用证规定的到期地在国外,最好能修改,否则要提前交单,以免过期。交单日期是信用证规定的最晚向银行交单议付的日期,一般为提单日期后 21 天交单。如交单日期先到期,出口人到议付行议付的最后期限应以交单期为准。最迟装运期是指如信用证到达太晚或生产、船舶问题等原因,不能按期装运,应及时电请国外买方延展装运期限。信用证的有效期与装运期应有一定的合理间隔(一般为 10～15 天),以便在货物装船后有足够的时间进行制单结汇等工作。如信用证的有效期和装运期是同一时间,即为"双到期"的信用证,可根据我国企业能否提前装运而决定是否让对方修改有效期,如果接受,应在装运期内提前 10～15 天完成装运。

此外,还应对装船和分批装运条款、信用证的付款方式、特殊条款等按照买卖合同条款,参照 UCP600 的规定和解释逐条对照做详细审核。

(三)改证

在审核信用证中发现属于不符合我国对外贸易政策,影响合同履行和安全收汇等情况,我方必须要国外客户修改信用证,并坚持在收到银行修改信用证通知书后才能装运。修改信用证流程通常是:卖方审证—函电要求买方修改—买方通知开证银行改证—开证行改证并转交通知行—通知行再将改证转交卖方。

UCP600 第 10 条对修改信用证做了详细和具体的规定:

(1)除非另有规定,否则未经开证行、保兑行(如有的话)及受益人同意,信用证既不得修改,也不得撤销。

(2)开证行自发出修改之时起,即不可撤销地受其约束。保兑行可将其保兑扩展至修改,并自通知该修改时,即不可撤销地受其约束。但是,保兑行可以选择将修改通知受益人而不对其加具保兑。若然如此,其必须毫不延误地将此告知开证行,并在其给受益人的通知中告知受益人。

(3)在受益人告知通知修改的银行其接受该修改之前,原信用证(或含有先前被接受的修改的信用证)的条款对受益人仍然有效。受益人应提供接受或拒绝修改的通知。如果受益人未能给予通知,当交单与信用证以及尚未表示接受修改的要求一致时,即视为受益人已做出接受修改的通知,并且从此时起,该信用证被修改。

(4)通知修改的银行应将任何接受或拒绝的通知转告发出修改的银行。

(5)对同一修改的内容不允许部分接受,部分接受将被视为拒绝修改的通知。

(6)修改中关于除非受益人在某一时间内拒绝修改,否则修改生效的规定应被不予理会。

修改信用证时应注意以下问题:

(1)为防止作伪,便于受益人全面地履行信用证条款规定的义务,信用证的修改通知书应当通过原信用证的通知行转递或通知。例如,由开证人或开证行直接寄来的,应提请通知行证实。

(2)对于可接受或已表示接受的信用证修改书,应立即将其与原信用证附在一起,并注明修改次数(如修改一次以上),这样可防止使用时与原信用证脱节,造成信用证条款不全,影响及时安全收汇。

三、安排装运

按CFR、CIF条件成交的合同,出口方办理租船订舱,或以FOB条件成交而进口方委托出口方代办的,出口方也应该办理托运手续。

(一)托运

由我方安排运输的出口合同,我国出口企业通常都委托我国对外贸易运输公司(以下简称"外运公司")或其他国际货物运输代理(International Freight Forwarder或Freight Forwarding Agent,以下简称"货运代理"或"货代")办理对外装运货物,租订运输工具和办理各项有关运输事项。所以,在货、证齐全后,出口企业应立即向货运代理办理托运手续。

所谓托运,是指出口企业委托货运代理办理出口货物运输事宜。在CIF合同以及使用集装箱班轮装运货物出口的情况下,我国出口企业办理托运,应向货运代理提交出口货运代理委托书(Entrusting Order for Forwarding Export Goods)。此外,出口企业还必须向货运代理公司提供与出口货物有关的单证,如提货单(出仓单)、商业发票、装箱单和/或重量单(磅码单)、出口货物报关单、外汇核销单等。对有些特定货物,还需提供出口许可证、商检证等。

(二)订舱

货运代理收到出口企业的货运代理委托书后,缮制托运单(其中包括装货单、配舱回单、收货单等),向船公司办理订舱手续,船公司根据托运的货量、船舶的舱容和抵港受载的日期,分轻重缓急进行配载。如接受订舱则在托运单的几联单据上编制提单号码,填上船名、航次并签署,表示确认托运人的订舱,并将其中的配舱回单、装货单退还给托运人,托运人凭装货单办理报关手续。出口公司在船公司通知的时间内,将货物发运到港区内指定仓库或货物,准备装运。

(三)投保

在履行CIF出口合同时,在配舱就绪、确定船名、航次和装运日期后,出口企业应于货物远离仓库或其他储存处所前,按照合同和信用证的规定向保险公司办理投保手续,以取得约定的保险单据。在办理投保手续时,通常应填写对外运输投保单(Application for Foreign Transportation Insurance),列明投保人名称、货物的名称、数量、包装和标志、船名、航次、预计起航日期、投保险别、保险金额等。有时也有出口企业利用现成的单据副本如出口货物明细表、货物出口分析单等表示替代投保单。保险公司根据投保单考虑接受承包，并缮制签发保险单。除非保险公司在保险单上注明："保险责任最迟至货物装船或发运或接受监督之日生效"，保险手续应在货物离开出口仓库前办理。出口货物保险单的签发日期一般不得晚于提单日期。

（四）报关

出口货物交付装运前，必须经过海关清关(Customs Clearance)。清关又称通关，通常需经五个环节：出口申报、审核单证、查验货物、办理征税、清关放行。

目前，我国的出口企业在办理报关时，可以自行办理报关手续，也可以通过专业的报关经纪行或国际货运代理公司办理。无论是自行报关还是由报关行办理，都必须填写出口货物报关单，必要时，还需要提供出口合同副本、发票、装箱单或重量单、出口通关单及其他有关证件，向海关申报出口。一般出口货物的申报日期应为出口货物运抵海关监管区或海关指定的监管地点后，运输工具装货的 24 小时以前，向海关申报。集装箱货物通常在装货的 3 天前开始申报。出口报关单的申报日期由电子口岸申报系统自动生成，也就是向海关电子申报的那一天。

案例解析

案例　我国某出口公司向日本出口牛肉一批，合同规定：每箱净重 16.6 千克，共 1 500 箱，合 24.9 吨。但货抵国外后，经日本海关检查，每箱净重并非 16.6 千克而是 20 千克，计 1 500 箱，合 30 吨。海关认为单货不符，进口商以多报少。问：这将会出现何种后果？

解析　一国海关对进口货物的监督都很严格，所以企业在进行报关时应当如实申报。如进口商申报的数量与到货数量不符，轻则认为企图逃漏关税，重则认为走私舞弊。另外，若遇上当地市场疲软或价格趋势跌时，进口商也会拒收，或要求降低价格，或要求多交之货不再补钱。

（五）装运

在 CIF 合同、采取集装箱班轮运输的情况下，承运船舶抵港前，出口企业或其货运代理应根据港区所做的计划进行，将经出口清关并由海关加上封志(Seal)的集装箱存放于港区指定堆场，与港方仓库、货场和理货人员（代表船方）办妥交接手续，分清货、理、船三方责任。港区外轮理货员凭场站收据副本大副联进行理货配载。船舶抵港后，由港区向托运人签收"缴纳出口货物港务费申请书"后，办理装船。并做好舱内的堆码、隔垫和加固工作。出口单位可派人在现场监装，尽量利用舱容以免退关。装船完毕，由船长或大副签署场站收据（正本）（Mate's Receipt），表明货物已收妥。出口企业或货运代理可凭此单据向船公司或其代理人换取已装船提单。托运人应查看场站收据上的内容有无漏签和不良批注，如有漏签，应与理货组长一起找大副改签；如有不良批注，应设法消除造成的原因（如包装不良需要换装）。

资料卡 22—1　装运安排流程简介

装运安排流程见图 22—1。

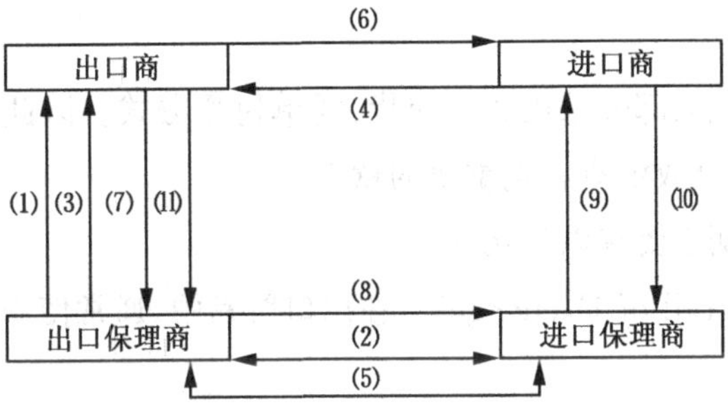

图 22—1　安排装运示意图

注：

(1)出口企业，即货主在货、证齐全后，填制订舱委托书，随付商业发票、装箱单等其他必要单据，委托货代代为订舱。

(2)货代接受订舱委托后，缮制货物托运单，随同商业发票、装箱单及其他必要单据一同向船公司办理订舱。

(3)船公司接受订舱后，在托运单的几联单据上编上与提单号码一致的编号，填上船名、航次，并签署，同时把配舱回单、装货单等退还给托运人。

(4)托运人办理货物报关手续。

(5)海关对货物进行查验，如同意出口，在装箱单上盖放行章，并将其退还给托运人。

(6)托运人持海关盖章的装货单要求船长装货。

(7)装货后，由大副签署大副收据，交托运人。

(8)托运人将大副收据向船公司换取正本已装船提单。

(9)船公司凭大副收据签发正本提单并交给托运人凭以结汇。

除了上述程序，在货物装船后，托运人应及时向国外收货人发出"装船通知"，以方便对方及时办理有关手续。

（六）发出装运通知

在 CIF 合同下，按国际惯例以及我国出口业务中的习惯做法，我国出口企业于货物装运(装船)后,应向国外买方以电讯方式及时发出装运通知,或称"装船通知"(Shipping Advice),以便买方为收取货物事先采取必要的措施。

四、制单结汇

以托收和信用证方式结算货款是凭单付款,出口单据在表面上证实卖方已经履行了合同义务。以信用证方式成交,对单据有更加严格的要求,单据是否严格符合信用证规定,直接关系到及时和安全收汇。因此,根据合同和信用证,正确缮制单据,是履行出口合同的一个重要环节。

(一)制作单据

现代国际贸易绝大部分采用凭单交货、凭单付款方式。因此,在出口业务中做好单据工作,对及时安全收汇有特别重要的意义。

常用的出口单据主要有以下几种:

(1)汇票(Draft;Bill of Exchange)。在出口贸易中,通常使用的是随附单据的"跟单汇票"。

(2)商业发票(Commercial Invoice)。商业发票是出口人对进口人开立的发货价目清单,是装运货物的总说明。

(3)运输单据。运输单据随不同的运输方式而各异。海洋运输大多使用海运提单。

(4)保险单据。当出口人办妥投保手续后,保险公司即根据投保单缮制保险单(Insurance Policy)。

(5)包装单据。包装单据是指一切记载或描述商品包装情况的单据,也是商业发票的补充单据。在向银行交单并要求付款、承兑或议付时,除散货外,一般均要求提供包装单据。如装箱单(Packing List)、包装说明(Packing Specification)、重量单(Weight Memo)等。

(6)产地证明书。产地证明书是一种证明货物原产地或制造地的文件,也是进口国海关核定进口货物应征税率的根据。一般分为:普通产地证、普惠制产地证(Generalized System of Preferences Certificate of Origin Form A)以及政府间协议规定的特殊原产地证。

(7)普惠制产地证。根据普惠制规定,发达国家对来自发展中国家的商品,特别是工业制成品、半制成品,要给予普遍的、非互惠的、非歧视性的关税优惠待遇,我国对此提供单据。普惠制产地证使用于一般性商品由出口企业填写,由中国商会签发。在对给惠国出口时,无论进口方在信用证中是否要求,出口企业都应提供普惠制产地证。

(8)检验证书(Inspection Certificate)。检验证书是出入境检验检疫机构对出口商品实施检验或检疫后，根据检验检疫结果，结合出口合同和信用证的要求，对外签发的证书。

(9)海关发票(Customs Invoice)。海关发票是非洲、美洲和大洋洲等某些国家海关特定的格式，由出口人填制，供进口人凭以向进口国海关报关时用的一种特别发票。其抬头一般是进口地的收货人。

(10)其他单证。其他单证是根据信用证条款规定而提供的。常见的有：寄单证明、寄船样证明、装运通知副本、邮局收据或快递收据、有关运输方面的证明。

资料卡 22—2 单证制作要求

提高单证质量，对保证安全迅速收汇有着十分重要的意义，特别是在信用证付款条件下，实行的是单据和货款对流的原则，单证不相符，单单不一致，银行和进口商就可能拒收单据和拒付货款，因此，缮制结汇单据时，要求做到以下几点：

1. 正确。单据内容必须正确，既要符合信用证的要求，又要能真实反映货物的实际情况。各单据填制的内容之间不能相互矛盾。在信用证业务中，单据的重要性集中体现在单据与信用证条款的一致，单据与单据之间彼此一致。

2. 完整。单据的种类、份数应符合信用证的规定，不能短少，单据本身的内容应当完备，不能出现项目短缺情况。

3. 及时。制单应及时，以免错过交单日期或信用证有效期。

4. 简明。单据内容应按信用证要求和国际惯例填写，力求简明，切勿加列不必要的内容。

5. 整洁。单据的布局要美观大方，缮写或打印的字迹要清楚醒目，单据表面要洁净，更改的地方要加盖校对章。一些重要单据如提单、汇票以及单据的主要项目如金额、件数、数量和重量等，不宜改动。

(二)交单结汇

交单是指出口人在信用证交单到期日前和交单期限内向指定银行提交符合信用证条款规定的单据。这些单据经银行审核确认无误后，根据信用证规定的付款条件，由银行办理出口结汇。由于银行的付款、承兑和议付均以受益人提交的单据完全符合信用证条款的规定为条件，因此交付单据应严格做到完整、明确、及时的要求。

为了提高单证质量，保证安全和及时收汇，我国银贸双方本着密切配合、相互支持的原则，采用在运输单据签发之前先将其他已备齐的单据送交银行预审和在全部单据备齐后向银行交单。两种不同方式,视业务的实际情况选择使用。

在我国出口业务中,使用议付信用证比较多。对于这种信用证的出口结汇办法,主要有三种:收妥结汇、定期结汇和买单结汇。

收妥结汇又称先收后结,是指出口地银行收到受益人提交的单据,经审核确认与信用证条款的规定相符后,将单据寄给国外付款行索偿,待付款行将外汇划给出口地银行账户的贷记通知书(Credit Note)后,该行再按当日外汇牌价结算成人民币付给受益人。

定期结汇是指出口地银行在收到受益人提交的单据经审核无误后,预先确定一个固定的结汇期限将单据寄给国外银行索偿,并自交单日起在事先规定期限内主动将货款外汇结算成人民币贷记受益人账户或交付给受益人。

买单结汇又称出口押汇或议付,是指议付行在审核单据后确认受益人所交单据符合信用证条款规定的情况下,按信用证的条款买入受益人的汇票和/或单据,从票面金额中扣除从议付日到估计收到票款之日的利息,将净数按议付日人民币市场汇价折算成人民币,付给信用证的受益人。议付行买入汇票和/或单据后,就成为汇票的善意持有人,即可凭汇票向信用证的开证行或其指定的银行索取票款。

资料卡 22—3 对结汇单据不符点的处理办法

在实际业务中,由于主客观原因,发生单证不符的情况是难以完全避免的。倘若有较充足的时间改单或改证,做到单证相符,可以确保安全收汇。倘若限于时间,无法在信用证交单到期日和交单期限内做到单证相符,则可根据实际情况做灵活处理:(1)担保议付,又称表提,即在征得进口商同意的情况下,出口商向开证行出具担保书,要求议付行凭担保议付有不符点的单据,议付行在向开证行寄单时注明“凭保议付”字样。一般适用于单证不符情况并不严重,或虽然是实质性不符,但事先已经进口商确认可接受的情况。(2)采用电提方式征求意见,由议付行先用电信方式向开证行列明不符点,待开证行确认接受后,再将单据寄去。电提可在短时间内由开证行征求买方的意见,如对方同意不符点,可立即寄单收汇;如不同意,卖方可及时处理运输中的货物。(3)改为跟证托收。议付行不愿采用电提或表提的做法时,出口商只能采用托收方式,委托银行寄单收款。

此外,在单据经开证行审核被发现有不符点,并确属我方责任时,除需抓紧时间与进口人联系商榷处理办法外,还需做必要的准备,采取补救措施(如将货物转卖、运回国内等),以防止造成更大的经济损失。

如上所述,在信用证支付条件下,受益人为了安全收汇必须做到单证一致和单单一致。但不能疏忽的是，出口人还需承担买卖合同规定的义务。所以出口人在履行合同时除了要做到单证一致和单单一致外，还必须做到所交货物与合同规定一致，货物与单据一致。这样环环紧扣，才能保证安全收汇，并避免买方收到货物后提出异议或索赔。

五、违约处理

违约(Breach of Contract)是合同一方当事人未履行其合同上的义务或者没有全部履行其合同义务而应承担的责任。

在实际业务中，由于种种原因，当事人不履行合同义务，或不按合同规定全部履行合同义务的情形经常有可能发生。当事人不履行合同义务或不按合同规定履行义务，如果不是出于不可抗力或其他的免责原因，均构成违约，违约的一方应对由此引起的后果负责。在一般情况下，违约的一方要向对方负责赔偿因违约而造成的损失。

国际货物买卖合同订立后，卖方最常见的违约行为有不交货、延迟交货、所交货物与合同规定不符、不按合同规定移交与货物有关的单据等；买方的违约行为最常见的有无理由拒收货物、拒绝接受符合合同规定的单据、不按合同规定派船接货或指定承运人、拒绝支付货款或按合同规定开立信用证等。

在国际货物买卖中，当一方违反合同时，另一方可采取的救济方法主要有：要求损害赔偿，推迟履行，降低价格，要求违约方支付违约金或宣告合同无效。此外，还有要求继续履行，换货，对不符合同货物进行修补，卖方对未付清货款尚未发运的货物行使留置权，已发运在途的货物通知运回等。究竟采取何种补救措施，在很大程度上取决于违约的性质及其具体情况。

总之，一旦发生违约，不仅涉及当事人的法律责任和经济利益，如果处理不当，还会影响双方的关系和日后的业务发展，所以必须认真对待。

第二节 进口合同的履行

进口合同依法订立后，买卖双方都必须严格按照合同规定履行各自的义务。在进口业务中，我方作为买方，必须贯彻重合同、守信用的原则，按照合同规定，支付货物的价款和收取货物，同时，也要随时注意卖方履行合同的情况，督促卖方按合同规定履行其交货、交单和转移货物所有权的义务。

一、信用证的开立和修改

进口合同签订后，进口企业应在合同规定的期限内向经营外汇业务的银行及时办理开证申请手续。信用证开出后，如发现内容与开证申请书不符，或因情况发生变化或其他原因，需对信用证进行修改，应立即向开证行提出修改申请。

（一）申请开立信用证

开证申请人在向开证银行申请开立信用证时，应递交有关合同的副本及附件，填写开证申请书，缴付保证金，支付开证手续费。开证申请书的内容必须完整明确，为了防止混淆和误解，开证申请书不应罗列过多细节。在指示开立信用证时，最好不要引用先前开立的信用证。开证申请书中必须明确说明据以付款、承兑或议付的单据的种类、文字内容及出具单据的机构等。信用证的开立时间应按照合同的规定。

开证申请人在填写开证申请书时，应注意下列问题：

信用证的种类：应按合同规定填写信用证的类别。在进口业务中，一般不宜开立可转让信用证，以防因第二受益人不可靠而造成意外损失。

信用证金额：即受益人可使用的最高限额。大小写金额要一致，除非确有必要，不宜在金额前加“约”“近似”“大约”或类似词语，否则，按 UCP600，将被解释允许有不超过 10%的增减幅度。另外要注意进口合同中对于出口商佣金的规定，信用证金额需与之规定一致。

汇票付款人和付款期限：汇票的付款人应规定为开证行或信用证指定的其他银行，而不能规定为开证申请人，否则，该汇票将被视作额外单据；汇票为即期还是远期应严格按合同规定。

运输单据：如采用海洋运输，一般应要求提供全套空白背书并由发货人背书，或凭开证行指示的已装船提单；对集装箱运输、航空运输、铁路运输、邮包运输，则应在采用 FCA、CIP、CPT 贸易术语的条件方可受理，同时必须注明提交相应的运输单据。

其他单据：产地证、品质、重量检验证书、化验证明书等的签发机构、形式、内容及证明事项等应做明确规定。

分批装运和转运：进口合同如规定不允许分批装运和转运的，应在信用证中明确注明不准分批装运（Partial Shipment Not Allowed）、不准转运（Transshipment Not Allowed）。如信用证对此不做规定的，将被视为允许分批装运和转运。

到期日和到期地点：信用证必须规定一个到期日和除了自由议付信用证外的一个交单地点，否则，该信用证就不能使用。

资料卡 22—4　信用证的开证时间

1. 开证时间不宜太早：开证时间早于合同规定的最迟开证时间，会增加开证费用。

2. 开证时间又不宜太迟：开证时间太迟是指非常接近于合同规定的最迟开证时间，但仍在规定期限之内。有可能由于传递等原因造成买方延期开证的后果，买方应为未按合同规定时间开证承担违约责任。

（二）信用证的修改

信用证开出后，如发现内容与开证申请书不符，或因情况发生变化或其他原因，需对信用证进行修改，应立即向开证行递交修改申请书，要求开证行办理修改信用证手续。但应尽量避免修改信用证，因为不仅会有银行费用的发生，也会占用时间，影响合同正常履行。

信用证经修改后，开证行即不可撤销地受该修改的约束。受益人可决定其是否接受修改，而且受益人必须发出其接受或拒绝修改的书面通知（受益人一般应该在接到信用证副本之日起 2 个工作日内通知银行是否需要修改）。在受益人告知通知修改的银行他接受修改之前，原信用证的条款对受益人仍具有约束力。如受益人未发出其接受或拒绝的通知而其提交的单据与原信用证的条款相符，则视为受益人已拒绝了该修改；但若提交的单据与经修改的信用证条款相符，则视为受益人已发出接受该修改的通知，从那时起，该信用证已被修改。

总之，我国进口企业对信用证的开立和修改应持慎重态度。在申请开立信用证时，应做到开证申请书与合同相符，以避免不必要的修改，并避免不符条款被受益人利用而遭受损失；在修改信用证时，也应注意修改内容的正确并应考虑到受益人可能拒绝修改而仍按原信用证条款履行。

二、派船接运货物

履行 FOB 交货条件的进口合同，由进口方负责安排运输。租船、订舱的时间应按照合同规定，并应在运输机构规定的时间内提交订舱单，保证及时配船。进口企业在办妥租船、订舱手续，接到运输机构的配船通知后，应按规定期限将船名及预期到港日期通知卖方，以便卖方准备装货。对 CIF 和 CFR 条件下的进口合同，系由卖方负责租船、订舱，安排装运。但我方也应及时与卖方联系，掌握卖方的备货和装运情况。

为了防止船货脱节和出现船等货物的情况，进口方要随时了解和掌握对方备货和装船前的准备工作情况，督促对方按期装运。

三、办理保险

FOB、FCA、CFR 和 CPT 条件下的进口合同，由进口企业负责向保险公司办理货物的运输保险。进口货物运输保险一般有预约保险和逐笔投保两种方式。

(一)预约保险

我国部分外贸企业和保险公司签订海运、空运和陆运货物的预约保险合同，简称"预保合同"(Open Policy)。这种保险方式，手续简便，对外贸企业进口货物的投保险别、投保费率、适用的保险条款、保险费及赔偿的支付方法等都做了明确规定。

根据预约保险合同，保险公司对有关进口货物负有自动承保的责任。对于海运货物，外贸公司接到外商的装运通知后，只需按要求填制进口货物"装货通知"，将合同号、起运口岸、船名、起运日期、航线、货物名称、数量、金额等必要内容一一列明，送保险公司，即可作为投保凭证。货物一经起运，保险公司就自动按预约保单所订的条件承保。对于空运和邮包运输的货物，也要根据预约保险合同的内容和承保范围，在收到供货商的装运通知后，立即填制"装货通知"送交保险公司签章。

(二)逐笔投保

在没有与保险公司签订预约保险合同的情况下，对进口货物要逐笔投保。外贸企业在接到卖方的发货通知后，应当立即向保险公司办理保险手续。在一般情况下，外贸企业填制"装货通知"代替投保单交保险公司，"装货通知"中必须注明合同号、启运地、运输工具、启运日期、目的地、估计到达日期、货物名称、数量、保险金额等内容，保险公司接受承保后给公司签发一份正式保单。如外贸公司不及时向保险公司投保，货物在投保之前运输途中发生损失时，保险公司不负赔偿责任。

保险公司对海运货物保险的责任期限，一般是从货物在国外装运港装上海轮时起开始生效，到保险单据载明的国内目的地收货人仓库或储存处所为止。如未抵达上述仓库或储存处所，则以被保货物在卸货港卸离海轮后 60 天为止，如不能在此期限内转运，可向保险公司申请延期，延期最多为 60 天。应当注意的是：散货以及木材、化肥、粮食等一些货物，保险责任均至卸货港的仓库或场地终止，并以货物卸离海轮 60 天为限，不实行国内转运期间保险责任的扩展。少数货物如新鲜果蔬、活牲畜在卸离海轮时，保险责任即告终止。

四、审单和付款

以信用证方式结算，为保证我方的权益，必须认真做好审单工作，而审单是银行与企业共同的责任。银行在收到国外寄来的汇票和其他单据之后，对照信用证的规定，核对是否“单单一致、单证一致”，如内容无误，由银行对国外付款。同时进口商用人民币按照国家规定的有关外汇牌价向银行买汇赎单。如果核对国外单据发现国外单据单证不符时，就应做出适当处理。例如，停止对外付款；凭卖方或议付行出具担保付款；要求国外改正单据；付款的同时，提出保留索赔权等。

资料卡 22—5 进口审单付款的一般做法

1. 开证行审单付款：开证行收到出口地银行转来的全套单据后，即应对照信用证条款对单据详加审核，确定单据的种类及份数是否齐全，相关的各项内容如货名、品质、数量、单价及金额等是否正确。审核无误后开证行不必事先征得开证申请人的同意，就可直接对外办理付款。

2. 开证行与进口方共同审单，然后对外付款：开证银行在收到国外寄来的单据后，对单据的种类、份数、汇票、发票及索偿通知书所列的金额是否正确等内容进行审核。审核无误后，开证行即将全套单据送交进口方。进口方如果审核无误，即对开证行办理付款或承兑，开证行再根据国外议付索偿通知书的要求和信用证的有关规定，对外办理付款或承兑。

五、报关接货

货物在抵达目的港后，必须向海关申报。除另有规定外，进口报关必须由海关准予注册登记的报关企业或者有权经营进口业务的企业负责办理，代表报关单位报关的人员应该是已经通过了报关员资格考试并已获得报关证的人员。报关需要填制“进口货物报关单”，并随附发票、提单和进口通关单等向海关申报进口，海关经查验认可后才能放行。未经海关放行的进口货物，任何单位和个人不得提取或发运。

进口报关的法定申报时限为自运输工具申报进境之日起 14 天内，超过 14 天期限未向海关申报的，由海关按日征收进口货物 CIF(或 CIP)价格的 0.5‰的滞报金。超过 3 个月未向海关申报的，由海关提取变卖，所得价款在扣除运输、装卸、存储等费用和税款后，尚有余款的，自货物变卖之日起 1 年内，经收货人申请予以发还，超期无人申请的，统一上缴国家。

另外，进口企业付款赎单之后，应着手准备接货工作。接货包括监卸和报验。监卸后，在报关前，货物应先向商检机构申请报验，以取得进口通关单在下列三种情况时，应在卸货港口向商检机构报验：(1)属于法定检验的货物。(2)合同规定应在卸货港检验的货物。(3)发现货损货差情况。

商检机构根据报检人的要求和有关合同的规定，对进口商品进行检验、鉴定后，对外签发品质、数量、重量、包装、货载衡量、验残、海损鉴定证书。进口商品检验不合格的，对外签发检验证书供有关方面凭以向外索赔。

六、进口索赔

在进口业务中，有时会发生卖方不履行或不完全履行合同规定的义务的情况，如不交货或虽交货但所交货物不完全符合合同规定，使买方遭受损失而引起索赔，或货物由于在装卸、搬运和运输过程中使品质、数量、包装受到损害或由于自然灾害，意外事故以及其他外来原因致使货物受损，而需向有关责任方提出索赔。

(一)向卖方索赔

向卖方索赔，也就是由于卖方违约买方可以采取的补救措施。在进口业务中，由于卖方的违约行为不同，买方可以采取的补救措施也各异。

1. 宣告合同无效

按《公约》规定，如果卖方完全不交付货物，或不按合同规定交付货物，属于根本违反合同时，买方可以宣告整个合同无效，还可以向卖方提出索赔。赔偿金额应与因卖方违反合同而使买方遭受的包括利润在内的损失相等。

2. 其他补救措施

如果卖方不履行合同或不完全履行合同的结果，使买方遭受了损失，但并未剥夺买方根据合同规定有权期待得到的东西，即未构成根本违约，买方不能宣告合同无效，但可以要求赔偿。此外，买方可以行使采取其他补救措施：可以规定一段合理时限的额外时间，让卖方履行其义务；如果货物不符合同，买方可以要求卖方通过修理对不符合同之处做出补救，或买方可以减低价格，减价按实际交付的货物在交货时的价值与符合的货物在当时的价值两者之间的比例计算。

(二)向承运人索赔

在进口业务中，凡到货数量少于运输单据所述数量，或由于承运人的过失造成货物残损、遗失，应由承运人负责。承运人是指在运输合同中承担履行铁路、公路、海洋、航空、内河运输或多式联运，或取得承担上述运输履行义务的任何人。进口人认可根据不同运输方式的有关规定，向承运人或其代理人发出索赔通知。

向船公司索赔的期限为货物到达目的港交货后1年之内。

(三)向保险公司索赔

如进口货物在保险责任有效期内发生属于自然灾害、意外事故、外来原因或在运输装卸过程中发生其他事故致使货物受损，且在保险公司责任范围内的，不论合同中采用 FOB、CFR、FCA、CPT 贸易术语还是采用 CIF、CIP 贸易术语，都应由进口人向保险公司提出赔偿要求。在向保险公司索赔时，进口人应备妥各项必要的单证，如保险单据、运输单据、发票、检验报告、货损货差证明等，并及时发出损失通知。此外，进口人还应迅速对受损货物采取必要的合理施救、整理措施，防止损失的扩大，因抢救、阻止或减少货损的措施而支付的合理费用，可由保险公司负担。

向保险公司提出海运货损索赔的期限则为被保险货物在卸货港全部卸离海轮后 2 年内。

(四)索赔的注意事项

1. 索赔期限

索赔期限是进口索赔的重要问题。有关卖方交货的品质与合同不符或原装数量短少需向卖方索赔的，应当在合同所规定的索赔期限内提出。逾期提出索赔，卖方有权不受理。如买卖合同中未规定索赔期限，按《公约》规定，买方行使索赔权最长期限是自其实际收到货物之日起不超过 2 年；而我国法律对国际货物买卖合同争议提起诉讼或者申请仲裁的期限，则规定自当事人知道或者应当知道其权利受到侵犯之日起 4 年为限。

2. 索赔证据

对外索赔需提供足够的证据，索赔时证据不足、问题不清、责任不明或不符合合同中索赔条款的都可能遭到对方拒绝。首先，应填制索赔清单，并随附商检机构签发的检验证书、发票、装箱单及提单副本。其次，对不同的索赔对象，还要另附有关证件。向出口方索赔时，如是 FOB 或 CFR 合同须附保险单一份；向船公司索赔时，须附由船长及港务局理货员签证的理货报告及船长签证的短缺残损证明；向保险公司索赔须附保险公司与买方的联合检验报告等。

资料卡 22—6　索赔时防止出口方借故推卸责任

凡属出口方直接承担的责任，应直接向出口方要求赔偿，有时也可给出口方留下一段合理的时间，让其继续履行合同义务，或者采用减价、支付替代货物、修理货物以致拒收货物等。但无论怎样，在出口方同意赔偿之前，都应妥善保管货物，以防出口方制造借口向其他方推卸责任。

目前，我国的进口索赔工作，如属于船方和保险公司责任的，一律由外运公司代办；如属于出口方责任的则由进出口公司直接办理。为做好索赔工作，要求外贸公司、外运公司、保险公司、商检部门及订货单位等有关各方密切协作和配合，做到检验结果正确，证据属实，理由充分，赔偿责任明确、合理，并及时向有关责任方提出索赔，以保证进口货物所遭受的损失能够按期如数地得到应有的补偿。

思考题

1. 进口合同与出口合同的履行各包括哪些基本程序？
2. 开立信用证时应注意哪些事项？
3. 出口企业应如何对待和处理开证行开来的信用证修改通知？
4. 作为出口方，在履行合同中要做到哪几个一致？
5. 在进口索赔中应该注意哪些问题？

案例分析

1. 2018 年 4 月 10 日，我国某进口商到 A 银行申请开出以美国出口商为受益人的信用证。信用证规定最迟装船期为当年 4 月 30 日，4 月 27 日该公司收到美国客户的通知，指责其迟开信用证，买方违约，要求撤销合同。因为买卖双方在合同中规定："信用证必须在装运日前也即在 4 月份以前开到卖方，信用证的有效期应为装船后 15 天在上述装运口岸到期，否则卖方有权取消本售货合同并保留因此发生的一切损失的索赔权。"经过双方协商，出口商坚持以进口商迟开信用证为由而拒绝出货，并要求撤销信用证，鉴于此时市场行情上涨，进口公司担心进口货物落空而撤销国内售货合同会影响企业生产，损失更大，不得不用更高的价格进口货物。问：此案例我方的做法是否妥当？从中可吸取什么教训？

2. 我国某进出口公司与国外某客商订立一份轻纺制品的出口合同，合同规定以即期信用证为付款方式。买方在合同规定的开证时间内将信用证开抵通知银行，并经通知银行转交给我出口公司。我出口公司审核后发现，信用证上有关货物装运期限和不允许转运的规定与双方签订的合同不一致。为争取时间，尽快将信用证修改完毕，以便办理货物的装运，我方立即电告开证银行修改信用证，并要求开证银行修改完信用证后，直接将信用证修改通知书寄交我方。问：(1)我方的做法可能会产生什么后果？(2)正确的信用证修改渠道是怎样的？

3. 我国某进出口公司与欧洲某客户达成一笔圣诞节应季礼品的出口交易。合同中规定，以 CIF 为交货条件，交货期为 2019 年 12 月 1 日以前，但合同中未对买方的开证时间予以规定。卖方于 2019 年 11 月上旬开始向买方催开信用证，经多次催证，买方于 11 月 25 日将信用证开抵我方，由于收到 L/C 的时间较晚，使我方于 12 月 5 日才将货物装运完毕，当我方向银行提交单据时，遭到银行以单证不符为由拒付。问：(1)银行的拒付是否有理？为什么？(2)此案例中，我方有哪些失误？

4. 我国某公司收到国外买方通过开证行开来的即期跟单信用证，证中规定卖方不得迟于 2018 年 2 月 15 日装运。我方因港口舱位紧缺，无法如期装运，于 2 月 6 日电请买方将装运期延展至 3 月 15 日，信用证有效期同时延展。2 月 10 日接买方来电称："同意你 2 月 6 日电，将装运期改为不得迟于 3 月 15 日，信用证有效期同样延展 1 个月。"接电后，我方立即组织出运，于 3 月 12 日装船完毕并于 15 日备齐全套结汇单据向银行交单议付，但银行拒绝收单。问：银行的拒收是否有理？为什么？

参考书目

1. 唐海燕著:《国际贸易创新论》,华东师范大学出版社 2001 年版。
2. 海闻等著:《国际贸易》,上海人民出版社 2003 年版。
3. 郭羽诞主编:《国际贸易学》,上海财经大学出版社 2014 年版。
4. 王忠明主编:《WTO 规则实务读本》,中共中央党校出版社 2002 年版。
5. 杨逢珉、汪五一主编:《中国对外贸易》,北京大学出版社 2015 年版。
6. 史小丽著:《WTO 与中国外贸管理制度》,中国政法大学出版社 2002 年版。
7. 赵玉焕著:《贸易与环境》,对外经济贸易大学出版社 2002 年版。
8. 郑光贵主编:《国际贸易理论与实务》,东北财经大学出版社 2019 年版。
9. 傅江景著:《国际贸易理论与政策》,中国财政经济出版社 2002 年版。
10. 王绍媛主编:《中国对外贸易》,东北财经大学出版社 2010 年版。
11. 陈志田、叶柏林编著:《贸易技术壁垒与商品进出口》,中国计量出版社 2002 年版。
12. 柯里著,陆晓红等译:《国际经济学——理解国际市场机制》,经济科学出版社 2002 年版。
13. 凯伯著,原毅军等译:《国际经济学》,机械工业出版社 2002 年版。
14. 宋明顺著:《WTO〈贸易技术壁垒协议〉规则、实践及对策》,中国计量出版社 2002 年版。
15. 李志军著:《如何应对贸易技术壁垒》,民主与建设出版社 2002 年版。
16. 陈宪等编著:《国际贸易理论与实务》,高等教育出版社 2009 年版。
17. 赵春明主编:《非关税壁垒的应对及运用》,人民出版社 2001 年版。
18. 马楚著:《WTO 补贴与反补贴规则》,广东人民出版社 2001 年版。
19. 吴百福等主编:《进出口贸易实务教程》,上海人民出版社 2020 年版。
20. 孙家庆、姚景芳编著:《国际货运代理实务》,中国人民大学出版社 2019 年版。
21. 王任祥主编:《国际物流》,浙江大学出版社 2004 年版。
22. 叶德万编著:《国际贸易实务案例教程》,华南理工大学出版社 2003 年版。
23. 余世明主编:《国际贸易实务练习题及分析解答》,暨南大学出版社 2004 年版。
24. 林泽拯主编:《出口业务程序、案例和国际惯例》,中国商务出版社 2005 年版。
25. 张炳达、顾涛编著:《进出口贸易实务》,上海财经大学出版社 2020 年版。
26. 郭建军编著:《国际货物贸易实务教程》,科学出版社 2009 年版。
27. 孟祥年主编:《国际贸易实务习题集》,对外经济贸易大学出版社 2008 年版。